Mosaik
bei GOLDMANN

Buch

In diesem Buch machen Steve und Vera Bodansky ihren einzigartigen Schatz an Wissen und Erfahrung zum Thema Sex und Partnerschaft dem Leser zugänglich. Seit über 20 Jahren vermitteln sie in Workshops und Seminaren die Kunst der sexuellen Empfindung und wie man sie erlernen kann. Dauerte der schönste aller Momente bisher nur ein paar Sekunden, können Frauen und ihre Partner jetzt Höhepunkte von nie gekannter Intensität und Dauer genießen – so oft und so lange sie wollen. Die Autoren erläutern dabei nicht nur die richtigen Techniken, sondern auch die Geheimnisse der Lust.

Autoren

Vera und Steve Bodansky studieren und unterrichten seit über zwanzig Jahren die Kunst der sexuellen Empfindungen und der erfüllten Partnerschaft. In ihren Workshops und Seminaren haben sie unzähligen Männern und Frauen geholfen, ihre Orgasmusfähigkeit zu steigern.

Die Autoren sind seit 15 Jahren miteinander verheiratet.

STEVE BODANSKY
VERA BODANSKY

Höhenflüge der Lust

**IVO – der Intensive, Verlängerte
Orgasmus**

Aus dem Amerikanischen
von Ingrid O'Connor

Mosaik
bei GOLDMANN

Umwelthinweis:
Alle bedruckten Materialien dieses Taschenbuches
sind chlorfrei und umweltschonend.

Deutsche Erstausgabe Mai 2002
© 2002 Wilhelm Goldmann Verlag, München,
ein Unternehmen der Verlagsgruppe Random House GmbH
© 2000 Steve and Vera Bodansky
Originaltitel: Extended Massive Orgasm
Originalverlag: Hunter House Inc., Alameda CA
Illustrationen: Terri Sugg
Umschlaggestaltung: Design Team München
unter Verwendung folgender Fotos: photonica/SPL
Redaktion: Petra Preis
Satz/DTP: Martin Strohkendl, München
Druck: GGP Media, Pößneck
Verlagsnummer: 16436
Kö · Herstellung: Max Widmaier
Printed in Germany
ISBN 3-442-16436-2
www.goldmann-verlag.de

3 5 7 9 10 8 6 4 2

Inhalt

Einleitung

Vera und ich haben uns im Mai 1979 auf dem Gelände einer experimentellen Universität in Nordkalifornien getroffen. Meine ersten Worte an Vera waren Folgende »Ich heiße Steve und ich möchte es dir gerne machen.« Es jemandem »machen« oder das »Machen« selbst ist unser Ausdruck dafür, eine andere Person durch manuelle Stimulation der Genitalien zu einem Orgasmus zu bringen. Ich hatte diese Worte vorher noch nie ausgesprochen und auch hinterher nie wieder, und ich empfehle es auch keinem – aber es scheint gewirkt zu haben, denn wir hatten bereits kurz danach spezielle Verabredungen.

Vor allem in Kalifornien war in den Siebzigerjahren die Haltung dem Sex gegenüber viel offener als heute, und unsere Gemeinschaft war in ihrer Einstellung zum freien Umgang mit Sex unvoreingenommen; wir boten sogar Kurse zum Thema Sinnlichkeit an. Diese Gemeinschaft schloss sich im Jahre 1968 zusammen, und es gibt sie immer noch (wir sind jedoch keine Mitglieder mehr). Ihre Gründer waren der Überzeugung, dass ein enges und intimes Zusammenleben einer großen Gruppe von Menschen nur dann möglich ist, wenn diese mit Sex richtig umzugehen verstehen. Es gab zwei Möglichkeiten, dieses Vorhaben zu erreichen: entweder vollkommene Enthaltsamkeit, wie es Ordensleute praktizieren, oder ein hohes Maß an strukturierter Offenheit und Ehrlichkeit zwischen einwilligenden Erwachsenen. Die zweite Option war die eindeutig bevorzugte.

Vera und ich haben viel zusammen geforscht. Wir beide haben

einen Abschluss im Studienfach Sinnlichkeit der More University, belegten Kurse in Alternative Lebensformen und Kommunikation, spezialisierten uns vor allem auf das Gebiet des weiblichen Orgasmus und promovierten sogar über dieses Thema. Wir befassten uns während des Studiums mit allen möglichen Themen, meistens jedoch mit den Techniken des »Machens« und der Kommunikation. (Wir können nicht mehr genau sagen, wann das Wort »Machen« im Zusammenhang mit unserer Arbeit nur mehr die manuelle Stimulation bedeutete, aber wir haben diese Bedeutung des Wortes bis zum heutigen Tag beibehalten). Vera und ich heirateten 1983, es war für uns beide bereits die dritte Ehe. Es ist nun schon über zwanzig Jahre her, seit wir uns trafen, und ich liebe es immer noch, es Vera »zu machen«.

Die Informationen, die dieses Buch enthält, sind eine Kombination dessen, was wir als Studenten gelernt und später als Lehrer unterrichtet haben, wobei wir uns bei unserer Tätigkeit auf die Themen Sinnlichkeit, Mann/Frau-Beziehungen und Kommunikation konzentriert haben. Wir haben zuerst an der More University unterrichtet, uns später selbstständig gemacht, während jeder für sich in San Francisco in der Lehrerausbildung tätig war, und schließlich als Lehrer gemeinsam gearbeitet. Dieses Buch befasst sich mit dem Thema Intensiver Verlängerter Orgasmus, das heißt mit der Illustration einer Technik, mit der wir uns seit vielen Jahren beschäftigen und die wir seit längerer Zeit unterrichten.

Untersuchungen der bedeutendsten Sextherapeuten in den Fünfziger- und Sechzigerjahren zufolge (Kinsey, Masters und Johnson) manifestiert sich der weibliche Orgasmus nach einer langen Zeit der Stimulierung im Durchschnitt in neun bis zwölf Kontraktionen und dauert nur ein paar Sekunden an. Der männliche Orgasmus ist sogar noch kürzer. Einige Frauen haben einen mehrfachen Orgasmus, der aus mehreren dieser kleinen Orgasmen besteht. Während unserer Beschäftigung mit dem Thema hat Vera gelernt, bei jedem Liebesspiel verlängerte Orgasmen zu bekommen. Und ich habe gelernt, dieses großartige Gefühl bei ihr zu bewirken.

Ein Intensiver Verlängerter Orgasmus kann ein paar Minuten bis zu drei Stunden (das hat uns beiden gereicht) dauern und sogar noch weiter ausgedehnt werden. Er ist viel intensiver als ein gewöhnlicher Orgasmus von neun bis zwölf Kontraktionen und kann bereits mit der ersten Berührung oder schon vorher beginnen. Ein verlängerter Orgasmus dauert so lange, wie Sie es möchten. Es sind die Hände, mit denen man die besten und befriedigendsten verlängerten Orgasmen erzielen kann. In diesem Buch zeigen wir Ihnen viele Techniken und geben viele Beispiele dafür, wo und wie Sie ihren Partner berühren sollten, um den besten Orgasmus zu erlangen.

Einer unserer informativsten Kurse beinhaltet die Vorführung eines verlängerten massiven Orgasmus. Vorne im Raum liegt eine nackte Frau auf einem speziell angefertigten Tisch, der Mann sitzt auf einem Stuhl neben ihr und stimuliert ihre Genitalien. Der Mann ist vollständig bekleidet, das Geschehen ist in keinster Weise pornografisch. Der Orgasmus hält etwa eine Stunde an; trotz der klinischen Atmosphäre ist er sehr intensiv und lustvoll. Die beiden Vorführenden zeigen ihre Zuneigung füreinander. Sie sind während des Orgasmus in der Lage, miteinander zu sprechen und auch Fragen zu beantworten. Vor und nach der Vorführung werden zusätzliche Information zum Thema Intensiver Verlängerter Orgasmus gegeben.

Wir haben dieses Buch geschrieben, weil wir hoffen, dass mehr Menschen die Freuden, die ein verlängerter Orgasmus bereitet, in ihr Leben mit einbeziehen. Aber alles immer schön der Reihe nach: Um tollen Sex zu haben, müssen wir die Ähnlichkeiten und Unterschiede zwischen dem Verhalten und der Denkweise beider Geschlechter verstehen. Weiterhin bedarf es der Entwicklung überdurchschnittlicher Kommunikationsfähigkeiten. In diesem Buch finden Sie zu beiden Themen Informationen, aber natürlich auch spezielle Techniken, mit denen Sie verlängerte intensive Orgasmen erlangen.

Obwohl wir uns in diesem Buch hauptsächlich auf den weiblichen Orgasmus konzentrieren, ist es sowohl für Frauen als auch für Männer gedacht. Unser Ziel ist es, Frauen und Männern zu zeigen, wie sie bessere Orgasmen haben können. Und Liebende darin zu unterrichten, wie sie wahre Helden in der Kunst des Verlängerten intensiven Orgasmus werden können. Die meisten Techniken, die wir beschreiben, um den Orgasmus der Frau zu verlängern, können auch beim Mann angewandt werden. Außerdem zeigen wir spezielle Techniken, die dem männlichen Körper Vergnügen bereiten können.

Für gewöhnlich unterrichten wir Heterosexuelle, sowohl Singles als auch Paare. Es gab aber auch Schwule und Lesben, die sich für unsere Kurse interessiert haben, und auch diese konnten ihr Vergnügen am Sex steigern. Das Buch kann sowohl von Paaren als auch von Singles gelesen werden. Paare können es zusammen lesen oder jeder für sich.

Es eignet sich für Experten genauso wie für Anfänger – Menschen, die gerade mit ihrer sexuellen Entdeckungsreise beginnen, Fortgeschrittene und sogar solche, die beruflich mit Sexualität zu tun haben, können davon profitieren.

Das »Machen« beginnt damit, einen Menschen geistig zu verführen und zu umschmeicheln. Bevor Sie den Körper eines Menschen berühren, müssen Sie seinen oder ihren Verstand berührt haben. Wenn Sie dazu nicht in der Lage sind, werden Sie Ihrem Sexualpartner auch niemals dieses spezielle Vergnügen bereiten können. Es dem Verstand, nicht dem Körper »zu machen«, bedeutet, dass Sie Ihre Aufmerksamkeit vollkommen einer Person widmen müssen. Wenn Sie sich darauf konzentrieren, wo sich Ihr Partner geistig und emotional befindet und wie Ihr Verhalten auf ihn wirkt, wird Ihnen auch erlaubt, mit der Verführung fortzufahren. Natürlich ist es ein Vorteil, wenn Sie wissen und darauf vertrauen können, dass Sie mit Ihren Händen wunderbare Dinge tun können und es nicht nötig haben, damit anzugeben.

Das Erlernen Intensiver Verlängerter Orgasmen ist nicht so einfach. Aber auch nicht so schwierig, wie andere wiederum befürchten. Die Schlüsselrolle spielt die Kenntnis der Klitoris. Viele Männer, einschließlich mir selbst, sind oder waren unwissend darüber, welche Bedeutung der Klitoris zukommt. Das heißt ja nicht, dass wir das nicht wissen wollten; wir hatten einfach keine Ahnung davon! Bevor Masters, Johnson und Kinsey mit ihren Untersuchungen begannen, glaubte man (zumindest im westlichen Kulturkreis), dass die Vagina für den Orgasmus ausschlaggebend ist und die Klitoris nur eine untergeordnete Rolle spielt.

Ich habe mit Zwanzig zum ersten Mal geheiratet und lebte fünf Jahre mit meiner Frau zusammen. Sie hat nicht ein einziges Mal die Klitoris erwähnt, noch habe ich irgendwo anders davon gehört. Wir haben nie über Sex gesprochen, und ich habe keine Ahnung, ob sie jemals einen Orgasmus hatte oder wusste, wo sich ihre Klitoris befindet. Ich wünschte, wir hätten, als wir geheiratet haben, ein »So geht's«-Handbuch besessen.

Seit der sexuellen Revolution und der Emanzipation der Frau hat sich in dieser Hinsicht viel verändert. Mehr Menschen wissen Bescheid über den weiblichen Orgasmus und die Rolle, die die Klitoris dabei spielt. Leider wissen aber immer viele noch nicht, wie man jedes Mal, wenn man Sex hat, einen tollen Orgasmus haben kann. Sie wissen auch nicht, wie sie bei ihrem Partner jederzeit einen bewirken können.

Wie Sie dieses Buch verwenden sollen

Dieses Buch wird Ihnen verraten, wo sich die empfindlichsten Stellen an Ihrem eigenen Körper und am Körper des anderen Geschlechts befinden. Sie werden die beste Art und die besten Techniken erlernen, wie Sie diese Stellen berühren, um die Empfindungen zu intensivieren. Und Sie werden lernen, wie Sie einen Orgasmus über einen langen Zeitraum hinweg aufrecht erhalten können. Wenn Ihr Orgasmus im Moment nur ein paar Sekunden anhält, können Sie ihn auf ein paar Minuten ausdehnen. Und wenn Ihr Orgasmus erst mal ein paar Minuten lang andauert, gibt es keinen Grund, dass Sie nicht auch lernen können, diesen so lange zu genießen, wie Sie es möchten.

Man muss sich für alles, was man lernen möchte und worin man gut sein will, Zeit nehmen und üben. Wir erwarten nicht, dass Sie nach der Lektüre dieses Buches bereits stundenlange Orgasmen haben. Sie müssen üben. Wann könnte das Üben schöner sein als dann, wenn es Ihnen und Ihrem Partner intensives Vergnügen bereitet?

Einen Orgasmus zu erzeugen ist viel leichter zu erlernen als Geige spielen, einen Computer benutzen oder Golf zu spielen. Wie viele Menschen kennen Sie, die dem Vergnügen in Ihrem Leben hohe Priorität einräumen oder viel Zeit darauf verwenden, Erfahrungen zu sammeln, um Vergnügen zu bereiten? Bereits nach kurzer Übungszeit werden Sie bemerken, dass Sie entweder selbst einen viel intensiveren Orgasmus haben oder erzeugen können, als es vorher möglich war.

Wir hoffen, dass es Ihnen möglich ist, dieses Buch unvoreingenommen zu lesen, und dass Ihnen das, was wir Ihnen anbieten, als Anreiz dient, Ihr Leben lustvoll zu bereichern. Die Ideen und Informationen in diesem Buch beruhen auf Untersuchungen, und wir haben zu dem Thema Sinnlichkeit einen wissenschaftlichen Zugang. Nichtsdestoweniger hatten wir (und ha-

ben wir noch) wunderbare, vergnügliche Erfahrungen dabei ge-
sam-melt. Vergnügen und Forschung schließen sich nicht aus.
Wir sehen uns nicht als Therapeuten (was nicht heißt, dass
Therapeuten keine wichtige Rolle im Leben der Menschen
spielen können), sonders als Entdecker und Lehrer. Es gibt daher keinen Grund, warum Sie irgendwelche sexuelle Praktiken,
die Ihnen bereits Vergnügen bereiten, aufgeben sollten; wir sind
keine »Du-sollst-nicht«-Moralisten. Dieses Buch eröffnet Ihnen
weitere Möglichkeiten, indem es Ihnen bewährte Techniken
und Ideen anbietet, die Ihrem Leben mehr Spaß hinzufügen.

Es gibt noch ein paar andere Dinge, die Sie im Kopf haben
sollten, wenn Sie dieses Buch lesen. Wir sind der Meinung,
dass alle Parteien, die am Sex beteiligt sind, in allen Dingen
übereinstimmen und zu nichts gezwungen werden sollten. Wir
glauben weiterhin, dass es wichtig ist, das Vergnügen ganz bewusst einzuplanen. Viele Leute glauben, dass Spaß und Vergnügen spontan sein sollen. Spontaneität ist natürlich ganz toll,
wenn das Spontane wirklich geschieht; Sie können aber mitun-
ter lange warten, bis dieser Fall eintritt, vor allem dann, wenn
eine Beziehung nicht mehr so frisch ist. Wir haben die Erfahrung gemacht, dass, je mehr Sie sich absichtlich um Spaß und
Vergnügen bemühen, umso häufiger spontaner Spaß und spontanes Vergnügen daraus resultieren.

Wenn Sie konsequent üben und Sie und Ihr Partner sich mit
Überlegung den Methoden, die in diesem Buch beschrieben
werden, öffnen, werden Sie viel mehr Vergnügen in Ihrem Leben
zulassen können. Andere sexuelle Handlungen, wie der Geschlechtsverkehr und oraler Sex, werden ebenfalls um Vieles
schöner werden. Wir glauben, dass Ihr ganzes Leben bereichert
wird, da dieses Bemühen die Kommunikationsfähigkeit erhöht,
die in allen Bereichen des Lebens eine wichtige Rolle spielt.

Wir haben in der letzten zwanzig Jahre Gruppen, Paare und
Einzelpersonen erfolgreich in diesen Methoden unterrichtet. Es

ist unser erster Versuch, diese Information in einem Buch zur Verfügung zu stellen. Wir wissen natürlich nicht, wie gut Sie das Geschriebene umsetzen können, da es sehr viel einfacher ist, wenn man die Methoden praktisch verfolgen kann. Und wir gehen davon aus, dass das, was der Einzelne an Nutzen aus diesem Buch ziehen kann, sehr unterschiedlich sein wird. Wir haben jedoch versucht, das Buch so weit wie möglich analog zu unseren Kursen aufzubauen. Wenn wir unterrichten, halten wir uns an einen festen Handlungsablauf. Wir berücksichtigen aber auch die individuellen Zielvorstellungen der Kursteilnehmer. Da wir nicht wissen, welches Ziel Sie anstreben, haben wir versucht, dieses Material in der Reihenfolge und in der Form zu präsentieren, wie es unseren Erfahrungen zufolge die meisten unserer Kursteilnehmer wünschen. Sie können im Buch beginnen, wo Sie möchten, zuerst die Kapitel lesen, die Sie am meisten interessieren. Wir empfehlen Ihnen jedoch, dass Sie das Buch vom Anfang bis zum Ende durchlesen.

Obwohl wir eben davon geschrieben haben, dass es so etwas wie den »die Interessen der Allgemeinheit vertretenden« Schüler gibt, existiert diese Person nicht wirklich. Jeder hat seine eigenen Wünsche und Ziele. Unser Ziel ist es, dass Sie ein Künstler im »Machen« und »Kommen« werden, und bei Kunst handelt es sich immer um individuelle Kreativität. Wir wünschen uns, dass Sie die Informationen, die Sie hier erhalten, in sich aufnehmen und dann ins Praktische umsetzen, gemäß Ihrem eigenen Stil und ihrer eigenen Kreativität. Wir haben lange überlegt, ob wir die Wörter »Kunst« und »Wissenschaft« im Buchtitel verwenden sollen. Wir haben uns für einen Kompromiss entschieden, da das Geben und Erhalten von Intensiven Verlängerten Orgasmen beides beinhaltet, *sowohl* Kunst *als auch* Wissenschaft. Wenn Sie einmal die Techniken und die Kenntnisse erworben haben, die für einen Intensiven Verlängerten Orgasmus notwendig sind, und diese sehr geschickt anwenden können, wird dies für Sie so selbstverständlich werden, dass sich ab diesem Punkt Ihre Kreativität entfalten kann.

Wie dieses Buch aufgebaut ist

Dieses Buch besteht aus vier Teilen. Der erste, »Vor dem Vorspiel«, gliedert sich in drei Kapitel. Das erste Kapitel vermittelt Ihnen grundlegende Ideen, Definitionen und die Terminologie, die Ihnen dabei helfen, das Wesen Intensiver Verlängerter Orgasmen zu verstehen, und erklärt, wie Sie dies alles am besten mit den restlichen Informationen in diesem Buch in Beziehung bringen können. Im zweiten Kapitel wird untersucht, welche Rolle kulturelle Einflüsse und Vorurteile bei der Sexualität spielen, und im dritten Kapitel wird darüber diskutiert, welche Vorteile es hat, wenn eine Person beim Sex die aktive Rolle, die andere die passive Rolle übernimmt.

Der zweite Teil mit der Überschrift »Das Vorspiel« besteht aus drei Kapiteln, in denen Sie Hilfe bei der Vorbereitung auf das Üben der Techniken des Verlängerten intensiven Orgasmus finden. Das erste Kapitel befasst sich mit einigen Unterschieden zwischen den beiden Geschlechtern und hilft Ihnen dabei, die Sichtweise des Partners besser zu verstehen. Im zweiten Kapitel lernen Sie Ihren Körper kennen. Hier werden auch mehrere Übungen vorgestellt, mit denen Sie lernen, sich selbst mehr zu lieben, mehr zu fühlen und herauszufinden, wie und wo Sie am liebsten berührt werden wollen. Hier wird auch über die Klitoris, die beim Orgasmus die wichtigste Rolle spielt, berichtet. Im dritten Kapitel lernen Sie die Kunst der Verführung kennen und auch, wie Sie besser küssen.

Nun sind Sie gut auf den dritten Teil, »Das Spiel«, vorbereitet. Dieser Teil ist ebenfalls in drei Kapitel untergliedert. Das erste Kapitel befasst sich damit, wie man es einer Frau und einem Mann macht. Im zweiten Kapitel erfahren Sie, welche

Möglichkeiten wir anhand unserer Erfahrungen als die besten empfehlen, wenn Menschen mit Ihren Partnern über Sex reden möchten. Hier finden Sie auch Vorschläge dazu, wie Sie Ihrem Partner beim Üben helfen können. Im letzten Kapitel lernen Sie schließlich noch weitere Techniken kennen, einschließlich unterschiedlicher Positionen, der Verwendung der Fantasie und wie diese alle zusammen spielen. Der letzte Teil des Buches, das »Herunter kommen«, holt Sie zurück von dort, wohin Sie die ersten Teile des Buches gebracht haben. Hier werden Hitzezyklen beschrieben und wichtige Informationen über Geschlechtskrankheiten und sicheren Sex zur Verfügung gestellt.

Wir haben das Material in der Folge präsentiert, nach der Sie vorgehen sollten, wenn Sie lernen möchten, wie Sie einen Intensiven Verlängerten Orgasmus haben können. Sie beginnen damit, dass Sie sich vorstellen, was im Kopf Ihres Partners vor sich geht. Anschließend verführen Sie ihn und machen es an seinem Körper, und schließlich holen Sie ihn herunter. Immer werden Sie Beispiele und Geschichten von Begebenheiten finden, die wir bei unseren Kursteilnehmern, Freunden und uns selbst erlebt haben. Sie sind alle wahr, aber wir haben nie die wahren Namen genannt (außer unsere). Sollten Sie sich in einer dieser Geschichten wiederfinden, dann deswegen, weil sie wahr sind – alltägliche menschliche Erfahrungen.

Ein Wort zur Diktion

Vera und ich verwenden fast überall im Text das für den Plural stehende Pronomen *wir*, außer bei wenigen Ausnahmen, wo das *ich* zutreffender ist. Obwohl ich derjenige bin, der seine Finger über die Tastatur gleiten lässt und den Text schreibt (wenn Vera nicht gerade eine bessere Verwendung für meine Finger hat), ist dieses Buch ein gemeinsames Unterfangen, Vera hatte so viel Einfluss darauf wie ich.

Oft verwenden wir allgemein akzeptierte Wörter, wenn wir über Sex schreiben, wie etwa *Geschlechtsverkehr* und *Samenerguss*. Wenn wir jedoch das Gefühl hatten, dass die Umgangssprache besser passt, haben wir diese auch verwendet.

Teil I:

Vor dem Vorspiel

1.

Was ist ein Intensiver Verlängerter Orgasmus?

Jeder Orgasmus beginnt im Kopf, daher werden wir auch dort mit unserer Reise beginnen. In diesem Kapitel werden wir beschreiben, worum es sich beim verlängerten intensiven Orgasmus handelt und wie er sich vom allgemeinen Verständnis von Orgasmus unterscheidet. Weiterhin werden wir uns mit den Gedanken befassen, die hintergründig einen Orgasmus beeinflussen können, uns mit unserem Bewusstsein auseinander setzen und damit, wie wir unsere Erkenntnisse verwenden, um unsere Ziele zu erreichen oder auch nicht. Die Betrachtungsweise und die Verantwortung eines jeden am Sex beteiligten Partners haben ebenfalls einen Einfluss auf den Orgasmus, deshalb werden wir auch zu diesen Themen Stellung nehmen. Da aber nicht nur Sexualität, sondern auch Sinnlichkeit beim Orgasmus eine zentrale Rolle spielen, werden wir uns schließlich auch damit beschäftigen, wie sich diese beiden Begriffe unterscheiden.

Bewusstsein und Orgasmus

Zieht man ein Wörterbuch zu Rate, so findet man dort unter dem Eintrag »Bewusstsein« Folgendes: wach unserer Umgebung gegenüber, gewahr sein. Bewusst sein heißt, sich gewahr sein, dass wir unsere Umgebung wahrnehmen. Tiere nehmen ihre Umgebung wahr, aber wir nehmen nicht an, dass sie sich dessen bewusst sind.

Auf den menschlichen Körper dringen über die fünf Sinne jede Sekunde Millionen von Informationsteilchen (Bit) ein. Wir können aber bewusst maximal vierzig Bit pro Sekunde aufnehmen oder unsere Aufmerksamkeit darauf lenken. Meist sind es weniger[1]. Deshalb erleben wir jede Sekunde bewusst nur etwa einen von Millionen von Sinneseindrücken, die auf uns einwirken. Alle anderen Sinneseindrücke bewegen sich unterhalb unserer Wahrnehmungsgrenze; sie sind zu schwach, als dass wir sie bewusst wahrnehmen könnten. Stattdessen beeinflussen sie jedoch unser Unterbewusstsein.

Marvin Minskys Buch *Mentopolis* zufolge gibt es in unserem Kurzzeitgedächtnis einfach nicht mehr Platz, um ein Mehr an Information bewusst aufzunehmen[2]. Unsere »Festplatte« ist schnell voll. Wenn wir alle Sinneseindrücke, die auf uns eindringen, bewusst aufnehmen würden, käme es sehr bald zu einem Kurzschluss. Wir sind uns für gewöhnlich der Sinneseindrücke bewusst, die sich im Laufe der Zeit irgendwie verändern. Wenn Sie sich zum Beispiel in der Nacht auf dem Land aufhalten, werden Sie das Zirpen der Grillen bewusst wahrnehmen. Nach einer kurzen Zeit, wenn Sie sich an diese Geräusche gewöhnt haben, werden Sie diese nicht mehr hören. Die Grillen sind aber nicht ruhiger geworden. Sie hören sie nicht mehr, weil die Sinneseindrücke gleich geblieben sind, der notwendige Wechsel für das bewusste Wahrnehmen fehlt. Viele Gedanken beruhen auf der Wahrnehmung von Differenzen. Wenn es schon keinen Unterschied gibt, nehmen wir auch nichts wahr.

Wir interpretieren die Welt in der Art und Weise, wie wir sie haben möchten. Wenn nichts Ungewöhnliches passiert, reagiert unser Nervensystem kaum darauf. Wenn aber etwas Unerwartetes oder Überraschendes eintritt, reagiert es sehr schnell. Der Mensch ist also vorprogrammiert, gewisse Sinneseindrücke als wichtiger auszuwählen als andere, und das, bevor sie unseren Verstand erreichen.

Es dauert fast eine halbe Sekunde, bis wir uns eines Sinneseindrucks bewusst werden.[3] Um uns selbst zu schützen haben wir die Fähigkeit entwickelt, die meisten auf uns einprasselnden Sinneseindrücke nicht bewusst wahrzunehmen. Diesen Trick haben wir entwickelt, um Ordnung in unser Leben zu bringen. Der Mensch ist weiterhin dazu fähig, selektiv auszuwählen, welche Sinneseindrücke er zulässt und welche nicht. Auch Sie haben die Macht, diese Fähigkeit dafür einzusetzen, Ziele zu erreichen. Wenn es zum Beispiel Ihr Ziel ist, von einem Lehrer etwas zu lernen, können Sie Ihre Aufmerksamkeit ganz dem Lehrer zuwenden, und die Schüler, die den Unterricht durch ihr Verhalten stören, um sich herum vergessen. Hier haben Sie ein Beispiel dafür, wie Sie die Fähigkeit, gewisse Dinge zu ignorieren, auf positive Weise einsetzen können, um Ihre Ziele zu erreichen. Aber natürlich ist auch das Gegenteil möglich. Sie können diese Fähigkeit auch dazu verwenden, Ihre Ziele zu vermeiden. Zwei griechische Götter, die Brüder Thanatos und Morpheus (»Tod« und »Schlaf«) repräsentieren in reinster Form das nicht Zulassen von Sinneseindrücken.

Sie lesen dieses Buch wahrscheinlich in einer Körperhaltung, bei der mindestens 45 Kilogramm auf Ihrem Becken ruhen. Bevor Sie diesen letzten Satz gelesen haben, werden die meisten von Ihnen, wenn nicht gar alle, sich dieser Tatsache nicht bewusst gewesen sein. Unsere Fähigkeit, sich dieses auf unserem Becken lastenden Gewichts gar nicht bewusst zu sein, veranschaulicht deutlich, wie sehr wir uns von Sinneseindrücken lösen können. Die meisten Dinge in unserem Alltag nehmen wir nicht bewusst auf. Viele Leute haben Sex, ohne dass sie sich der dabei vorhandenen Sinneseindrücke richtig bewusst sind. Sie warten auf den Höhepunkt am Ende einer Handlung und erleben nicht bewusst die Gefühle, die Sie auf dem Weg dorthin haben. Für viele ist es nur ein umumgänglicher Teil des Ganzen, um das Ziel zu erreichen.

Im Wörterbuch wird der Orgasmus als »Höhepunkt der sexuellen Spannung« definiert. Diese Definition ist aber nur für den Mann zutreffend. Der Körper des Mannes ist angespannt, so lange sein Penis stimuliert wird, bis es schließlich zum Samenerguss kommt. Ab hier wird sowohl der Orgasmus als auch der Geschlechtsakt als beendet betrachtet. Frauen, deren Orgasmus erst in letzter Zeit in unserer Gesellschaft etwas an Bedeutung gewonnen hat, neigen dazu, den Verlauf des Orgasmus beim Mann zu kopieren.

Der Verlängerte intensive Orgasmus jedoch, wie wir ihn beschreiben und viele Jahre lang unterrichtet haben, ist viel umfassender und intensiver. Sie sollen Ihren Körper, vor allem Ihre Genitalien, bereits von der ersten Berührung an spüren. Ihre ganze Aufmerksamkeit gilt dem, was Sie empfinden. Sie vergleichen sich mit niemandem. Sie machen sich keine Gedanken darüber, ob Sie genug spüren und zum Höhepunkt kommen.

Ihr Orgasmus beginnt bei der ersten Berührung und hält so lange an, wie Sie diese Lust verspüren möchten. Vergleiche sind oft hilfreich: Stellen Sie sich vor, dass es sich bei einem »normalen« Orgasmus um das erste Flugzeug, und beim Verlängerten intensiven Orgasmus um ein Raumschiff handelt. (Nichtsdestoweniger sind wir der Meinung, dass jeder Orgasmus wunderbar ist, auch der vom »Gebrüder Wright«-Typ!) Deshalb wusste Vera von dem Moment anno 1976 an, als sie der ersten Vorführung eines Verlängerten intensiven Orgasmus beiwohnte, dass es sich dabei um etwas handelte, das sie selbst erfahren wollte.

Ein Orgasmus beginnt im Kopf und manifestiert sich im Körper. Eine Person kann einen feuchten Traum haben, ohne dass die Genitalien berührt werden, aber die meisten Menschen unterliegen dem Vorurteil, dass sie über einen gewissen Zeitraum hinweg gestreichelt werden müssen, bevor das eintritt, worunter im Allgemeinen ein »Orgasmus« verstanden wird. Wir glauben jedoch, dass das ganze Universum ein einziger Höhepunkt ist, den Sie jederzeit selbst spüren können. Sie müssen sich hierfür nur öffnen, indem Sie Ihre Aufmerksamkeit Ihren Genitalien zuwenden und spüren, was dort geschieht. Leider haben sich viele Menschen viele Ausreden und Gründe einfallen lassen, wie sie vermeiden können, Lust und Freude zu verspüren. Viele Gründe dafür, die Lust *nicht* zu spüren, sind berechtigt, wenn wir die Entwicklung der menschlichen Rasse nachvollziehen: Wenn Sie vor einem hungrigen Löwen auf der Flucht sind, ist es besser, von der Lust nicht abgelenkt zu werden. Es gibt nicht mehr viele hungrige Löwen, vor denen wir auf der Hut sein müssen, dennoch vermeiden wir es, Lust zu verspüren.

Wir kannten einen Mann, der von sich behauptete, schwer erregbar zu sein und einen Orgasmus zu bekommen. Eines Tages traf er eine sehr verführerische Frau, die ihn fest umarmte. Und was passierte? Er hatte sofort darauf einen Samenerguss und eine nasse Unterhose. Dieses Beispiel zeigt, dass bereits vor einer Berührung ein Samenerguss möglich ist. Um einen Orgasmus zu haben, bedarf es mehr einer gewissen geistigen Einstellung oder Anpassung denn einer physischen Handlung. So bald sich Ihre Genitalien besser fühlen als ein anderer Teil Ihres Körpers, so bald Sie sich auf die Lust konzentrieren, befinden Sie sich im Zustand des Orgasmus.

Wenn wir es einer anderen Person machen, müssen wir unsere ganze Aufmerksamkeit auf deren Orgasmus richten. Wir haben schon viele Berichte darüber gehört, wie eine der am Sexualakt beteiligten Personen einfach eingeschlafen ist. Ganz offensichtlich ist ein großartiger Orgasmus in so einem Fall nicht möglich. Wir haben hier ein Beispiel dafür, wie wir uns Sinneseindrücken entziehen und ein negatives Ergebnis erzielen. Das können wir aber auch ganz anders haben, indem wir Gedanken und Gefühle nicht zulassen, die nichts mit dem Geschlechtsakt zu tun haben und unsere ganze Aufmerksamkeit unserem Partner schenken.

Wir müssen aber auch dafür Sorge tragen, dass sich bei unserem Partner keine Sättigung der Sinneseindrücke einstellt, was bedeutet, dass diese nicht mehr bemerkt werden, indem wir uns darauf konzentrieren, *wie* wir ihn berühren. Wenn wir beim Berühren einer anderen Person unsere Finger nicht bewegen, oder wenn wir immer wieder die gleichen Bewegungen ausführen, wird diese Person die Berührung bald nicht mehr fühlen.

Die Erkenntnis, etwas zu erreichen, indem wir Gefühle zulassen, ist für manche von uns vielleicht unangenehm. Es ist völlig menschlich, eine Situation zu vermeiden, wenn wir denken, dass wir dabei der Verlierer sein könnten. Das ist zum Beispiel der Grund dafür, warum viele Menschen nach einem Unfall bewusstlos werden oder sich für eine Anästhesie entscheiden, bevor sie sich einer schmerzhaften Operation unterziehen. Viele Leute wollen Informationen über Sex und Sinnlichkeit nicht hören, weil sie Angst haben, feststellen zu müssen, dass sie entweder manches nicht wissen oder falsch machen. Sie haben diesem Verhalten in ihrem Leben viel Raum eingeräumt, was verständlich ist: Wie gut wir im Bett sind, bestimmt (zumindest teilweise), wie wir uns als erfolgreiche menschliche Wesen einschätzen. Anstatt nun aber zu versuchen, diese Situation zu verändern, vermeiden wir sie aus Angst zu verlieren völlig.

Denken Sie während der Lektüre des Buches aber daran, dass Sie sich weit vom Rudel abgesetzt haben, und wir versprechen, dass sich die Risiken, die Sie auf sich nehmen, lohnen werden. Damit Ihr Orgasmus intensiver und länger wird, müssen Sie mit dem Orgasmus, wie Sie ihn zurzeit erleben, einverstanden sein. Sie müssen weiterhin offen sein für den Gedanken, dass es möglich ist, dass Ihr Orgasmus intensiver und länger sein kann. Wenn Sie von einer Sache noch nie gehört haben oder noch nie daran gedacht haben, dann existiert diese auch nicht in Ihrem Universum. Sobald aber eine Betrachtungsweise oder ein Gedanke einmal von Ihnen Besitz ergriffen haben, gibt es auch die Möglichkeit, dass dies ein realer Teil Ihres Lebens werden kann. Wenn Sie also dieses Buch lesen, hat sich die Idee (oder die Möglichkeit) eines Intensiven Verlängerten Orgasmus bereits bei Ihnen verankert. Wissensvermittlung anhand von Büchern, gesprochenen Worten oder Videos helfen uns dabei, unseren Horizont zu erweitern. Wenn Sie über Verlängerte intensive Orgasmen lesen, einer Vorführung beiwohnen oder Videos darüber betrachten, erweitern Sie Ihre Möglichkeiten und Fähigkeiten, mehr Lust zu empfinden. Denken Sie immer daran, dass Verlängerte intensive Orgasmen für jeden möglich sind, der den Wunsch und die Bereitschaft zum Üben hat.

Die Akzeptanz dieser neuen Art von Orgasmus kann besonders Männern Schwierigkeiten bereiten. Was die Lust angeht, sind Frauen den Männern voraus. Männer lieben es jedoch, wenn sie in der Lage sind, den Frauen in ihrem Leben Vergnügen zu bereiten.

Weil aber die Männer sich so sehr an den altmodischen Orgasmus gewöhnt haben, haben sie mehr Schwierigkeiten damit, eine andere Art auszuprobieren. Schließlich kommen Männer beim Sex fast immer zu einem Orgasmus, im Gegensatz zu Frauen. Seine bisherigen Erfolgserlebnisse verhindern beim Mann sein potenzielles Vergnügen – anders ausgedrückt, »warum etwas reparieren, wenn es nicht kaputt ist?« Dennoch ist der wunderbare, Verlängerte intensive Orgasmus auch den Männern möglich.

Ansichten, Verantwortung und Orgasmus

Nun, da Sie besser verstehen, was ein Intensiver Verlängerter Orgasmus ist und wie unser Verstand arbeitet, gehen wir dazu über, uns anzuschauen, welche Einstellung wir dem Leben gegenüber haben. Und wie wir Verantwortung für unsere Lebensweise übernehmen. Beide Faktoren spielen bei der Sinnlichkeit und dem Orgasmus eine wichtige Rolle. Betrachtungsweisen sind unsere Gedanken. Es handelt sich dabei um Werkzeuge, derer wir uns bedienen, um die Welt zu interpretieren. Sie sind die Linsen, durch die wir Dinge und andere Menschen sehen und mit ihnen in Verbindung stehen. Es sind Regeln, die bestimmen, wie wir unser Leben leben. Unsere Betrachtungsweisen verändern und entwickeln sich mit dem Alter, dennoch tragen wir Überbleibsel unserer alten Betrachtungsweisen mit uns mit, die neben den neuen bestehen bleiben. Wir beschreiben die Art und Weise, wie Menschen diese Emotionen interpretieren, als positiv oder negativ, abhängig davon, wie viel Verantwortung wir für die Entwicklung dieser Emotionen übernommen haben. Schließlich befassen wir uns mit den unterschiedlichen Ausmaßen von Verantwortung.

Jeder Mensch hat eigene Anschauungen. Manchmal stimmen die Menschen mit den Betrachtungsweisen anderer überein, manchmal nicht. Menschen führen Kriege, zerstören und töten, weil sie in ihren Anschauungen divergieren. Die Ursache für diesen Konflikt ist die Verwirrtheit, die zwischen unserer Betrachtungsweise und uns selbst besteht. Die Menschen sind nicht ihre Betrachtungsweisen, sie haben diese nur und wählen sie aus. Ein zusätzliches Problem entsteht, wenn Anschauungen mit Veränderungen in unserem Leben nicht Schritt halten können. Das kann eine Krise heraufbeschwören oder uns in Schwierigkeiten bringen.

Woher haben wir unsere Anschauungen? Wir übernehmen

sie von Eltern, Freunden und aus unserem Kulturkreis. Weitere Quellen sind Literatur, Medien, unsere Lehrer und die Kirche. Wenn neue Theorien oder wissenschaftliche Entdeckungen bekannt werden, wie etwa Einsteins Relativitätstheorie, kann das dazu führen, dass wir unsere Betrachtungsweisen und Gedanken anpassen. Viele Anschauungen sind jedoch auch ein Ergebnis von Konditionierung. Als junge Menschen sind wir sehr leicht zu beeindrucken. Als unsere Eltern zum Beispiel uns erklärt haben, dass das Christkind die Weihnachtsgeschenke bringt, haben wir ihnen das wahrscheinlich geglaubt. Als wir älter wurden und die Fähigkeit des rationalen Denkens entwickelten, haben wir erkannt, dass unsere Eltern all die Jahre die Geschenke gekauft haben. Wir haben immer noch eine Meinung über das Christkind, nur stimmt diese nicht mehr mit der überein, auf die man uns ursprünglich konditioniert hatte. Die ist auch nicht mehr jene, die wir hatten, als wir jung waren.

Wir können sogar mehrere Meinungen gleichzeitig vertreten, auch wenn diese miteinander in Widerstreit stehen. So glauben Sie zum Beispiel, dass der Fernseher ein Kasten ist, in dem die Pixel durch elektrischen Strom angeregt werden und als verschiedene Farben auf dem Bildschirm erscheinen. Sie können aber auch glauben, dass es sich bei den Pixeln um echte Menschen handelt, die ihre wahren Gefühle in realen Lebenssituationen vor Ihnen ausbreiten. Sie können diese beiden Betrachtungsweisen nebeneinander bestehen lassen, ohne verrückt zu werden.

So lange sich diese miteinander im Widerstreit stehenden Betrachtungsweisen stark voneinander unterscheiden, kann Ihr Verstand ohne Probleme damit umgehen. Verwirrung entsteht, wenn die unterschiedlichen Betrachtungsweisen zu ähnlich sind. Ich schaue gerne einem Fußballspiel im Fernsehen zu, stelle den Ton ab und höre dazu Musik aus dem Radio. Ich habe keine Probleme damit, zu verstehen, was im Spiel vor sich geht. Wenn ich aber bei der Betrachtung des Spiels den Ton im Fernsehen abstelle und im Radio ein anderes Spiel verfolge, ist das sehr verwirrend, und es ist schwierig, auch nur eines der Spiele zu verstehen.

Während der Lektüre des Buches werden Sie immer wieder mit Ansichten konfrontiert werden, die den Ihren nicht entsprechen und die bei Ihnen vielleicht Verwirrung hervorrufen. Es ist nicht unser Ziel, dass Sie Ihren Standpunkt aufgeben, aber wir hoffen, dass Sie jeder neuen Idee, die mit Ihren eigenen nicht übereinstimmt, offen gegenüberstehen. Mehrere Ideen könnten ihre Berechtigung haben, abhängig davon, wann und wo sie diese verwenden. Denken Sie daran, dass Sie nicht das sind, was Sie als Ihren Standpunkt betrachten, sondern immer den wählen können, der Ihnen in der jeweiligen Situation am meisten entgegenkommt. Sie haben vielleicht eine Vorstellung davon, was ein Orgasmus ist, aber Sie haben auch die Freiheit, diese zu verändern.

Emotionen wie auch Ansichten gehören zum menschlichen Wesen – jeder hat sie. Emotionen sind unsere Reaktionen auf sinnliche Eindrücke und bereits bestehende Betrachtungsweisen. Emotionen sind auch ein Werturteil, das wir über unsere Erfahrungen und unserem daraus folgenden Verhalten fällen. Dieses Werturteil, unsere Emotionen, können daher positiv oder negativ sein. Der Mensch ist so geschaffen, dass er beide Seiten erleben und nur dann als ganzer Mensch bezeichnet werden kann, wenn er die ganze Bandbreite an Emotionen zulässt. Eine Person, die hauptsächlich negative Emotionen verspürt, ist traurig und deprimiert, eine Person aber, die *nie* negative Erfahrungen macht, ist langweilig und unfähig, das volle Ausmaß positiver Erfahrungen zu spüren. Diese Person könnte niemals die traurige Schönheit einer Shakespeare-Tragödie nachvollziehen. Der Mensch möchte so viele Erfahrungen wie möglich sammeln, und dazu gehört, dass er es zu schätzen lernt, dass hierzu sowohl die guten als auch die schlechten Reaktionen gehören. Die beste Art und Weise, mit einer negativen Reaktion umzugehen, ist anzuerkennen, dass es die richtige Reaktion auf eine Erfahrung ist. Erleben Sie bewusst, dass Sie ein menschliches Wesen sind, das sowohl Freude als auch Trauer verspüren kann. Bekämpfen Sie Ihre negativen Gefühle nicht, denn je mehr Aufmerksamkeit und Energie Sie darauf verwenden, diese zu unterdrücken, desto mehr Macht werden sie über Sie gewinnen.

Wir empfinden eine Erfahrung als positiv oder negativ – je nachdem, wie verantwortlich wir uns unserer Meinung nach für das Zustandekommen dieser Erfahrung fühlen. Der Fallschirmsprung aus einem kleinen Flugzeug mag eine furchtbare Erfahrung sein, wenn wir es tun müssen, weil der Motor ausgefallen ist; andererseits kann der gleiche Vorgang viel Spaß machen, wenn es unser Wunsch ist, mit dem Fallschirm zu landen. Viele Menschen haben uns tatsächlich das Fallschirmspringen als eine der wunderbarsten Erfahrungen beschrieben, die sie jemals gemacht haben. Einige haben sogar gesagt, dass es besser als ein Orgasmus sei. Sie hatten mit Sicherheit noch nie einen Intensiven Verlängerten Orgasmus; Sie wissen schon, was ich meine. Der einzige Unterschied, der zwischen den beiden beschriebenen Fallschirmsprüngen besteht, ist der, dass Sie sich in der ersten Situation als Opfer gefühlt haben und keinerlei Verantwortung für das Geschehen übernahmen. Im zweiten Fall hingegen waren Sie für alles, was geschah, verantwortlich.

Die höchste Stufe des menschlichen Bewusstseins (man nennt es Erleuchtung, Nirwana oder Einssein mit dem Universum) ist jene, in der der Mensch für alles die völlige Verantwortung übernimmt. Er erkennt, dass er von göttlichem oder »erhabenem« Geist ist. Er ist eins mit dem Universum, so wie jeder andere und alles andere auch.

Der Mensch befindet sich auf der untersten Bewusstseinsebene, wenn er es ablehnt, für irgendetwas die Verantwortung zu übernehmen. Alles, was in seinem Leben geschieht, führt er auf Glück oder Zufall zurück. Er ist ein Opfer. Zwischen diesen beiden Extremen gibt es natürlich viele Ebenen. Es bleibt Ihnen überlassen, welche Ebene Sie für sich wählen, und da es auch an Ihnen liegt, welche Betrachtungsweisen Sie wählen, können Sie die Ebene jederzeit wechseln. Manchmal fühlen wir uns gut dabei, ein Opfer zu sein – dann zum Beispiel, wenn wir Vergnügungen zum Opfer fallen. Zu anderen Zeiten wiederum können Sie es genießen, mehr Verantwortung zu übernehmen und dadurch in der Lage sein, neue Ideen und Erfahrungen auszuprobieren.

Wie eine Person auf Sie reagiert, hängt zum einen von der Ebene der Verantwortung und des Bewusstseins ab, auf der Sie kommunizieren, als auch von deren Ebene der Verantwortung und des Bewusstseins. Wenn Sie sich auf derselben oder nur wenig voneinander entfernten Ebenen bewegen, werden Sie gut miteinander zurechtkommen. Wenn Sie sich eine Stufe über der anderen Person befinden, können Sie ihr dabei helfen, sich weiterzuentwickeln. Sie können so für einige Überraschungen sorgen. Sie eignen sich gut als Lehrer für eine Person, die eine Stufe unter ihnen steht. Wenn Sie jedoch versuchen mit einer Person zu kommunizieren, die zwei Ebenen unter Ihnen steht, könnten Sie auf Schwierigkeiten stoßen. Diese mag zwar hören, was Sie sagen, jedoch nicht in der Lage sein, es zu begreifen oder zu verstehen, warum Sie es gesagt haben. Die Reaktion wird vielleicht nur ein verständnisloses »Was?« sein. Wenn Sie jedoch aus einer Distanz über mehr als drei Ebenen hinweg kommunizieren, werden die Menschen auf Sie wütend werden. Sie mögen glauben, dass sie Opfer sind, sich nicht verantwortlich fühlen für die prekäre Lage, in der sie sich befinden. Wenn Sie diesen Personen sagen, dass *sie* für eine Situation verantwortlich sind, werden sie vielleicht irgendwann von dieser Information profitieren, ihre erste Reaktion Ihnen gegenüber wird jedoch feindselig sein. Es ist gefährlich, wenn man aus einer Distanz von mehr als drei Ebenen herab die Leute unterrichten will, da einige hierauf sogar gewalttätig reagieren.

Allgemein gilt, dass man umso mehr Vergnügen empfindet, je mehr Verantwortung man für ein Geschehen übernimmt. Gleichzeitig gibt Ihnen dies aber auch das Gefühl, Ihr Leben besser kontrollieren zu können. Verantwortung übernehmen heisst, die Möglichkeit zu haben, sein Leben zu verändern und es in die Richtung zu lenken, in der man es haben möchte. Wenn Sie sich als Opfer fühlen und keine Verantwortung dafür übernehmen, was in Ihrem Leben passiert, dann werden Sie große Schwierigkeiten damit haben, Ihr Leben in die Richtung zu lenken, die Sie gerne einschlagen würden.

Im Kern handelt es sich bei der Betrachtungsweise eines Opfers um die Missbilligung dessen, wie sein Leben verläuft. Wenn Sie Kontrolle über Ihr Leben haben möchten, dann müssen Sie dem, wie es ist, zustimmen, oder Sie müssen sich darum bemühen, dass das Leben sich nach Ihnen richtet (was für gewöhnlich viel schwieriger zu erreichen ist). Indem Sie sich dafür entscheiden, Verantwortung zu übernehmen, entscheiden Sie sich auch für Kontrolle. Ein guter Vergleich ist das Fahren eines Autos auf vereister Straße: Das Auto kommt ins Rutschen. Damit Sie wieder Kontrolle über das Auto gewinnen, müssen Sie das Lenkrad in die Richtung drehen, in die das Auto rutscht. Sie verschlimmern die Situation, wenn Sie das Lenkrad der Rutschrichtung gegensteuern. Wenn Sie das Lenken der Rutschrichtung anpassen, können Sie wieder Kontrolle über das Auto bekommen. Wenn Sie Ihr Leben akzeptieren, wie es ist, haben Sie Verantwortung übernommen und sind in der Lage, Ihr Leben in jede Richtung zu lenken, die Sie wählen.

Sinnlichkeit und Sexualität

Um Intensive Verlängerte Orgasmen verständlicher zu machen, erklären wir zunächst den Unterschied zwischen Sinnlichkeit und Sexualität. Von Sinnlichkeit spricht man, wenn man über die Sinne dem Körper oder dem Verstand Vergnügen bereitet. Das Schlüsselwort ist hier das *Vergnügen*. Die Sinnlichkeit umfasst unsere fünf Sinne: Hören, Sehen, Riechen, Schmecken und Fühlen. Es gehört aber auch noch unser sechster Sinn dazu: jede Form gedanklicher Bilder, um das Vergnügen zu steigern. Da das Thema dieses Buches der Orgasmus ist, beschäftigen wir uns hauptsächlich mit dem Tastsinn. Unter Sexualität versteht man hingegen die zur Reproduktion gehörende physiologische Funktion der Befruchtung der Frau durch den Mann, indem dieser mit dem Penis in die Vagina der Frau eindringt.

Lynn Margulis und Dorion Sagan schreiben in ihrem Buch *What Is Sex* darüber, dass es drei ursprüngliche Formen von Sex gibt, welche sich in der Welt der Bakterien entwickelten. Die erste, älteste Form war **transgenetischer Sex** bei den Bakterien oder Prokaryonten. Dabei handelt es sich um die Fortbewegung von Genen von einem Spender (Bakterium, Virus, chemische Lösung) zu einem lebenden Empfänger-Bakterium. Diese genetische Bewegung in der Morgendämmerung der Evolution war die wichtige Voraussetzung für das Überleben allen nachfolgenden Lebens. (Die neuzeitliche biotechnische Revolution nützt das Verhalten der Bakterien, Gene unabhängig von Arten untereinander spenden und empfangen zu können, für ihre Zwecke.) Die zweite Form von Sex, die sich entwickelte, war **Hypersex**. Alle uns heute bekannten Lebensformen, Tiere, Pflanzen und Pilze inbegriffen, entstammen dem Hypersex. Es handelt sich dabei um eine durch Symbiose entstehende, permanente Verbindung mit dem Ziel, Organismen zu produzieren, die aus mehr als einer Quelle stammen. Ein

Bakterium dringt in ein anderes ein und wächst und reproduziert sich darin ad infinitum. Permanente Verbindungen zwischen ursprünglich separaten Bakterien führen zu neuen Lebensformen. Alle unsere Zellen sind das Ergebnis dieser ursprünglichen bakteriellen Vereinigung oder Hypersex.

Die dritte Form von Sex, **meiotischer Sex**, entwickelte sich in Organismen, die sich zuvor aus bakteriellem Hypersex entwickelt hatten. Dem meiotischen Sex entstammen das tierische Sperma und die Eier, oder bei der Meiose die Sporen von Pflanzen und Pilzen. Bei der Meiose (Zellteilung) wird die Anzahl der Chromosomen halbiert. Durch die Befruchtung wird die volle Anzahl der Chromosomen wieder hergestellt. Diesen Prozess und die damit verbundene Reibung der Genitalien verbindet man im Allgemeinen mit dem, was man unter Sex versteht.

Alle drei Formen von Sex haben ein gemeinsames Element inne: Es findet immer ein Austausch der DNA statt. Sex ist eine zielorientierte Handlung. Das Ziel ist die Vermehrung, und das diese Handlung begleitende Vergnügen nur ein Nebenprodukt. Sinnlichkeit hingegen ist nicht zielorientiert. Wenn es ein Ziel gibt, dann ist dies das großartige Gefühl, das man zu jedem Zeitpunkt während der Handlung hat. Dabei steht immer das Vergnügen im Vordergrund.

Die Sexualität ist zweifellos ein Teil unseres Lebens. Dennoch muss das Geben und Empfangen großen sinnlichen Vergnügens gelernt werden. Auch wenn wir alle essen können, macht uns das nicht zu Meisterköchen. Es gibt einen großen Unterschied zwischen der Zubereitung und dem Genuss wunderbarer Speisen und dem bloßen Stillen unseres Hungers. Beim Hunger und bei der Verdauung handelt es sich, wie beim Sex, um natürliche physiologische Vorgänge, deren einziges Ziel es ist, unseren Körper mit Nährstoffen und Kalorien zu versorgen. Wenn wir möchten, dass uns die Nahrungsaufnahme und

Sättigung großes Vergnügen bereiten, müssen wir lernen, so zu kochen und die Nahrung so zuzubereiten, dass unsere Geschmacksnerven verführt werden.

Um den Unterschied zwischen Sexualität und Sinnlichkeit zu veranschaulichen, bedienen wir uns eines Vergleichs mit der Musik. Unser Hörsinn stellt eine physiologische Grundfunktion dar, und Musik konnte sich entwickeln, weil der Mensch von Natur aus in der Lage ist, Töne zu hören. Um ein Musikstück wirklich genießen zu können, müssen wir auf alle Klänge und Noten, vom Anfang bis zum Ende, achten. Es reicht nicht, sich nur ein paar Noten oder das Ende des Musikstücks anzuhören. Beim Sex ist es jedoch so, dass die meisten Menschen nur auf den Höhepunkt am Ende der Handlung hinarbeiten, um einen kurzen Orgasmus zu erleben.

Niemand hört sich bei einer Oper oder einer Symphonie nur die letzten acht Takte an. Um auch das Ende einer Komposition oder des Geschlechtsakts genießen zu können, müssen Sie auf alle Takte achten. Das Vergnügen, das sich während des Zuhörens gesteigert hat, findet seinen Höhepunkt am Ende.

Schon das Wort *Vorspiel* deutet darauf hin, dass es sich bei der Handlung vor dem Geschlechtsakt nur um Arbeit handelt, die getan werden muss, bis man beim wirklich »spaßmachenden« Teil des Sex ankommt. Es ist aber tatsächlich so, dass die ganze Handlung Spaß machen kann, und das ist auch das Ziel eines wahren Genießers. Von nun an werden wir die Begriffe *Sexualität* und *Sinnlichkeit* als gleich bedeutend verwenden, da wir nicht der Meinung sind, dass Sexualität nur Geschlechtsverkehr bedeutet. Wir betrachten die Sexualität als eine vollständige sinnliche Erfahrung.

Bewusstsein, Verantwortung und der Unterschied zwischen Sexualität und Sinnlichkeit sind die Themen, die wir immer am Anfang unseres Unterrichts über Intensive Verlängerte Orgasmen behandeln. Wir tun das, damit die Studenten sich ein grundlegendes Verständnis für unsere Betrachtungsweisen erwerben können. Weiterhin geben wir ihnen dadurch Konzepte in die Hand, die ihnen helfen, die Techniken und Übungen für Intensive Verlängerte Orgasmen zu verstehen. Hoffentlich haben wir Ihren Appetit geweckt, so dass Sie sich auf das freuen, was nun folgt.

2.

Vorurteile und Schmerz:
Wie unsere Ansichten unseren Orgasmus
beeinflussen

In diesem Kapitel treffen wir die Hauptdarsteller eines jeden Intensiven Verlängerten Orgasmus – Sie und Ihren Partner. Im vorhergehenden Kapitel haben wir gezeigt, welch wichtige Rolle unsere bisherigen Erfahrungen und Betrachtungsweisen in unserem Liebesleben spielen; an dieser Stelle beschäftigen wir uns damit, welchen Einfluss Vorurteile auf Intensive Verlängerte Orgasmen haben. Weiterhin befassen wir uns mit dem Einfluss der Gesellschaft auf unser Liebesleben, in der Schmerz oft als positiv angesehen wird und in der es vielen Menschen schwer fällt, dem Vergnügen einen hohen Stellenwert einzuräumen.

Vorurteile

Wir bewerten unsere Ansichten entweder als »gut« oder »schlecht«, je nachdem, wie sie unsere Ziele beeinflussen. Wenn uns unsere Überzeugungen daran hindern, unsere Ziele zu erreichen, können wir sagen, dass es sich dabei um eine schlechte Betrachtungsweise handelt, zumindest in dieser bestimmten Situation. Wenn unsere Überzeugungen uns aber dabei helfen, unsere Ziele zu erreichen, dann können wir davon behaupten, dass sie gut sind, jedenfalls, was diesen Umstand betrifft. Überzeugungen, die überhaupt keinen Einfluss auf unsere Ziele haben, sind weder gut noch schlecht, sondern neutral.

Ein Vorurteil gehört zu den schlechten Überzeugungen, da es uns daran hindert, unsere Ziele zu erreichen. In diesem Abschnitt befassen wir uns mit Vorurteilen, speziell mit häufig anzutreffenden sexuellen Vorurteilen, die uns daran hindern, ein besseres Sexualleben zu führen, wir erklären, wie uns diese beeinflussen.

Vorurteile haben die Tendenz, unsere sinnlichen Erfahrungen einzuschränken. So bald wir das Licht der Erde erblickt haben, wussten wir, was wir mochten und nicht mochten. Wir bevorzugten es, uns warm und trocken zu fühlen und von angenehmen Gerüchen umgeben zu sein; wir mochten es nicht, wenn wir nass waren und froren. Von Anfang an konnten wir sinnliche Wahrnehmungen als gut oder schlecht bewerten. Ein Vorurteil ist etwas anderes als die Beurteilung, die wir uns anhand von Informationen von außen bilden. Bei einem Vorurteil handelt es sich um eine vorgefertigte Meinung, die auf unzureichenden Informationen beruht.

Habsucht und Geiz sind Vorurteile, die aus einem Mangel an ausreichenden finanziellen Mitteln herrühren; das Wissen, einen Überfluss an Geld zur Verfügung zu haben, lässt uns großzügig sein. Ein gemeines Verhalten rührt daher, nicht genügend Freundlichkeit erhalten zu haben. Wenn wir jedoch an einen Überfluss an Freundlichkeit glauben, dann verhalten wir uns auch freundlich. Wenn eine Person sich für Geiz statt Großzügigkeit, für Knappheit statt Überfluss entscheidet, wird sie mit Sicherheit ein armes, eingeschränktes Leben führen. Manchmal stimmen unsere Vorurteile mit unseren späteren, auf Grund ausreichender Informationen gefassten Bewertungen überein; diese Vorurteile stellen sich im Allgemeinen als für uns günstig heraus. Sehr oft aber sind unsere Vorurteile *der Grund* dafür, wie wir etwas bewerten, und führen uns dazu, Entscheidungen zu treffen, die uns einschränken.

Anhand folgender Geschichte machen wir deutlich, wie Vorurteile unzureichenden Informationen entspringen. In den Sechzigerjahren interviewte Joe Pyne, ein Ex-Soldat mit einem Holzbein, der als Talkmaster bekannt wurde, Frank Zappa, den langhaarigen Musiker und Bandleader von Mothers of Invention. Pyne sagt zu Zappa: »Sie haben lange Haare. Sie müssen eine Frau sein.« Zappa antwortete: »Sie haben ein Holzbein. Sie müssen ein Tisch sein.« Diese Story mag Ihnen lustig oder blödsinnig vorkommen, illustriert aber, wie dumm Vorurteile sind.

Vorurteile gibt es über alle Dinge des Lebens, und fast jeder von uns ist davon betroffen, sei es nun über Rasse, Geschlecht, Ernährung, Größe, Aussehen oder irgend ein anderes Attribut. Die meisten Menschen haben auch Vorurteile gegenüber Sex. Manche Leute glauben zum Beispiel, dass der Orgasmus für den Mann wichtiger ist als für die Frau. Einige Leute glauben auch, dass nur Männer vor dem Geschlechtsverkehr erregt und scharf auf Sex gemacht werden wollen. Und einige Leute glauben, dass es nur eine Form von Orgasmus gibt.

Vorurteile beruhen, wie die von Joe Pyne im Interview geäußerten, auf einem Mangel an Informationen. Hier die Tatsachen: Eine Frau, die Geschlechtsverkehr hat und vor dem Eindringen des Penis nicht erregt und heiß auf Sex ist, empfindet viel weniger Lust daran als eine Frau, die mit allen Regeln der Kunst verführt wurde. Es ist sogar wahrscheinlich, dass ihr das Ganze unangenehm ist und sie sogar Schmerzen dabei verspürt. Seit Beginn der Menschheitsgeschichte sind Männer in die Frauen eingedrungen, ohne zu wissen, dass Frauen erst heiß auf den Sex gemacht werden wollen, um volle Befriedigung daraus zu ziehen. (Wir möchten an dieser Stelle nicht den Männern die Schuld geben; wir möchten nur zeigen, welche Vorurteile bei den meisten Leuten der weiblichen Lust gegenüber bestehen.) Wenn eine Frau heiß auf Sex ist, kommt es eher selten vor, dass sie dabei Schmerz verspürt oder gar verletzt wird. Es ist auch wahrscheinlicher, dass ihre Klitoris bei der Bewegung während des Geschlechtsaktes mitmacht, denn durch die Erregung und die Lust auf Sex rückt die Klitoris näher an die Öffnung der Vagina heran. Natürlich genießen viele Frauen den Geschlechtsverkehr, aber es könnten noch viel mehr sein, wenn sie richtig stimuliert und begierig darauf gemacht werden würden.

Lasst uns gleich noch mit einem anderen Vorurteil aufräumen, dem nämlich, dass männliche Orgasmen wichtiger seien. Es ist kaum zu glauben, dass es Menschen gibt, die diesen Standpunkt vertreten, der so offensichtlich sexistisch ist. Der Mangel an Informationen über den weiblichen Orgasmus erklärt aber, warum es dieses Vorurteil gibt. Viele Frauen haben entweder nie einen Orgasmus oder nicht jedes Mal, wenn sie Sex haben. Im Gegensatz hierzu haben Männer im Allgemeinen bei jedem Geschlechtsverkehr einen Orgasmus. Prostitution, »das älteste Gewerbe der Welt«, beruht darauf, beim Mann einen Orgasmus herbeizuführen. Erst in der zweiten Hälfte des zwanzigsten Jahrhunderts befasste man sich auch mit dem Orgasmus der Frau und diskutierte offen über dieses Thema. Wenn es allein um die Fortpflanzung geht, dann ist es vielleicht tatsächlich so, dass der männliche Orgasmus wichtiger ist als der der Frau, aber sogar das ist fraglich. Es ist bekannt, dass Männer auch dann eine Schwangerschaft verursachen können, wenn sie vor dem Samenerguss den Penis aus der Scheide ziehen, vorher aber schon ein paar Tropfen verloren haben.

Und wie verhält es sich mit dem dritten Vorurteil, das wir erwähnt haben, dem, dass es nur eine Form von Orgasmus gibt? Wie wir bereits gesagt haben, ist der Orgasmus ein Zustand, der im Kopf beginnt, wie ein feuchter Traum. Ein Orgasmus kann ein paar Sekunden oder Stunden dauern. Wenn die Leute beim Sex entspannt sind, spüren sie mehr, als wenn sie sich darauf versteifen, und sie spüren es über einen längeren Zeitraum hinweg. Diese langen, intensiven Orgasmen sind etwas ganz anderes als die üblichen »Quickies«, die die meisten Leute kennen. Wenn Sie darüber, wie ein Orgasmus sein soll, bereits mit Vorurteilen belastet sind (nämlich wenn Sie glauben, dass er erst nach einer Zeit der körperlichen Anspannung, die sich beim Höhepunkt löst, erreicht werden kann), dann sind Sie voreingenommen gegenüber der Idee eines ausgedehnten Orgasmus, der viel intensiver sein kann als alles, was Sie jemals vorher gefühlt haben.

Wenn Sie sich dafür entscheiden, viele Informationen einzuholen, dann werden Sie auch in der Lage sein, bessere Entscheidungen zu treffen. Vorurteile, die auf dürftigen Informationen beruhen, schränken Ihr Leben in all den Bereichen ein, die davon betroffen sind. Es ist gut, wenn Sie Ihre eigenen Vorurteile kennen. Nur dann haben Sie nämlich auch die Chance, Ihre Gedanken und Ihr Verhalten neuen Erfahrungen und Möglichkeiten zu öffnen. Die Kenntnis Ihrer Vorurteile hat ebenfalls einen positiven Einfluss auf Ihr Leben und Ihr Glück. Wenn Sie als Mann Frauen gegenüber voreingenommen und sich dessen nicht bewusst sind, dann ist es ziemlich wahrscheinlich, dass Sie in Ihren Beziehungen immer wieder in Schwierigkeiten geraten, wenn Beziehungen überhaupt für Sie möglich sind.

Vorurteile gegenüber Frauen manifestieren sich auf vielerlei Art und Weise. Im westlichen Kulturkreis und in vielen anderen Ländern sind Frauen wegen der bestehenden Vorurteile Menschen zweiter Klasse. Diese Bewertung der Frau beruht auf einem Mangel an Information. Mit der weltweiten Ausbreitung des Kampfes für die Rechte der Frau und Fortschritte in der Kommunikationstechnik wird es den Frauen vielleicht bald möglich sein, sich von den Vorurteilen zu befreien, Führungspositionen zu übernehmen und sowohl sich selbst als auch den Männern den Weg in ein Leben zu weisen, in dem das Vergnügen einen hohen Stellenwert besitzt. Diese Veränderungen hätten natürlich auch Folgen beim sexuellen Verhalten zwischen den Geschlechtern; die Lust der Frau am Sex wird hoffentlich bald so wichtig genommen werden wie die des Mannes und der ganzkörperliche, Intensive Verlängerte Orgasmus wird für alle sinnlichen Menschen die Definition für »Orgasmus« sein.

Schmerz contra Vergnügen

Im ersten Kapitel haben wir erläutert, wie wir unsere Ansichten von unseren Eltern, Freunden, Lehrern und unserer Kultur übernehmen. Unsere Gesellschaft ist ein buntes Mosaik unterschiedlicher Kulturen, deren Regeln aber auf dem puristischen Gedanken beruhen, dass das Leiden und der Schmerz nobel, das Vergnügen aber sündig und schädlich sind. Der christliche Glaube lehrt, dass wir bereits mit einer Erbsünde geboren werden und deshalb für unser Vergnügen mit Schmerzen bezahlen müssen. Damit wir Feierabend machen dürfen, müssen wir mindestens acht Stunden am Tag arbeiten und uns zweimal pro Tag durch den Verkehr quälen; damit wir uns ein freies Wochenende gönnen dürfen, müssen wir das mindestens fünfmal hintereinander tun; damit wir ein paar Wochen Urlaub machen dürfen, müssen wir ein langes Jahr arbeiten, bis wir endlich in Rente gehen und tun können, was wir immer schon tun wollten.

Die Devise »Zuerst die Arbeit, dann das Vergnügen« hat sich uns eingeprägt. Wenn Sie bewusst darauf achten, können Sie sie in allen Bereichen unseres Lebens feststellen.

Der Schmerz wird wichtiger als das Vergnügen eingestuft. Es wird akzeptiert, wenn Sie bei Ihrem Arbeitgeber anrufen und sich krankmelden, weil Sie sich ein Bein gebrochen haben oder unter einer Erkältung leiden. Wie würde man aber darauf reagieren, wenn Sie anrufen und sagen, dass Sie nicht zur Arbeit kommen können, weil Sie so viel Spaß mit Ihrem Liebhaber im Bett haben, dass Sie dort den ganzen Tag verbringen wollen? Ihr Arbeitgeber würde Ihnen wahrscheinlich die fristlose Kündigung zusenden.

Der Schmerz wird auch in den Medien hervorgehoben. Obwohl es hin und wieder im Fernsehen erotische Sendungen gibt, werden diese meist erst spät in der Nacht gezeigt oder sind nur über Privatsender zu empfangen.

Viel, viel häufiger sieht man im Fernsehen Gewalt und Schmerz. Die meisten Zeichentrickfilme, mit denen unsere Kinder heute aufwachsen, enthalten viele gewalttätige Szenen. Die Darsteller werden zu Pfannkuchen geplättet, überfahren, in die Luft gesprengt, ersäuft und auf vielerlei Art und Weise verstümmelt. Nachrichten und Reportagen zeigen Menschen, die von unvorstellbar grausamen Ereignissen berichten, und weiten dies in jeder Hinsicht aus.

Unsere Gesellschaft lehrt uns, dass Sex für uns schlecht ist. Wenn wir es schon tun, dann bitte nur in der Dunkelheit, und schon gar nicht darüber reden. In einigen Religionen gilt das Masturbieren als Sünde. Sogar heute noch hören wir von unseren Schülern, dass sie beim Masturbieren denken, etwas Verbotenes zu tun. Sie fühlen dabei in sich eine Schuld aufkommen und haben das Gefühl, dass mit ihnen etwas nicht stimmt. Ein Schuldgefühl entsteht, wenn wir etwas tun, von dessen Richtigkeit wir im Moment überzeugt sind, es später jedoch aus einem davon abweichenden, von uns ebenfalls vertretenen Standpunkt beurteilen. Margo Woods schreibt in ihrem Buch *Tantra and Self Love*, dass das Wort Masturbation vom lateinischen *man(u)sturprare* abstammt. *Manu* heisst »Hand«, und *stuprum* bedeutet soviel wie »Schande, Beschmutzung, Unehre«. Weiterhin ist darin das Wort *turbare* enthalten, was im Zusammenhang mit *stuprum* »stören, verwirren« bedeutet. Kein Wunder also, dass das Wort Masturbation in unserem Kulturkreis negativ behaftet ist. Unser Buch widmet sich dem Vergnügen – wir werden uns also nicht zu sehr auf Schuldgefühle einlassen. Wenn wir es dennoch tun, dann deshalb, weil die Lasten, die einige von uns mit sich herumschleppen, uns daran hindern, Vergnügen zuzulassen.

Ein einfacher Versuch zeigt, dass die meisten Menschen dem Schmerz Priorität vor dem Vergnügen einräumen. Wenn Sie auf einer Party eine lebhafte Diskussion in Gang setzen wollen, dann müssen Sie nur von Ihrer kürzlich erfolgten Knie- oder Bypass-Operation erzählen. Ich gehe jede Wette ein, dass die anwesenden Gäste sich an der Konversation beteiligen und voll Enthusiasmus von eigenen Problemen mit der Gesundheit berichten werden. Wenn Sie aber von Ihrem letzten tollen Orgasmus berichten, werden Sie komische Blicke ernten, und die meisten Gesprächspartner werden Sie so schnell wie möglich verlassen.

Alle von uns kamen aus mindestens einem Orgasmus zu Stande. (Ihr Vater muss einen gehabt haben; ob es bei Ihrer Mutter so war, ist fraglich.) Wir sind also das Produkt eines Aktes des Vergnügens, aber irgendwie ist es der Schmerz-Lobby in unserer Gesellschaft gelungen, die Ekstase zu übertrumpfen. Sex vor der Ehe wird von den meisten Religionen als Sünde hingestellt. Sex in der Ehe sollte, zumindest in einigen Religionen, nur der Fortpflanzung dienen.

Geschichten, in denen von Geburten die Rede ist, stellen immer wieder den Schmerz in den Vordergrund, obwohl es zahlreiche Berichte von Frauen gibt, die bei der Geburt geradezu orgastische Gefühle empfanden. Ist es denn, bei all dem, noch verwunderlich, dass Vergnügen und Sinnlichkeit so schwer zu erreichen sind?

Wir lernen auch, dass Schmerz und Vergnügen in Opposition zueinander stehen. Schmerz wirkt abstoßend, das Vergnügen hingegen anziehend. Eines haben der Schmerz und das Vergnügen jedoch gemeinsam: Sie beanspruchen unsere ungeteilte Aufmerksamkeit. Wenn Sie Schmerzen haben, können Sie an nichts anderes mehr denken. Um den Schmerz an einer Stelle zu vergessen, müssen Sie sich an anderer Stelle einen noch größeren Schmerz zufügen. Wenn Sie Ihre Rückenschmerzen nicht mehr spüren möchten, dann schlagen Sie sich doch mit einem Hammer auf den Daumen. Das Gleiche gilt für das Vergnügen. Während eines Orgasmus vergessen Sie alles andere um sich herum, all Ihre Sorgen und Probleme. Es ist schwierig, sich auf ein Vergnügen einzulassen, wenn Sie Schmerzen haben und sich schlecht fühlen. Wenn es Ihnen dennoch gelingt, werden Sie feststellen, dass der Schmerz wie durch ein Wunder verschwindet, zumindest so lange das Vergnügen anhält. Sowohl der Schmerz als auch das Vergnügen sind in der Lage, Sie von allem anderen, was in Ihrem Leben noch stattfindet, abzulenken.

Es hat einen Vorteil, in einer schmerzorientierten Gesellschaft im Gegensatz zu einer lustorientierten Gesellschaft, wo Nacktheit und Sinnlichkeit frei zur Schau gestellt werden, zu leben: In einer schmerzorientierten Gesellschaft gibt es mehr Platz für Erotik. Erotik tritt dann auf, wenn wir Tabus oder kleinere soziale Spielregeln brechen. In einer Gesellschaft wie der unseren, mit einer Vielzahl an Regeln und Tabus, gibt es viele Möglichkeiten, diese zu brechen. Deshalb ist es viel erotischer, in einem Restaurant unter dem Tischtuch Ihre Hand zwischen die Oberschenkel Ihrer Freundin zu legen, als wenn Sie das zu Hause vor dem Fernseher tun. Wenn Sex und Vergnügen offen diskutiert werden, gibt es weniger Regeln zu brechen und letztendlich weniger Raum für Erotik.

Wir haben nun gelernt, warum viele Menschen in unserer Gesellschaft Angst davor haben, mehr Vergnügen in Ihrem Leben zuzulassen. In Anbetracht des Mangels an Information über Sex und der Anstandsregeln, die es verbieten, über Lust offen zu reden und zu diskutieren, wundert es nicht, dass es so viele Vorurteile und Schwierigkeiten zu überwinden gibt, wenn es darum geht, unsere Sinnlichkeit zu entdecken.

3.

Ursache und Wirkung

Viele Menschen hegen ein gemeinsames Vorurteil: Sie glauben, dass die Lust spontan auftauchen sollte und dass sie nicht über das Vergnügen sprechen sollen, welches sie sich wünschen. Wir jedoch sind der Meinung, dass es absolut in Ordnung ist, wenn Sie Ihr Vergnügen planen, und dass dies sogar zu mehr Freude in Ihrem Leben beitragen wird.

Eine der besten Möglichkeiten, um ein Vergnügen zu planen, ist es, wahlweise die aktive oder passive Rolle beim Sexspiel zu übernehmen. Wir nennen die aktiven und passiven Rollen »Ursache« und »Wirkung«. Diese Rollen helfen Ihnen dabei, die höchste Ebene der Lust und des Orgasmus zu erreichen.

Wenn Sie und Ihr Partner diese Rollen einnehmen, konzentrieren Sie beide Ihre Aufmerksamkeit auf den Orgasmus einer Person. Wir nennen es »machen« und verstehen darunter sowohl die manuelle Stimulation der Genitalien einer Person als auch die Verführung sowie das »den Hof machen«, bevor irgend ein körperlicher Kontakt stattfindet. Das »Machen« sollte nicht mit dem Geschlechtsverkehr verwechselt werden.

Damit Sie das »Machen« besser verstehen, definieren wir in diesem Kapitel die Begriffe Ursache und Wirkung. Wir erklären Ihnen, dass die Wirkung immer der Ursache vorausgeht, obwohl die meisten Menschen davon ausgehen, dass es sich genau andersherum verhält. Wir zeigen Ihnen, wie Sie die Rolle von Ursache oder Wirkung übernehmen können, und erklären die Schwierigkeiten und die Freuden, die jede dieser Rollen beinhaltet. Schließlich beschreiben wir, wie die beiden Rollen auf dieselbe Art und Weise zu Stande kommen.

Beim Nachschlagen im Wörterbuch fanden wir unter dem Eintrag *Wirkung* folgende Definition: durch eine verursachende Kraft bewirkte Veränderung. Wie wir im vorhergehenden Kapitel im Abschnitt »Bewusstsein« angemerkt haben, reagieren unsere Sinne auf Unterschiede. Wenn keine Unterschiede auftreten, nehmen wir sinnlich auch nichts wahr.[4] Wenn wir uns zum Beispiel mit einer Frau, die starkes Parfüm aufgetragen hat, zusammen in einem Raum aufhalten, bemerken wir anfangs noch den Duft. Wenn wir aber länger zusammen mit ihr in diesem Raum sind, riechen wir das Parfüm nicht mehr. Das rührt daher, dass unser Geruchssinn keine Veränderung mehr wahrnimmt. Wir haben uns an den Geruch »gewöhnt«.

Dieses Beispiel dient auch der Darstellung, auf welche Art und Weise wir nach Ursachen suchen, die auf Wirkungen beruhen. Wir bemerken den Geruch (die Wirkung) zuerst. Wahrscheinlich schließen wir daraus, dass der Parfümgeruch von der Frau (die Ursache) kommt. Wir können uns dessen aber nicht ganz sicher sein, es könnte auch eine andere Frau gewesen sein, oder jemand hat etwas aus einer Parfümflasche verschüttet. Wir bemerken also zuerst die Wirkung und suchen dann nach einer Ursache, die die Wirkung erklärt. Es ist möglich, dass nicht immer eine eindeutige Verbindung zwischen Wirkung und Ursache festzustellen ist. Auf Grund unserer Lebenserfahrungen versuchen wir aber automatisch, uns die Ursachen zu erklären. Wir machen bestimmte Dinge, damit sich ein bestimmtes Gefühl einstellt. Manchmal wären wir vielleicht besser dran, wenn wir entscheiden würden, so zu fühlen, wie wir gehofft hatten uns zu fühlen, und dann getan hätten, was wir wirklich tun wollten.

Wenn wir das schaffen, sind wir von äußeren Einflüssen oder Ursachen nicht so abhängig, um einen von uns gewünschten emotionalen Zustand zu erreichen. Wir bevorzugen eine holistische, nicht lineare Betrachtungsweise.

Wir geben unseren am Intensiven Verlängerten Orgasmus beteiligten Partnern Namen, die dadurch bestimmt werden, welche Rolle sie übernehmen. Der »Macher« ist der aktive Teilnehmer; er ist derjenige, der die »Ursache übernimmt« oder die »Ursache ist«. Der »Gemachte«, der passive Teilnehmer, ist derjenige, der die »Wirkung ist«. Im Prinzip geht es hier nur darum, wer die Verantwortung beim Sexspiel übernimmt. Derjenige, der die Ursache ist, übernimmt die Verantwortung für die Handlung; der andere, die Wirkung, aber nicht.

Dazu noch ein Beispiel: Nehmen wir an, Sie nehmen an einer Besichtigungstour in London teil. Der Führer zeigt Ihnen Orte, die er kennt, und Sie fühlen sich bei ihm gut aufgehoben. Sie sind während der ganzen Zeit die Wirkung. Wenn Sie sich wie der Führer verhalten, werden Sie zum »Macher«. Sie sagen der Person, der Sie es machen, dass Sie nur die Wirkung sein soll. Alles, was Sie von Ihrem Partner erwarten, ist, dass er daran, was Sie bei ihm machen, Vergnügen hat und dies auf angenehme Weise mitteilt. Sie und Ihr Partner (in ihren Rollen als Ursache und Wirkung), widmen Ihre ganze Aufmerksamkeit dem Orgasmus. Dadurch erreichen Sie beim Orgasmus die größtmögliche Wirkung.

Dies ist natürlich leichter gesagt als getan in einer Gesellschaft, in der man lernt, dass es gefährlich sein kann, die Verantwortung anderen zu überlassen. Leute haben Angst davor, Empfänger zu sein und sich dadurch verwundbar zu machen. Das drückt sich auch in unserer Sprache aus. »Dem hab ichs gegeben« ist eine bessere Position als »der hats mir gegeben«. Wenn Sie die Rolle der Wirkung übernehmen, kann das auch dazu führen, dass jemand die Situation ausnützt, um Ihnen Schaden zuzufügen. Sie müssen in Ihrer Rolle als Wirkung darauf vertrauen können, dass die Person, die auf Sie einwirkt, Ihnen nicht wehtun wird, da Sie Ihren Körper völlig dieser Person überlassen.

Leute haben vielleicht weniger Angst davor, die Rolle der Ursache zu übernehmen, obwohl auch diese eine negative Seite hat. Es mag ja sein, dass man am Anfang ganz wild darauf ist, den Macher zu spielen; nach einer gewissen Zeit aber kann man sich ausgenutzt vorkommen. Sie denken und sagen vielleicht Dinge wie: »Warum muss immer ich die Verantwortung übernehmen? Warum kann es nicht auch mal jemand für *mich* tun?« Ich habe eine Zeit lang in Italien gelebt und war Besitzer eines VW-Busses. Meine Freunde aus Amerika besuchten mich häufig, und ich habe sie gerne in meinem Bus herumgefahren und ihnen die Sehenswürdigkeiten gezeigt. Einmal, als ich wieder eine Busladung von Freunden herumchauffierte, die jede Menge Spaß hatte, wurde ich wütend darüber, dass immer ich den Fahrer spielen musste, und das, obwohl ich es freiwillig angeboten hatte.

Hier haben Sie ein typisches Beispiel dafür, dass Sie sich Ihre Rolle zwar selbst ausgesucht haben, sich aber nach einer gewissen Zeit ausgenützt vorkommen. Mitten im Spiel entscheiden Sie vielleicht plötzlich, dass Sie nicht länger die Ursache, sondern die Wirkung sein möchten.

Wie wir bereits früher erwähnt haben, meinen die meisten Menschen, wenn Sie über Sex sprechen, den Geschlechtsverkehr. Niemand spricht von Ursache und Wirkung; niemand spricht wirklich viel darüber. Er fragt sich, was sie fühlt, macht sich Gedanken darüber, ob er ihrer Lust mehr Aufmerksamkeit schenken sollte und befürchtet, dass er, wenn er es tut, zu früh kommt. Sie andererseits fragt sich, warum sie nicht mehr spürt, überlegt, ob er zufrieden ist und sie einen Orgasmus vortäuschen sollte. Das Ziel dieser Art von Geschlechtsverkehr ist der gleichzeitige Orgasmus. Ihre Chancen sind höher, in der Nacht fliegende Enten während eines Sturms mit Strohhalmen zu erschießen. Es wird nicht passieren, und es gibt sowieso wesentlich bessere Möglichkeiten, einen Orgasmus zu haben.

Warum erreicht man den besten Orgasmus durch Ursache und Wirkung? Der Partner, der sich in der Rolle der Wirkung befindet, ist in einer verwundbaren Position, wo ihm Schaden zugefügt werden kann; andererseits ist es aber auch die Position, wo ihm am meisten Vergnügen bereitet werden kann. So wie es schwierig ist, sich den eigenen Arm zu verdrehen, so ist es auch schwierig, sich selbst in Ekstase zu versetzen. Das liegt daran, dass Sie immer die eigene Motivation kennen, und da Sie wissen, was Sie vorhaben, können Sie sich nicht selbst so verführen und reizen wie jemand, der weiss, wie er Sie verführen kann, und Ihnen gefallen möchte. Um wirklich intensive Befriedigung zu verspüren, müssen Sie sich einer anderen Person überlassen und ganz »Opfer« sein. Der gleichzeitige Orgasmus während eines Intensiven Verlängerten Orgasmus tritt immer dann ein, wenn beide Beteiligten ihre Aufmerksamkeit ganz einem Partner widmen. Beide Partner werden zusammen einen Orgasmus erleben, einer als Ursache, der andere als Wirkung. Es handelt sich hierbei um einen wirklich »gleichzeitigen« Orgasmus. (Wenn Sie mehr zum Thema gleichzeitiger Orgasmus wissen möchten, lesen Sie den Abschnitt »Gleichzeitiger Orgasmus« in Kapitel 9.)

Sie müssen natürlich Ihre Rolle als »Ursache« hervorragend beherrschen, wenn Sie eine andere Person davon überzeugen möchten, dass er oder sie sich in die verwundbare Wirkungs-Position begibt. Sie müssen in der Lage sein, Ihrem Partner das Gefühl zu geben, dass er oder sie in Ihren Händen sicher ist. Wenn Sie ein guter Macher sind, ist es Ihr ultimatives Ziel, den »Gemachten« so weit zu bringen, dass er Ihnen sein zentrales Nervensystem überlässt. Wirklich gute »Wirkungs-Partner« wissen, wie man die Ursache Rolle so gut spielt wie die eigene.

Wenn Sie nicht die Ursache sein wollen oder können, weil

Sie sich nicht völlig auf den Körper und die Befriedigung einer anderen Person konzentrieren wollen, dann werden Sie es auch schwierig finden, Ihren eigenen Körper ganz den Händen eines Partners zu überlassen. Sie werden glauben, dass Ihr Partner so wie Sie fühlt, und da Sie wissen, dass Sie sich selbst nicht trauen können, werden Sie auch keinem anderen trauen. In dem Ausmaß, in dem Sie Ursache sein können, können Sie auch Wirkung sein. Wenn Sie wirklich großartige Intensive Verlängerte Orgasmen haben möchten, werden Sie davon profitieren, wenn Sie Ihrem Partner die Rolle der Wirkung vollständig überlassen, anstatt immer nur selbst diese Position einzunehmen.

Wir kannten eine Frau, die Intensive Verlängerte Orgasmen übte, aber nur »gute« Orgasmen erzielte, die nicht so intensiv waren, wie sie gehofft hatte. Sie fand es auch langweilig, es ihrem Ehemann zu machen. Wir zeigten ihr, was sie tun kann, um mehr Spaß dabei zu haben, wenn sie es ihm macht. Sie konnte unsere Vorschläge in die Tat umsetzen, mit dem Ergebnis, dass sie ihn viel stärker befriedigte. Gleichzeitig steigerte sich aber auch ihre Lust, und ihre Orgasmen waren viel intensiver, als sie sich jemals hatte vorstellen können. Sie hatte gelernt, bessere Wirkung durch bessere Ursache zu sein.

Wenn Sie die Rolle der Ursache übernehmen, müssen Sie einen Raum für die Verführung schaffen, diesen Raum mit Objekten füllen und dafür sorgen, dass Zeit zur Verfügung steht, in diesem Raum einander Vergnügen zu bereiten. Betrachten wir als Beispiel ein Paar, das sich verabredet hat. Er möchte sie zum Essen einladen und wählt ein Restaurant aus. Er »schafft« den Raum, wie auch die darin befindlichen Objekte: das gute Essen, Kellner, Tische, Besteck, etc. Er schafft ebenfalls die Zeit: 19.30 Uhr an einem Freitagabend. Die Frau, welche die Rolle der Wirkung einnimmt, muss ebenfalls den Raum schaffen, die Objekte darin und die Zeit, alles genießen zu können. Darüber hinaus muss sie aber vergessen, dass sie das alles getan hat. Sie hat vielleicht einmal ihrem Freund erzählt, dass sie am Freitagabend in ihrem Lieblingsrestaurant essen möchte. Wenn er sie nun dahin einlädt, vergisst sie jedoch, dass sie das gesagt hat, damit sie die Rolle der Wirkung übernehmen und das Ganze genießen kann.

Hier ein weiteres Beispiel: Nehmen wir mal an, Sie kochen für eine große Abendeinladung. Sie sind die Ursache. Viele Leute, die den ganzen Tag über gekocht haben, können nichts essen, wenn es schließlich Zeit zum Essen ist. Alle Gäste aber, in der Rolle der Wirkung, genießen das gute Essen. Sie packen vielleicht Ihre Portion in ein Gefäß und frieren sie ein. Die darauf folgende Woche kommen sie spät von der Arbeit nach Hause, sind hungrig, holen das tiefgefrorene Essen aus dem Gefrierschrank und erwärmen es. Kurze Zeit später können Sie das ausgezeichnete Essen genießen; Sie erfahren die Wirkung.

Weiter hinten, im Kapitel »Training und Kommunikation«, beschreiben wir, wie Sie Ihren Partner sowohl von der Ursache als auch aus der Wirkungs-Position heraus unterrichten können. Wenn Sie einmal mit dem Machen oder Gemachtwerden vertraut sind, werden Sie feststellen, dass sowohl die Ursache- als auch die Wirkungs-Position sehr befriedigend sein kann. Im nächsten Kapitel werden wir einige Hindernisse beschreiben, die beiden, Mann und Frau, den Weg versperren, wenn sie mehr über die Rollen von Ursache und Wirkung lernen möchten. Wir zeigen Ihnen, wie Sie diese Hindernisse am besten aus dem Weg räumen, und erzählen Ihnen mehr über die Philosophien, die den Techniken des Intensiven Verlängerten Orgasmus zu Grunde liegen.

Teil II:

Das Vorspiel

4.

Sich selbst und den Partner kennen

Ich habe das erste Mal geheiratet, als ich 20 Jahre alt war. Meine Frau und ich besuchten die gleiche Universität. Ich war verrückt vor Liebe, hatte aber keinen Schimmer davon, wie man eine Frau befriedigt. Wir waren beide in Sachen Sex völlig unerfahren. Die ersten beiden Ehejahre verbrachten wir in Italien, wo ich Medizin studierte. Da wir uns in einem fremden Land aufhielten, wo wir nicht viele Leute kannten, verbrachten wir viel Zeit miteinander und waren auch glücklich. Sobald wir aber in die Vereinigten Staaten zurückgekehrt waren, haben wir uns immer weiter voneinander entfernt. Ihre Wut auf mich steigerte sich von Tag zu Tag, und ich wusste nicht, was ich tun sollte, um sie glücklich zu machen. Wir haben uns nach nur vier Jahren Ehe scheiden lassen.

Als ich Vera traf, war ich älter und erfahrener. Ich wusste bereits, wie wichtig es ist, eine Frau zu befriedigen, und kannte auch schon einige Techniken, wie man das erreichen kann. Vera war dreizehn Jahre älter als ich, und keiner von uns beiden entsprach dem Bild, das wir uns von einem zukünftigen Ehepartner gemacht hatten, dennoch fühlten wir uns sexuell stark voneinander angezogen. Und das, obwohl Vera verheiratet und ich in eine andere Frau verliebt war! Wir haben zusammen zum Thema Sinnlichkeit geforscht, uns aber in keinster Weise als Liebhaber, sondern immer nur als Freunde gesehen. Später wurden wir schließlich doch Geliebte und blieben weiterhin Freunde, wobei Veras Vergnügen in unserer Beziehung immer erste Priorität hatte. Das hat sich in den zwanzig Jahren, die wir uns nun kennen, nicht verändert, außer dass wir immer besser dabei wurden. Wir haben nicht viele Paare getroffen, die sich mit der gleichen Leidenschaft und Romantik lieben wie wir. Ich habe in der Zeit mit Vera gelernt, wie wichtig das Vergnügen ist, und sie hat gelernt, ihr Glück an erste Stelle zu stellen, vor der Wut oder dem Wunsch, sich an Männern zu rächen. Wir beide fühlen, dass unsere Kommunikation und die Tatsache, dass wir über alles, was passiert, miteinander sprechen, aus unserer Beziehung eine Erfolgsstory gemacht hat.

Um eine erfolgreiche Beziehung aufbauen und Intensive Verlängerte Orgasmen geben und nehmen zu können, ist es wichtig, die Ängste, Hoffnungen und Wünsche der beiden am Spiel beteiligten Teilnehmer zu kennen: Ihre und diejenigen Ihres Partners.

Wir geben Ihnen eine kurze Beschreibung der am häufigsten genannten Ängste in Verbindung mit Sexualität, zusammen mit praktischen Vorschlägen, wie Sie mit diesen Ängsten umgehen können. Wir nennen auch einige der Unterschiede zwischen Männern und Frauen. Einige Betrachtungsweisen, die wir Ihnen hier anbieten, sind vielleicht neu für Sie (und werden hoffentlich Ihre Gefühle nicht verletzten!). Wenn Sie in der Lage sind, einige der grundlegenden Ähnlichkeiten und Unterschiede zwischen Ihnen und Ihrem Partner zu verstehen, wird es Ihnen leichter fallen, Ihren Partner zu verführen und zufrieden zu stellen. Für viele Frauen ist es die Wut, die ihnen beim Erleben Intensiver Verlängerter Orgasmen im Weg steht. Bei den Männern ist es häufig das Gefühl, benutzt zu werden oder immer nur die »Ursache« zu sein. Was sie daran hindert zu lernen, wie man bei der Partnerin einen Intensiven Verlängerten Orgasmus bewirkt. Wir werden diese Probleme erörtern und Ihnen zeigen, wie beide, Mann und Frau, genießen können, sobald sie mal gelernt haben, miteinander zu »gewinnen« anstatt zu »verlieren«. Die besten Beziehungen sind diejenigen, in denen sich die Frau anerkannt und geliebt fühlt. Dies zu erreichen ist wie ein Tanz zwischen Mann und Frau, und in diesem Kapitel lernen Sie einige der Grundschritte dazu.

Angst und Anerkennung

Die meisten Menschen tragen Ängste und Vorstellungen hinsichtlich ihrer sexuellen Leistungen in sich. Das ist absolut normal in Anbetracht dessen, dass unsere Gesellschaft Sinnlichkeit nicht als edlen sittlichen Wert einstuft. Weiterhin werden wir von der Werbung dahingehend manipuliert, uns als minderwertig anzusehen, da wir in den Anzeigen immer nur mit gut aussehenden Models konfrontiert werden, mit denen die meisten von uns nicht mithalten können. Die meisten Menschen sprechen nicht über Sex, nicht einmal dann, wenn Sie es gerade tun, und viele tun es nur im Dunkeln. Es gibt nur wenige Informationen über Sex, so dass Sie schon gezielt danach suchen müssen, wenn Sie mehr darüber erfahren möchten; das Ergebnis davon ist natürlich, dass die meisten Menschen, was Sex angeht, unwissend sind und nur das darüber wissen, was ihre (ebenfalls unwissenden) Freunde und die Medien ihnen darüber erzählt haben.

Da Sie sich dieses Buch gekauft haben, gehen wir davon aus, dass Sie Ihren Horizont erweitern, Hindernisse überwinden und hinter die sozialen Vorurteile dringen möchten. Der erste Schritt in diese Richtung ist, anzuerkennen, dass der einzige Maßstab, mit dem Sie Ihre sexuellen Leistungen messen, Ihr eigener ist. Sie sind für sich perfekt, ganz egal, was die Medien darüber sagen. Ihre Ängste und Befürchtungen sind normal; Sie können diese aber besiegen, wenn Sie auf Ihre Erfahrungen achten und sich darauf konzentrieren, was Sie im Moment fühlen. Aufmerksamkeit und Konzentration sind die Essenz der Sinnlichkeit, die Mittel, mit denen Sie Ihr Lustgefühl steigern können. Erinnern Sie sich jedes Mal, wenn in Ihnen die Angst hochkommt, daran, an diesen Moment und die damit verbundenen Empfindungen. Angst ist eine Emotion, die sich mit der Zukunft beschäftigt. So lange Sie in der Gegenwart bleiben, hat die Angst keine Macht über Sie. Wir raten unseren Schülern immer, Ihre Angst und Aufregung in Ihren Genitalien unterzubringen.

Durch Ihren Entschluss, dieses Buch zu lesen, haben Sie bereits einen gewaltigen Schritt in die Richtung getan, wie Sie Ihr Leben aufwerten und lernen, sich darin mehr Raum für vergnügliche Erfahrungen zu schaffen. Ihr Wunsch, Ihr Wissen zu erhöhen, wird viele Ihrer Ängste verschwinden lassen. Denken Sie immer daran, dass die einzige Person, die so fühlen kann, wie Sie fühlen, immer nur Sie sein werden. Sie entscheiden, gutzuheißen, wer Sie sind und was Sie gerade tun, und Sie können ebenfalls entscheiden, die Gefühle gutzuheißen, die Sie momentan spüren. Anerkennung ist die einzige Möglichkeit, womit Sie es schaffen, dass sich diese Gefühle positiv anfühlen und intensiver werden.

Wenn Sie im Moment viele Ängste hegen, dann hilft es Ihnen vielleicht, das nachfolgende Kapitel aufzuschlagen, wo wir Ihnen spezielle sinnliche Übungen zeigen, die Ihnen dabei helfen werden, sich auf Ihren Körper zu konzentrieren, ihn zu akzeptieren und sich selbst zu lieben.

Das achte Kapitel »Training und Kommunikation« ist ebenfalls hilfreich, da wir Ihnen hier wunderbare Möglichkeiten zeigen, wie Sie mit Ihrem Partner vor, während und nach dem Sex sprechen.

Wut oder Glückseligkeit?

Was Intensive Verlängerte Orgasmen
den Frauen bringen

Warum werden Menschen wütend? Wut zwischen Männern und Frauen entsteht, wenn sie glauben, dass ein persönliches Recht verletzt wurde. Jeder glaubt, Rechte zu haben, alle möglichen Arten von Rechten, sei es nun das Recht zu atmen oder, in einigen Ländern, das Recht zur Wahl zu gehen. Wir denken für gewöhnlich nicht an diese Rechte, so lange sie nicht bedroht sind. Wenn aber jemand versucht, uns diese Rechte zu nehmen, bemerken wir das sofort und werden wütend. Das ist eine typische Situation für Wut. Wenn uns zum Beispiel im Straßenverkehr jemand den Weg versperrt, werden wir wütend, da uns jemand das Recht der freien Fortbewegung nimmt.

Es ist fast auf der ganzen Welt so, dass Frauen auf Männer wütend sind. Obwohl sie zahlenmäßig die Mehrheit bilden, werden sie seit Jahrtausenden als Menschen zweiter Klasse behandelt.[5] Alle unterdrückten Minderheiten teilen ein gemeinsames Merkmal: Sie haben den IST-Zustand satt, sie sind wütend auf diejenigen, die sie als die Unterdrücker ausmachen. Einige Frauen sind auf Männer wütender als andere; wegen der Menschheitsgeschichte ist aber die Wut der Frau auf den Mann unvermeidlich. Frauen lassen diese Wut für gewöhnlich an den Männern aus, die ihnen gefühlsmäßig am nächsten sind. (In gewisser Hinsicht ist ihre Wut eine Auszeichnung, da dies bedeutet, dass Sie ihr wichtig sind. Wenn sie auf einen anderen Mann wütend ist, ist das vielleicht ein Grund zur Eifersucht.) Männer werden natürlich auch wütend. Sie bemerken genauso wie die Frauen, wenn ihre Rechte verletzt werden. Da die Männer aber nicht in dem Bewusstsein erzogen wurden, Menschen zweiter Klasse zu sein, ist ihre Wut auf Frauen nicht so groß (außer bei psychisch gestörten Männern).

Eine Frau, die nicht bekommt, was sie sich wünscht, ist unglücklich. Wenn ein Mann sie nicht so behandelt, wie sie es möchte, reagiert sie oft mit Wut. Das gilt auch für Männer, allerdings ist die Bewegkraft für sie anders (und das Ziel dieses Buches ist es schließlich, zu vermitteln, wie man eine Frau zufrieden stellt). Männer sind oft so unsensibel, dass sie es nicht einmal bemerken, wenn Sie der Frau auf die Füße treten.

Diesen Mangel an Bewusstsein zu registrieren und zu lernen, mit Ärger umzugehen, ist ein wesentlicher Faktor beim Geben und Erfahren Intensiver Verlängerter Orgasmen. Wenn eine Frau auf ihren Partner wütend ist, wird sie niemals ihr zentrales Nervensystem ihm überlassen. Wut ist der Feind der Lust und damit des Orgasmus. Wut bedeutet, dass die Aufmerksamkeit einer Person der Wut, nicht dem Orgasmus gilt.

Ihre Wut, Ihre Frustration und Ihr Unglück kann aus einer falschen Benennung der Ziele resultieren. Dingen einen falschen Namen geben heisst, dass eine Person nicht mehr mit der Realität ihres Lebens übereinstimmt. In der Essenz bedeutet das, dass wir »verlieren«. Wir verlieren, wenn wir mit unseren gegenwärtigen Lebensumständen nicht mehr übereinstimmen und glauben, dass diese Umstände für immer so sein werden, wie sie jetzt sind.

Um zu gewinnen, müssen wir mit unserem Leben und den Umständen, in denen wir uns befinden, übereinstimmen. Nur dann haben wir auch Kontrolle über unser Leben und können Situationen, die wir nicht haben möchten, ändern. Diese Erkenntnis hilft uns, unsere Ziele zu erreichen.

Um zu gewinnen, können wir zwischen zwei Möglichkeiten wählen: Wir können das tun, was getan werden muss. Sicherstellen, dass wir das bekommen, von dem wir glauben, es haben zu wollen. Das kann sich aber als schwierig erweisen und beinhaltet einen großen Zeitaufwand und große Anstrengung. Es gibt aber einen zweiten Weg, um zu gewinnen: Wir stimmen überein mit dem Leben, das wir gerade führen. Wir können unser Leben als perfekt oder »in Ordnung« empfinden, so wie es ist. Wir können uns zwar dessen bewusst sein, dass wir nicht alles haben, von dem wir glauben, dass wir es haben möchten, aber dass unser Leben dennoch, so wie es ist, großartig ist. Wir können uns auch klar darüber sein, dass es völlig in Ordnung ist, sich Dinge zu wünschen; wenn unser Wunsch wirklich stark genug ist, werden wir schließlich auch bekommen, was wir uns wünschen. In Übereinstimmung mit unserem Leben zu leben macht uns glücklich. Als glücklicher Mensch ist unsere Anziehungskraft auf andere viel größer, und unsere angenehmen Erfahrungen werden zunehmen.

Glücklicher und weniger wütend zu sein bedarf auch der Akzeptanz unserer Verantwortung für unsere Situation. Eine Frau, die wütend auf einen Mann ist, kann ihre Wut kompensieren, indem sie Verantwortung für ihre Situation übernimmt und ihn lehrt, wie er sie behandeln und zufrieden stellen kann. Seine Aufmerksamkeit ist in dieser Hinsicht wichtiger als Geschenke. Ein Mann kann eine Frau reich beschenken. Wenn er ihr aber nicht seine Zeit und Aufmerksamkeit widmet, wenn sie sich das wünscht, bleibt sie unzufrieden und unglücklich. Die meisten Männer wissen nicht wirklich, was Frauen wollen, daher ist es am besten, wenn die Frauen für ihre Situation die Verantwortung übernehmen und den Männern in ihrem Leben beibringen, was sie *wirklich* wollen.

Vom Standpunkt der Wut der Frau dem Mann gegenüber aus betrachtet, bedeutet dies, dass Frauen eine kreative Antwort auf ihre Wut brauchen. Um glücklicher zu sein, muss sich eine Frau darüber klar werden, dass ihre Wut nicht in ihrem besten Interesse ist. Es ist aber in ihrem eigenen Interesse, wenn sie erkennt, dass die meisten Männer in ihrem Sozialverhalten minder bemittelt sind. Und dass man ihnen vermitteln muss, die Frauen so zu behandeln, wie sie selbst behandelt werden möchten! Eine Frau muss sich entscheiden, was ihr wichtiger ist: Glück oder Wut.

Die Veränderung eines Verhaltens ist natürlich ein schwieriges Unterfangen, wenn man sich unglücklich und wütend fühlt. Eine Frau kann dies aber üben, wenn sie dem Mann unvermittelt und auf freundliche Art sagt, was sie ärgert. Indem sie ihren Gefühlen unmittelbar Ausdruck verleiht, wird sich die Wut über ihn nicht in ihr aufstauen. Wut, die nicht geäußert wird, hat die Tendenz zu wachsen.

Die meisten Frauen handeln intuitiver als Männer. Frauen denken oft, dass Männer genau wissen sollten, was sich Frauen wünschen und wie sie sie behandeln sollen, ohne dass man es ihnen sagen muss … Wenn eine Frau das glaubt, wird sie mit Sicherheit enttäuscht werden. Wenn ein Mann ihr nicht gibt, was sie sich wünscht, meint sie, dass er sie schlecht behandelt und unaufmerksam ist. Es kann sein, dass er unaufmerksam ist. Es kann aber auch sein, dass er nicht richtig informiert ist. Er würde wahrscheinlich gerne wissen, was sie sich wünscht, damit er es ihr geben könnte. Wenn es mehr Aufmerksamkeit ist, wird er ihr diese wahrscheinlich geben wollen, damit er mit ihr »gewinnt«.

Im Allgemeinen wollen Männer Frauen nicht schlecht oder unaufmerksam behandeln. Sie wissen einfach nicht, was Frauen wollen! Eine Frau, die wir kennen, ist mit einem Mann verheiratet, der sie bewundert. Sie wurden häufig von Freunden zum Abendessen eingeladen. Die Frau genoss es, wie ihre Freunde das Essen servierten und immer darauf bedacht waren, dass jeder ausreichend zu essen und zu trinken hatte. Sie beschloss, diese Art des Abendessens bei sich zu Hause mit ihren Freunden nachzuvollziehen. Einmal, als sie mit ihrem Baby beschäftigt war, ging sie davon aus, dass ihr Ehemann die Gäste genauso bedienen würde. Das tat er nicht. Ihr Teller war leer, obwohl alle anderen, auch ihr Ehemann, bereits mit dem Essen begonnen hatten. Sie war sehr wütend darüber. Später hat sie jedoch erkannt, dass sie ihm nichts davon erzählt hatte, wie sie sich nun den Ablauf eines Abendessens vorstellte. Sie beruhigte sich und erzählte ihm, warum sie wütend reagiert hatte. Ihr Teller ist seitdem nie mehr leer geblieben ...

Eine Frau sollte sich aber durchaus auch positiv äußern, wenn ein Mann etwas tut, was ihr gefällt. Positive Äußerungen, auch Verstärkung genannt, sind die beste Lehrmethode. (Wenn Sie mehr darüber wissen möchten, wie und wann man positive Verstärkung einsetzt, dann lesen Sie hierzu den Abschnitt »Wirksames Training« in Kapitel 8.) Sie kann mit dem Training der positiven Verstärkung beginnen, indem sie sich auf eine Sache in ihrem Leben konzentriert, mit der sie zufrieden ist. Wenn sie das gelernt hat, wird sie andere positive Dinge finden, auf die sie stolz sein kann. Von nun an ist sie auf dem Weg, sich besser zu fühlen.

Auch die Wut auf den Partner kann überwunden werden, wenn man sich darauf konzentriert, was er richtig macht. Wenn sie es lernt, sich darüber zu freuen und anzuerkennen, was ihr Partner – oder jemand anderes – für sie macht, wird sie in Zukunft immer reicher beschenkt werden. (Diese Eigendynamik eines Geschehens gilt sowohl für Männer als auch Frauen.) Ein wichtiger Aspekt des sinnlichen und emotionalen Appetits der Frau ist ihre Fähigkeit, genießen zu können. Um etwas wirklich genießen zu können, muss man dessen Wert zu schätzen wissen. Natürlich muss die Anerkennung ehrlich sein und aus dem Herzen kommen.

Hans Christian Andersen hat eine reizende Geschichte geschrieben, die er »Was Vater tut, ist immer richtig« nannte: Ein Bauer tauschte ein Pferd für eine Kuh ein, die Kuh für ein Schaf, das Schaf für eine Gans, die Gans für eine Henne und

die Henne für einen Sack fauler Äpfel. Er kommt in einem
Wirtshaus an, wo sich zwei reiche Herren aufhalten. Sie wet-
ten mit ihm um einhundert Goldstücke, dass die Frau des Bauern wütend sein wird, wenn sie erfährt, wofür er das Pferd ein-
getauscht hat. Sie gehen also alle zusammen zur Frau des Bauern, die ihren Mann mit einem Kuss begrüsst. Er erzählt ihr die
Geschichte seiner Tauschgeschäfte, und sie ist begeistert über
sein Tun, da sie glaubt, dass er es getan hat, um sie glücklich
zu machen. Sie freut sich sichtlich über den Sack fauler Äpfel,
und die beiden noblen Herren müssen dem Bauern einhundert
Goldstücke geben.

Die Frau des Bauern freute sich über alles, was ihr Mann für
sie getan hatte, und das machte sie beide reicher. Sie erwartete
nichts Bestimmtes von ihm. Wenn eine Person Erwartungen
hegt, diese sich aber nicht erfüllen, fühlt die Person einen »Verlust«. Es ist völlig in Ordnung, im Leben Ziele zu haben, und
es ist auch okay, wenn man sich dafür einsetzt, diese Ziele zu
erreichen. Wenn Sie sich aber auf ein bestimmtes Ergebnis oder
bestimmte Erwartungen versteifen, werden Sie häufig enttäuscht und unglücklich sein.

Die Frau in dieser Geschichte wusste es zu schätzen, was ihr
Mann für sie getan hatte, was sie für sich selbst von ihm erworben hatte. Wenn eine Person (Mann oder Frau) nicht zu
schätzen weiß, was sie sich von anderen für sich erworben hat,
besteht wenig Hoffnung, dass weitere und bessere Dinge folgen werden.

Damit Sie bekommen, was Sie wollen, müssen Sie Ihre Wünsche auch manifestieren. Manchen Frauen fällt es schwer, ihre
Wünsche zu äußern, und häufig liegt der Grund dafür darin,
das sie sich nicht für attraktiv oder liebenswert genug halten. Ihre Zweifel verdrängen ihre Wünsche. Das Resultat dieses Verhaltens ist, dass Männer (und andere Leute) in ihrem
Leben, die ihr helfen möchten, ihre Wünsche zu erreichen, ver-

wirrt reagieren und nicht wissen, wie sie ihr helfen können. Eine Frau, die nicht ihre wahren Wünsche äußert und diese nicht erfüllt bekommt, füllt die innere Leere mit anderen Dingen auf, wie Essen, Kleidung, Schmuck oder sogar Kindern. Natürlich gibt es auch Frauen, die wunschlos glücklich sind und diese Dinge mögen. Letztere sind aber viel glücklicher darüber (und geduldiger, wenn Sie darauf warten müssen) als ihre unzufriedenen Schwestern. Ihr Glück und ihre Anziehungskraft bringt ihnen die Erfüllung ihrer Wünsche.

Anziehung, oder anziehend sein, beinhaltet die Elemente Appetit oder Wunsch, die Fähigkeit zu konsumieren, und die Fähigkeit, das, was konsumiert wurde, anzuerkennen und schätzen zu lernen. Eine Person, deren Wünsche befriedigt werden, strahlt Schönheit aus, die von innen kommt. Die Erfüllung unserer Wünsche und die Anerkennung dessen, was wir erhalten haben, macht uns schön und strahlend und offen für mehr Gutes, das wir erhalten werden, und natürlich noch attraktiver.

Wir kannten einen Mann, der eine Beziehung mit einer Frau einging, die er als sehr schön betrachtete. Sie wollte, dass er mit ihr in die Oper geht. Sie wollte, dass sie mit einer Limousine dahin fuhren und dass er einen Smoking trägt. Er war noch nie in einer Oper gewesen und besaß auch keinen Smoking. Das alles war völlig neu für ihn. Er rief uns an und fragte uns, was er tun solle. Wir gaben ihn den Rat, sich auf dieses Abenteuer einzulassen, da ihm die Oper wahrscheinlich Spaß machen würde, vor allem, wenn diese Frau so einen großen Appetit darauf hatte. Wir sagten ihm, dass dies vielleicht die Chance seines Lebens sei, mit Luxus in Berührung zu kommen.

Er beschloss, sich darauf einzulassen, und kaufte die letzten zwei Eintrittskarten, die noch vorhanden waren. Er lieh sich einen Smoking und den teuren Wagen seiner Schwester aus und fand einen Freund, der sie zum Opernhaus fahren würde.

Er kaufte ihr als Überraschung sogar ein Blumensträußchen zum Anstecken.

Sie hat sich über keines der Dinge gefreut, die er unternommen hatte. Das Auto war keine richtige Limousine, die Plätze in der Oper waren zu weit hinten. Wir müssen wohl nicht sagen, dass er sich wie ein Verlierer vorkam. Je mehr sie alles bemängelte, umso unattraktiver wurde sie für ihn. Er wollte sie am Ende des Abends nur noch nach Hause bringen und niemals wieder sehen.

Sie hätte sich darüber freuen können, dass er noch Karten ergattert hatte. Sie hätte begeistert über das Auto und die Blumen und die Tatsache sein können, dass er nur für sie einen Smoking angezogen hatte. Wenn sie seine Anstrengungen gewürdigt hätte, hätte er sie zweifellos wieder eingeladen, mit besseren Eintrittskarten und vielleicht einer echten Limousine. Wenn Sie nicht schätzen, was Sie haben, dann werden Sie wahrscheinlich auch das nicht zu schätzen wissen, was Sie in der Zukunft bekommen werden.

Dieses Buch handelt vom sinnlichen Genuss und davon, wie er Ihr Leben bereichern kann. Natürlich ist sinnlicher Genuss nicht die einzige Art und Weise, Erfüllung zu finden. Und eine Person, die sexuell befriedigt ist, wird nicht automatisch eine glücklichere Person sein. Der sinnliche Genuss ist jedoch in vielen glücklichen Leben ein wichtiger Aspekt. Wut ist eine Barriere gegenüber sinnlichen Freuden. Eine wütende Frau wird einem Mann wohl nicht erzählen, was ihr gefällt. Er »verliert« also, weil er nicht das gebracht hat, was sie von ihm wollte. Zwischen Frauen und Männern gibt es eine stillschweigende Abmachung: Die Männer sollen die Frauen glücklich machen. Wenn eine Frau nicht glücklich ist, »verliert« der Mann. Die Frau weiß das und ist unglücklich, damit er auch unglücklich ist. Dann wird sie noch unglücklicher und schließlich depressiv. Bei diesem Spiel gibt es nur Verlierer, dennoch wird es von vielen Paaren gespielt.

Ist es nicht ironisch, dass die physiologischen Symptome von Ärger denen der sexuellen Erregung ähneln? Der Herzschlag und die Atmung werden schneller, die Haut rötet sich und schwitzt, der Blutdruck steigt. Die einzigen Hinweise, die bei Ärger nicht auftreten, sind eine feuchte Vagina oder ein steifer Penis. Wenn Sie sich nicht sicher sind, ob es Ärger oder Verlangen ist, die Sie bei Ihrem Partner sehen, ist es Zeit, jedwede sexuelle Aktivität zu stoppen und zu reden. Wenn Sie diesen »Test« bestehen, wird es Ihrem Partner beim nächsten Mal leichter fallen, sich Ihnen zu überlassen, wenn Sie es ihm oder ihr machen.

Wir haben viele einstmals sehr wütende Frauen gekannt, die es geschafft haben, ihre Wut abzulegen und daraufhin in der Lage waren, ein wunderbares Leben für sich und mit ihrem Partner, der trotz allem nie aufgehört hat, sie zu lieben, zu führen.

Diese Frauen gehören für ihre Freunde, Verwandte und Bekannte zu den glücklichsten Menschen, die sie kennen. Wut ist eine Kraft, die sowohl nach innen (gegen sich selbst) als auch nach außen (gegen andere) gerichtet werden kann. Sobald wir unseren Ärger erkennen und akzeptieren, egal ob er nach innen oder außen gerichtet ist, können wir damit beginnen, besser damit umzugehen. Wir können anfangen, uns damit auseinander zu setzen, was uns ärgerlich macht, und uns auf die Suche nach den Gründen machen, warum wir ärgerlich reagieren. Wir können für unseren Ärger Verantwortung übernehmen.

Die sozialen Vorurteile Frauen gegenüber sind mit fortschreitender Industrialisierung und der Morgendämmerung der sexuellen und elektronischen Revolution schwächer geworden. In den meisten Industriestaaten verliert Sexismus an Boden. Natürlich gibt es ihn immer noch, deshalb sind Frauen immer noch wütend. Es gibt aber in der heutigen Zeit viel mehr Menschen als früher, die sich dieser Problematik bewusst sind. Und einige Männer und Frauen haben es wirklich gelernt, einander zu lieben und mit Würde und Respekt zu behandeln.

Wann bin ich an der Reihe?

Was Intensive Verlängerte Orgasmen den Männern bringen

Obwohl wir uns in diesem Buch hauptsächlich mit dem Orgasmus und der Befriedigung der Frau beschäftigen, möchten wir nicht versäumen, darauf hinzuweisen, welchen Nutzen der Mann aus der Lektüre des Buches ziehen kann. Da ist zum Einen eine Geliebte, die mehr Spaß am Sex hat. Dann der Gebrauch Ihrer Hände als Sexorgane, eine weitere Möglichkeit, ihr die Liebe zu beweisen, sich wie ein Held zu fühlen und das Leben voll Enthusiasmus zu leben. Männer können ebenfalls lernen, einen intensiveren Orgasmus zu haben, wenn sie die Übungen durchführen, die in späteren Kapiteln beschrieben werden.

Männer, die zum ersten Mal von Intensiven Verlängerten Orgasmen hören, fragen uns immer: »Was habe ich davon, wenn ich es einer Frau mache?« Die Antwort, die wir ihnen als Erstes geben, lautet: »Eine glückliche, befriedigte Frau.« Wir haben bereits darauf hingewiesen, dass es in einer Beziehung nichts Wichtigeres gibt als eine erregte und befriedigte Partnerin. Wenn Sie die in diesem Buch beschriebenen Techniken erlernen und üben, werden Sie Ihre Partnerin bei jedem Sexspiel befriedigen können. So quasi als Nebenprodukt werden Sie dadurch intensivere Orgasmen erleben.

Männer fragen uns auch: »Wann bin ich an der Reihe?« Sie sind immer dran, sobald Sie Ihre Hände dazu verwenden, der Frau Vergnügen zu bereiten. Um es bei einer Frau wirklich gut zu machen, müssen Sie Spaß an dem haben, was Sie tun.

Die beste Art, eine Frau zu berühren, ist, sie so zu berühren, dass es sich für Ihre Finger gut anfühlt. Ihre Hände sind sehr empfindlich und können Vergnügen spüren. Fassen Sie Ihre Partnerin daher so an, als würden Sie Samt oder Seide berühren, beides Materialien, die sich für Ihre Hände wunderbar anfühlen. Je mehr Vergnügen Sie über Ihre Hände fühlen, ein umso besserer Macher werden Sie.

Wenn Sie es lernen, beim Berühren Vergnügen zu verspüren, werden Sie nie denken, dass Sie für Ihre harte Arbeit eine Gegenleistung haben möchten. Sobald Frauen es gelernt haben, bei der Stimulation der Klitoris durch den Partner einen Orgasmus zu bekommen, können sie, zumindest anfänglich, das Interesse daran verlieren, den Penis ihres Partners zu berühren. Die Frauen mussten sich über viele Generationen hinweg mit so wenig zufrieden geben, dass das Auskosten des Orgasmus für sie am Anfang alles ist, womit sie sich beschäftigen. Es ist auch gut möglich, dass es vielen Frauen bisher nicht viel Vergnügen bereitet hat, das Glied des Mannes zu berühren. Sie haben es vielleicht getan, um ihre Ruhe zu haben oder aus diplomatischen Gründen. Aber seien Sie sich dessen gewiss: Eine Frau, die befriedigt ist, will auch ihrem Mann eine Freude machen, und wenn Sie Ihren Penis berührt, wird sie dabei viel mehr Vergnügen finden, als es in der Vergangenheit der Fall war. Es ist möglich, dass eine Frau, die leicht kommt, selbst einen Orgasmus haben kann, während sie mit dem Penis des Mannes spielt.

Wenn Sie es lernen, einer Frau einen Intensiven Verlängerten Orgasmus zu geben, wird sich Ihr Enthusiasmus steigern – für Sex, für Frauen, für das Leben. Frauen fühlen sich von Männern angezogen, die Enthusiasmus ausstrahlen. Frauen werden auf Männer aufmerksam, die »vibrieren«, und sie möchten, dass der Mann auch für sie vibriert. Die meisten männlichen Arten, einschließlich dem Menschen, versuchen, die Frau zu beeindrucken, damit diese sie als Paarungspartner wählt. Einige Vögel müssen lächerlich lange, bunte Federn und Schwänze mit sich herumschleppen, damit sie eine Gefährtin bekommen.[6] Bei vielen Arten ist es so, dass die Männchen sich gegenseitig bekämpfen und damit unter Beweis stellen, dass sie stark genug sind, um von den Weibchen akzeptiert zu werden. Fußball spielen oder die Ausübung anderer Sportarten, um die Frauen zu beeindrucken, ist wahrscheinlich eine menschliche Adaption dieses Verhaltens. Sie müssen in unserer Gesellschaft nun nicht unbedingt Fußball spielen oder der beste Kämpfer sein, um das Weibchen zu bekommen, oder andersherum, damit das Weibchen Sie auswählt. Frauen sehen gerne den Enthusiasmus in allem, was der Mann tut, sei es nun beim Werben um sie oder bei der Reinigung des Autos.

Damit kommen wir schon zum nächsten Punkt: Wenn Sie es lernen, Intensive Verlängerte Orgasmen zu bewirken, kann das dazu führen, dass Sie sich wie ein Held fühlen. Männer, die in einer Beziehung leben, werden oft gefragt, etwas zu machen oder zu besorgen, was ihre Frauen haben möchten.

Der Mann hat nun die Wahl, das von ihm Erwartete entweder mit Enthusiasmus oder fluchend und schimpfend zu tun. Wir glauben, dass es mehr Spaß macht, etwas mit Enthusiasmus zu tun. Sie fühlen sich hinterher wie ein Held anstatt wie ein Versager. Frauen haben die Macht, Männer so zu inspirieren, dass diese wahrhaft heroische Taten vollbringen können. Ein Mann, der etwas nur für sich allein tut, beschränkt sich auf das, wovon er glaubt, dass er es tun kann. Andere Männer, wie Trainer oder Vorgesetzte, können ihn vielleicht zu höheren Leistungen motivieren, aber nur für eine Frau erbringt er freiwillig und anscheinend mühelos Höchstleistungen. (Kein Wunder, dass alle Musen weiblich sind.) Das Gefühl, ein Held zu sein, ist großartig, und Männer fühlen sich wie Helden, wenn sie Frauen glücklich machen.

Die Kenntnis über Intensive Verlängerte Orgasmen kann Ihnen auch dabei helfen, Ihre Liebe auszudrücken. Es ist ein großartiges Gefühl, von jemandem geliebt zu werden. Aber es ist ein noch viel besseres Gefühl, jemanden zu lieben. Der Mensch verfügt über eine große Kapazität zu lieben, aber die Männer können ihre Liebe nicht so leicht zeigen wie Frauen, wahrscheinlich auf Grund der sozialen und kulturellen Differenzen bei der Erziehung der Geschlechter. Frauen können sich umarmen und küssen, wie es auch die Kinder tun. Wenn ein Mann einen anderen Mann küsst, dann könnte man ihn vielleicht für schwul halten; wenn er Kinder küsst und streichelt, dann stempelt man ihn vielleicht als Pädophilen ab. Wenn ein Mann schließlich eine Frau findet, der er seine Liebe zeigen und bei der er seine romantische Seite ausleben darf, dann wird sein Leben plötzlich verzaubert. Der Mann kann sogar noch einen weiteren Nutzen daraus ziehen: Wenn sich Männer trauen, romantisch zu sein, dann trauen sich Frauen auch, ihre sinnliche Natur nach außen zu kehren. Ich habe meine besten Liebesgedichte geschrieben, nachdem ich erregt wurde oder großartigen Sex hatte. Jede Seite kann mit diesem liebevollen Kreislauf beginnen.

Und schließlich wird sich die Beziehung zwischen Ihnen und Ihrer Partnerin festigen, wenn Sie diese mit Höhenflügen der Lust verwöhnen können. Forschungen haben gezeigt, dass Männer, die verheiratet sind oder in einer festen Beziehung leben, älter werden als ihre allein lebende Geschlechtsgenossen. Obwohl uns manche Junggesellen vielleicht heftig widersprechen, glauben wir, dass ein Mann, der allein lebt, ziemlich langweilig wird. Ein Mann, der für eine Frau sorgen und diese verwöhnen kann, hat das Gefühl, dass sein Leben sinnvoll ist. Er fühlt sich gebraucht und geschätzt. Er fühlt sich wertvoll. Er fühlt sich wie ein Held, wenn er etwas für die Frau tut, von dem er nicht glaubte, dass er es tun könnte.

Die ultimative Funktion des Mannes ist es, der Frau zu dienen und die Art am Leben zu erhalten. Der Mann hat viele Möglichkeiten entwickelt, um den Frauen nützlich zu sein.

Alles, was Frauen bei Austragung, Geburt und Aufziehen der Kinder hilft, ist nützlich, kann in drei Kategorien eingeteilt werden: sexuelle Belohnung, Essen, Unterkunft und Luxusgüter. Die sexuelle Belohnung beinhaltet alle möglichen Formen von Aufmerksamkeit und liebevoller Zuneigung. Frauen möchten in allen drei Kategorien belohnt werden, am wichtigsten ist ihnen aber die Aufmerksamkeit. Wenn sie davon nicht genug bekommen, werden sie nicht glücklich sein, ganz egal, wie viele Extras sie erhalten. Nicht nur bei den Menschen machen Männer den Frauen Geschenke. Richard Dawkins berichtet in seinem Buch *Climbing Mount Improbable* über Spinnenarten, wo die Männchen klein und die Weibchen groß sind. Die Männchen bringen den Weibchen Insekten, die in Seidenfäden gewickelt, als Geschenk. Während sie damit beschäftigt ist, das Geschenk auszupacken, nutzt er die Gelegenheit, sie schnell zu befruchten. Bei vielen Arten von Spinnentieren verschlingt das Weibchen das Männchen, nachdem sie Sex miteinander hatten.

Wir haben viele Frauen kennen gelernt, die behaupteten, dass sie sich eine wirklich gute Beziehung zu einem Mann wünschen. Sie glaubten jedoch nicht, dass die Männer wirklich bereit seien, ihren Fähigkeiten entsprechend die Frauen zu verwöhnen und zufrieden zu stellen. Aus diesem Glauben heraus haben es die Frauen gar nicht versucht, den Männern, mit denen sie eine Beziehung haben wollten, ihre Wünsche zu offenbaren. Die Frauen hofften, dass die Männer selbst darauf kommen würden, was sich die Frauen wünschten, und sie diese Wünsche auch erfüllen würden. Da aber ein gewöhnlicher Mann über keine telepathischen Fähigkeiten verfügt, fühlen die Frau sich nicht verstanden und der Mann sich unterfordert.

Schließlich kreuzt eine Frau seinen Weg, die sein Potenzial erkennt. Sie hat genug Vertrauen in ihre Person und ihre Attraktivität, um zu wissen, dass der Mann sowohl in der Lage als auch bereit ist, ihre Wünsche zu erfüllen. Der Mann hat keine andere Wahl, als zu der Frau zu gehen, die am meisten Verwendung für ihn hat.

Eine Frau, die bezweifelt, dass ein Mann etwas für sie tun möchte, zweifelt an ihrer eigenen Attraktivität. Wenn eine Frau einen Mann bittet, für sie etwas zu tun oder zu besorgen, dann ist seine erste Reaktion vielleicht nicht gerade eine Liebeserklärung. Vielleicht brummt er zuerst vor sich hin oder sagt sogar: »Ich sehe nicht, wie ich das tun kann.« Sie sollte diese Reaktion nicht persönlich nehmen oder gar als Ablehnung betrachten. Die Männer zweifeln oft im ersten Moment an ihrer Fähigkeit, bewerkstelligen zu können, was man von ihnen erwartet.

Es liegt in der Natur des Mannes, eine Frau zufrieden zu stellen. Wir sagen nicht, dass Frauen nicht für sich selbst sorgen und Männer nicht so attraktiv wie Frauen sein können. Wir behaupten jedoch, dass die besten Beziehungen zwischen Männern und Frauen diejenigen sind, in denen sich der Mann gebraucht und die Frau attraktiv fühlt. Einige der Informationen, die wir Ihnen in diesem Kapitel zur Verfügung gestellt haben, sind allgemein gehalten. Wir glauben aber, dass sie beim Verständnis, warum Männer und Frauen sich unterschiedlich verhalten, hilfreich sind. Nicht auf jeden ist unsere Beschreibung zutreffend; wenn Ihr eigenes Verhalten von dem Beschriebenen abweicht, sollten Sie sich deswegen keine Gedanken machen.

5.

Lernen Sie Ihren Körper kennen

Damit Sie Intensive Verlängerte Orgasmen schenken und erfahren können, ist es wichtig, Ihren Körper – und den Körper Ihres Partners – zu kennen. Deshalb beginnen wir dieses Kapitel mit einem Abschnitt, der sich mit dem in Lehrbüchern der Anatomie am stiefmütterlichsten behandelten Teil des Körpers befasst: der Klitoris. Sie werden erfahren, wie sie reagiert, wie sie gebaut ist, wie wichtig sie ist, wie groß sie ist und wie man sie hungrig macht. Sie werden auch erfahren, wo sich ihre »Zauberstelle« befindet. Es gibt noch andere Zauberstellen (wie etwa der G-Punkt), die wir ebenfalls beschreiben werden und an denen wir Ihnen ebenfalls zeigen, wie Sie diese berühren sollen.

Anschließend erklären wir die Ähnlichkeiten zwischen dem Körper einer Frau und dem eines Mannes. Dieses Kapitel endet mit einem der wichtigsten Teile des Buches; Sie lernen einige wesentliche sinnliche Übungen kennen, mit denen Sie Ihren Körper kennen, erregen und lieben lernen.

Klitoriskunde

Wir besitzen die Klitoris, damit sie uns Vergnügen bereitet. Sie ist das Zentrum aller Orgasmen (trotz allem, was Sigmund Freud darüber dachte). Ihre einzige Funktion ist es, exquisite sinnliche Freuden zu bereiten. Der einzige andere Körperteil, dessen ausschließliche Funktion darin besteht, Vergnügen zu bereiten, ist die männliche Brustwarze, aber die beiden spielen nicht in der selben Liga. In der Spitze der Klitoris befinden sich mehr Nerven als in der des Penis, ungefähr achttausend, in etwa doppelt so viel.[7] Diese hohe Zahl ist besonders erstaunlich, wenn man weiss, dass die einzige Funktion der Klitoris darin besteht, der Frau Vergnügen zu bereiten. Schließlich hat der Penis noch andere Funktionen: urinieren und befruchten. Ungefähr 15 000 Nervenzellen, alles in allem, stehen im Dienst des Beckens der Frau.

So wie im Penis, so sammelt sich auch in der Klitoris bei einer Stimulation Blut an. Die Klitoris hat aber im Gegensatz zum Penis keine sich zusammenziehenden Venen, die das Zurückfließen von Blut verhindern. Da das Blut ungehindert ein- und ausfließen kann, bleibt die Klitoris, anders als der Penis, nicht über einen längeren Zeitraum hinweg hart, sondern ändert ihren Zustand ständig zwischen hart und weich und weich und hart, immer und immer wieder. Bei einer Frau, die Erfahrung mit Intensiven Verlängerten Orgasmen hat, kann bei einer richtigen Stimulation die Klitoris über Stunden hinweg erregt sein, obwohl sie sich jeden Moment anders anfühlen kann.

Es bedarf keiner großen Klitoris, um einen besseren Orgasmus zu haben, und sie ist auch kein Beweis dafür, dass eine Frau tolle Orgasmen haben kann. Abhängig davon, wie viel Lust eine Frau auf Sex hat, wie gut ihre Klitoris berührt wird und wie viel Selbstvertrauen sie in ihre eigene Sexualität hat, kann ihre Klitoris um das Zweifache der normalen Größe anschwellen.

In einem Fötus wächst die Klitoris während der ersten 27 Wochen der Schwangerschaft. Nach der Geburt wächst sie individuell weiter. Die Klitoris scheint nicht von Östrogenen oder den Wechseljahren beeinflusst zu werden, obwohl es während der Schwangerschaft zu einer dauerhaften Vergrößerung des Organs kommen kann.

Die Klitoris besteht aus drei deutlich unterscheidbaren Bereichen (welche, individuell verschieden, nicht immer so klar zu unterscheiden sind).

Die **Klitorisspitze,** oder der Kopf der Klitoris, ist ein Gewebe, das anschwellen und hart werden kann. Obwohl die Klitorisspitze meist sichtbar ist, kann sie auch unter einer Hautfalte versteckt sein, die der Vorhaut bei einem nicht beschnittenen Mann entspricht. Bei der Hautfalte handelt es sich um eine Verlängerung der inneren Schamlippen. Bei den meisten Frauen lässt sich die Hautfalte zurückziehen: Anders ausgedrückt, die Klitorisspitze kann freigelegt werden, indem man die Hautfalte zurückschiebt. Bei einigen Frauen, mit denen wir zu tun

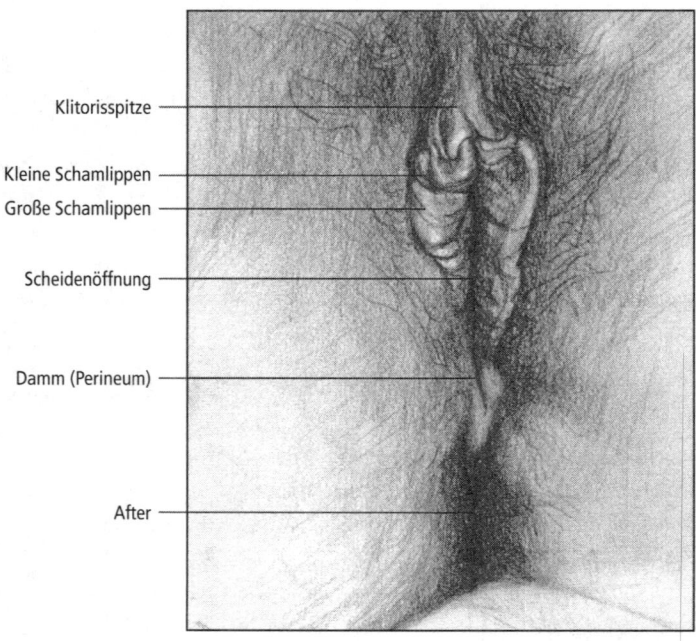

Klitorisspitze

Kleine Schamlippen

Große Schamlippen

Scheidenöffnung

Damm (Perineum)

After

Abbildung 1: Nicht stimulierte weibliche Genitalie

hatten, war die gesamte Klitorisspitze mit einer Hautfalte bedeckt, die nicht zurückgeschoben werden konnte.

Andere wiederum haben Hautfalten, die nur zum Teil zurückgeschoben werden können. Aber auch diese Frauen können intensive Orgasmen erleben, da sich die Klitoris durch die Hautfalte hindurch stimulieren lässt. Die Klitorisspitze ist mit dem **Rumpf** verbunden, von dem vielleicht nur ein kleiner Teil sichtbar ist, den Sie aber problemlos fühlen können, da er sich unter der Vagina seitlich hoch zu den Beckenknochen und der Schambeinfuge ausbreitet. Der Rumpf ist mit weniger Nervenzellen ausgestattet als die Klitoris, enthält aber eine große Anzahl an Blutgefäßen, sodass er ebenfalls anschwillt. Zwei **Cruara** (Schen-

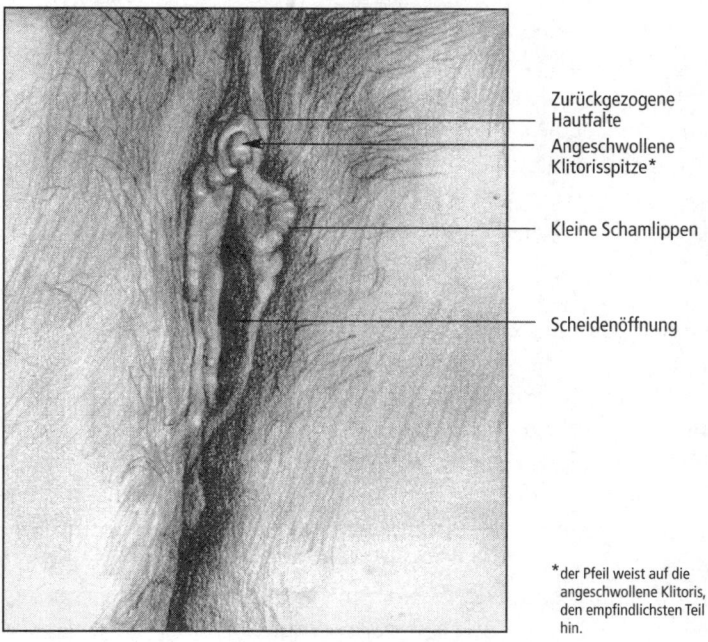

Zurückgezogene Hautfalte

Angeschwollene Klitorisspitze*

Kleine Schamlippen

Scheidenöffnung

*der Pfeil weist auf die angeschwollene Klitoris, den empfindlichsten Teil hin.

Abbildung 2: Stimulierte weibliche Genitalien

kel) oder Wurzeln, die sich am Rumpf befinden, verankern die Klitoris an der Schambeinfuge. Die Crura verlaufen unterhalb der Haut hin zu den Oberschenkelinnenseiten und schräg zurück zur Vagina.[8] Sie können über die Vagina stimuliert werden und sind die wirklich Verantwortlichen für die Lustempfindungen, die man für gewöhnlich dem G-Punkt anlastet. Man meint in Wahrheit sie, wenn man vom G-Punkt spricht.

Bisher sind keine Erkrankungen der Klitoris bekannt geworden, obwohl die Klitoris bestimmte Nervenenden besitzt, worüber sie Schmerz verspürt. Frauen, die an Durchblutungsstörungen leiden, haben vielleicht Schwierigkeiten damit, dass ihre Klitoris anschwillt, wir haben das aber bei keiner unserer Kursteilnehmerinnen festgestellt oder jemals eine Frau kennen gelernt, die keinen Orgasmus haben konnte.

Bisher wurde zum Thema Klitoris sehr wenig Forschung betrieben. *Klitoriskunde* ist nicht im Wörterbuch zu finden. Wir hoffen, dass dieses wunderbare Organ, für das die Forschung bislang so wenig Zeit aufwendete, in Zukunft besser gekannt und verstanden wird. Wir haben bisher nur ein Buch gefunden, das sich ausschließlich diesem Thema widmet, *The Classic Clitoris*.[9]

Aber auch dieses Buch geht auf keine Methode oder Technik ein, wie man die Klitoris stimulieren kann. Die Autorin tut sich sogar schwer damit, den Ursprung des Wortes zu erklären, da die Forschung und Literatur darüber so unzureichend ist. Das Buch enthält zwei interessante Abschnitte, von denen einer in den Fünfzigerjahren geschrieben wurde und sich mit dem Nervensystem und der Durchblutung der Klitoris befasst, und ein weiterer, der eine aus dem neunzehnten Jahrhundert stammende anatomische Beschreibung darstellt. Ansonsten beschränkt sich das Buch hauptsächlich darauf, den Vaginalbereich verschiedener Tiere zu vergleichen. Es wird darauf hingewiesen, dass die meisten weiblichen Tiere eine Klitoris haben, insbesondere

Säugetiere, obwohl auch einige Reptilien und andere Organismen ein ähnliches Gewebe aufweisen.[10]

Die außergewöhnlichste Klitoris besitzt die weibliche gefleckte Hyäne. Ihre Klitoris ist riesig. Sie ist so groß, dass es schwierig ist, die Männchen von den Weibchen zu unterscheiden. Die weiblichen Hyänen sind auch aggressiver als ihre männlichen Artgenossen.

Die Klitoris der Hyäne dient als Vagina: Die Jungen kommen durch sie hindurch auf die Welt und werden durch sie hindurch gezeugt. Im Körper der weiblichen Hyänen befindet sich mehr Testosteron als in dem der Weibchen anderer Arten.

Wir haben viele unterschiedliche Größen und Formen der menschlichen Klitoris gesehen, seitdem wir uns mit diesem Thema beschäftigen (keine allerdings so groß wie die der gefleckten Hyäne!) Es gibt keine »normale« Form. Wir haben welche gesehen, die im Ruhezustand groß sind, bei Erregung aber nur wenig anschwellen, und andere, die bereits groß sind und bei Erregung noch größer werden. Wir haben eine Frau gesehen, die eine Klitoris fast so groß wie ein Daumen hatte. Wir haben andere gesehen, die winzig sind, aber zu einer beachtlichen Größe anschwellen können. Einige kleine Klitoris scheinen größer geworden zu sein, nachdem man sie mehr benützt und ihnen mehr Aufmerksamkeit geschenkt hatte; zumindest sind sie viel größer angeschwollen als ursprünglich. Es sei hier noch einmal gesagt, dass die Größe nichts darüber aussagt, wie viel wir fühlen können.

Vom G-Punkt zum strahlenden K

Beim so genannten G-Punkt (im Tantra auch der heilige Punkt genannt) handelt es sich um die untere Seite oder Wurzel der Klitoris und ihrer Nerven, welche von der Innenseite der Scheidenöffnung aus stimuliert werden können.[11] Aber sogar der

G-Punkt verblasst im Vergleich zum wirklich magischen Punkt:
Das obere linke Quadrat der Klitorisspitze, von der Perspektive der Frau aus betrachtet, oder der Stand der Uhrzeiger auf
einem Ziffernblatt um 13.30 Uhr, wenn Sie sich der Frau gegenüber befinden. Wenn Sie, der »Macher«, diesen Punkt auf An-
hieb finden, sind Sie auf dem besten Weg, einen großartigen Orgasmus hervorzurufen. (Hinweis: Immer wenn wir im Text auf
eine Stelle in einem Quadrat hinweisen, meinen wir damit den
Blickwinkel der Frau ... das linke Quadrat befindet sich auf der
linken Seite der Frau, das rechte Quadrat auf der rechten. Wenn
wir uns allerdings auf das Ziffernblatt der Uhr beziehen, dann
handelt es sich um den Blickwinkel des Mannes, der auf eine
Uhr schauen würde. 13.30 Uhr auf dem Ziffernblatt vom Partner aus betrachtet ist das linke obere Quadrat aus der Perspektive der Frau. 11.30 Uhr auf dem Ziffernblatt der Uhr für den
Partner heisst das rechte obere Quadrat für die Frau.)

Wenn Sie es bei einer Frau machen, ist es vorteilhaft, wenn
Sie ihre Genitalien sehen. Streichen Sie mit Ihren Händen die
Schamhaare beiseite, um einen besseren Blick auf die Vagina
zu haben. Sie werden auch die Hautfalte über der Klitoris zurückziehen müssen, damit Sie diesen magischen Punkt finden.
(Einzelheiten darüber, wie Sie das tun sollen, finden Sie in Kapitel 7, »Wie geht es Ihnen soweit?«).

Wenn Sie die magische Stelle gefunden haben, müssen Sie
diese nicht sofort berühren. Lassen Sie die Frau ruhig ein wenig zappeln, das erhöht die Lust. Nähern Sie sich der Stelle,
und lassen Sie wieder davon ab. Wenn Sie so weit sind, die Klitoris zu berühren, empfehlen wir Ihnen, ein Gleitmittel zu verwenden.

Bei jeder unserer Schülerinnen haben wir festgestellt, dass
ihr das Berühren des oberen linken Quadrats der Klitorisspitze
das größte Vergnügen bereitet. Vielleicht gibt es einige Frauen,
denen es mehr Lust bereitet, wenn sie auf der rechten Seite um

die Klitorisspitze herum berührt werden oder vielleicht sogar in der Mitte.

Es werden uns viele Fragen zum G-Punkt gestellt. Dieser Punkt ist einer von mehreren Vergnügen bereitenden Stellen, die sich innerhalb der Scheide und nicht auf ihrem sichtbaren Teil befinden. Sie können durch das Streicheln dieser Stellen viele angenehme Gefühle auslösen, da sich aber in den Wänden der Vagina direkt keine Nervenenden befinden, müssen Sie hier einen gewissen Druck ausüben, um eine Reaktion hervorzurufen. Diese Stellen können stimuliert werden, indem Sie einen oder mehrere Finger in die Scheidenöffnung einführen und einen leichten Druck auf die Scheidenwand ausüben. Den G-Punkt finden Sie oben um das Schambein herum, wo Sie schwammartiges Gewebe ertasten können. Vermeiden Sie es, die 12.00-Uhr-Stelle zu berühren, da sich hier die Harnröhre befindet. Reiben Sie links oder rechts davon, auf der 11.00-Uhr- oder 13.00-Uhr-Stelle, ziemlich fest, wobei die Fingerkuppen nach oben zeigen.

Zwei Stellen, an denen sich eine Frau, die während des Orgasmus bereit ist, dass Sie Ihre Finger in ihre Scheidenöffnung stecken, gerne berühren lässt, sind die Positionen 3.00 Uhr und 9.00 Uhr. Die Vertiefungen, die Sie an diesen Stellen in der Scheidenöffnung der Frau finden, fühlen sich wunderbar an, und es fühlt sich auch wunderbar für die Frau an, wenn sie diese Stellen mit ein wenig Druck streicheln. Diese Bewegung stimuliert die Ischiasnerven, und die Frau kann die Berührung entlang ihrer Beine bis hinunter in die Zehen spüren. Eine weitere, stimulierende Stelle befindet sich in der 6.00-Uhr-Position. Pressen Sie die Finger nach unten und zu sich heran, um die Nerven im Anus zu stimulieren. Sie können Ihre Finger auch weit in die Vertiefung in der Scheide bei der 6.00-Uhr-Position stecken, wodurch Sie Nerven stimulieren, die sich am Ende des Rückgrats befinden.

Es gibt eine Anzahl wunderbarer Orte, die Sie im Inneren der Scheide besuchen können.

Sie dürfen aber nur dorthin vordringen, wenn Ihnen das auch erlaubt wird. Wenn Sie es bei einer Frau machen, wissen Sie schnell, ob Sie erwünscht sind oder nicht, da im Fall der Bereitschaft der Frau Ihr Daumen oder Ihre Finger fast in Ihre Scheide gesaugt werden. Wenn Sie die Klitorisspitze und die äußeren Bereiche der Genitalien der Frau streicheln und sanft liebkosen, erhöhen Sie Ihre Chancen, dass Sie hinein eingeladen werden.

Wenn Sie den Daumen an das untere Ende der Scheidenöffnung legen, den Eingang in die Vagina, kann die Frau Ihren Daumen quasi nach innen saugen, wenn sie dazu bereit ist, ohne dass Sie viel Druck verwenden müssen. Sie können hier mit Ihrem Daumen nach unten drücken, oder mit der Rückseite des Daumens nach oben, in Richtung des G-Punkt-Bereiches. Sie können auch vom Daumen zu einem, zwei oder sogar mehr Fingern wechseln. Sie können die Klitorisspitze von außen streicheln und gleichzeitig ihre Wurzeln, den G-Punkt, von innen massieren. Das Gefühl, von allen Seiten berührt zu werden, kann wunderbar sein.

Ähnlicher als Sie vielleicht glauben: Gemeinsamkeiten der Geschlechter

Der **Apex,** die Unterseite des Hauptes des Penis, und die Klitoris entstammen dem gleichen embryonalen Gewebe und werden als homolog eingestuft. Homolog bedeutet »einander ähnlich« und beschreibt Strukturen, die einen gemeinsamen Ursprung haben. Hoden und Eierstöcke sind ebenfalls homolog, wie auch Ei- und Samenleiter, die Wand der Scheide und Teile der Hoden, die kleinen Schamlippen und der Schaft des Penis, die Schamlippen und ein anderer Teil der Hoden. Das einzige

Sexualorgan bei der Frau, dem ein Mann nichts entsprechendes gleichzusetzen hat, ist die Gebärmutter.

Zwischen Männern und Frauen bestehen viel mehr Ähnlichkeiten als Unterschiede. Wir haben das gleiche Kreislauf- und ein sehr ähnliches Nervensystem. Der einzige Unterschied besteht in unseren Sexualorganen und unseren sekundären Geschlechtsmerkmalen. Und sogar diese sind, wie wir gezeigt haben, ziemlich ähnlich. Daraus lässt sich erklären, warum manche Frauen durch Geschlechtsverkehr allein keinen Orgasmus haben können. Würden Sie erwarten, dass der Mann einen Orgasmus hat, weil Sie seine Hoden reiben? Bei den meisten Frauen, die allein durch den Geschlechtsakt einen Orgasmus haben können, gibt es eine Verbindung zwischen dem Scheideneingang und der Klitoris, oder eine große Klitoris, die vom Penis berührt wird, wenn dieser raus und rein bewegt wird.

Es wird auch angenommen, dass bei manchen Frauen sich die Klitoris durch die Bewegungen des Penis an der eigenen Hautfalte reibt.[12] Manche Positionen eignen sich besser, die Klitoris am Geschlechtsakt zu beteiligen, wenn etwa die Frau oben ist oder neben dem Mann liegt. Den meisten Frauen ist es dennoch unmöglich, während des Geschlechtsakts einen Orgasmus zu haben.

Die Ähnlichkeiten, die zwischen Mann und Frau bestehen, zeigen ganz deutlich, dass die Frau dem Mann nicht untergeordnet ist, wie es uns einige Religionen oder Kulturen glauben machen wollen. Sie beweisen auch, dass sowohl Männer als auch Frauen Intensive Verlängerte Orgasmen erleben können.

Sinnliche Übungen

Diese Übungen sind sehr wichtig für jeden, der den Orgasmus und das sinnliche Vergnügen voll auskosten möchte. Das Üben kann viel Spaß machen, und Sie handeln sich dazu eine Menge

Vergnügen ein. Wenn Sie wissen, was Sie mögen, wie und wo Sie gerne berührt werden und was Sie erregt, und wenn Sie sich selbst und Ihren Körper lieben können, dann es ist viel einfacher, eine wunderbare, vergnügliche Zeit mit Ihrem Partner zu haben. Die folgenden Übungen haben vielen dabei geholfen, herauszufinden, was sie mögen, und ihren Körper schätzen zu lernen.

Es ist am besten, wenn Sie die Übungen in der Reihenfolge durchführen, wie wir Sie Ihnen vorschlagen. Sie hören sich fast wie ein Rezept an und sollten daher Schritt für Schritt durchgeführt werden. Sie müssen diese Übungen auch allein machen, nicht mit einem Partner. Die Anweisungen, die wir Ihnen geben, sind aber nur als Leitfaden und nicht als Regeln gedacht. Sie sollen Sie inspirieren, so einfallsreich zu werden, wie es Ihnen gefällt. Wir sind immer begeistert, wenn uns unsere Kursteilnehmer von neuen Möglichkeiten erzählen, die Sie ausprobiert haben, um sich selbst mehr zu lieben.

Es gibt keine vorgegebene Zeit, die Sie für die Übungen aufbringen sollten. Die meisten nehmen sich eine Stunde Zeit dafür, aber andere auch mehr. Wir empfehlen Ihnen, dass Sie alle fünf Übungen auf einmal durchführen, in der Reihenfolge, die wir vorgeben, da jede Übung für die nachfolgende von Vorteil ist.

Sie werden am meisten von diesen Übungen profitieren, wenn Sie sie oft machen, nicht nur einmal. Jedes Mal können Sie das Gewicht auf einen anderen Aspekt legen und Ihre Aufmerksamkeit einem anderen Detail widmen. Wenn Sie es gelernt haben, Ihren eigenen Körper zu kennen, besitzen Sie das schönste Geschenk, das Sie Ihrem Partner machen können: einen erregten Körper.

1. Besuch von einer Berühmtheit

Viele unserer Kursteilnehmer empfinden diese erste Übung als die Schwierigste. Es handelt sich hierbei aber um die wichtigste Übung von allen, und wenn sie richtig ausgeführt wird, wird sie alle folgenden Übungen bereichern.

Tun Sie so, als würden Sie Besuch von einer berühmten Person bekommen (Sie können wählen, wen Sie wollen, sei es eine berühmte Schauspielerin oder ein berühmter Schauspieler oder die Königin von England). Wählen Sie einen Raum in Ihrer Wohnung – vielleicht das Schlafzimmer – und räumen Sie ihn gut auf. Der Raum sollte hübscher aussehen, als er es für gewöhnlich tut. Sie sollen aber nicht übermäßig viel Zeit mit putzen und aufräumen verbringen, der Job sollte nicht länger als 30 Minuten dauern.

Die Berühmtheit, die ihren Besuch angekündigt hat, hat zufällig den gleichen Geschmack und die gleichen Vorlieben wie Sie. In Wahrheit handelt es sich bei dieser Person um *Sie*. Wir behandeln uns im Allgemeinen so nachlässig, dass es uns hilft, uns vorzustellen, dass wir jemand Berühmtes sind, damit wir netter zu uns sind. Da Sie eine Berühmtheit sind, möchten Sie sich wie jemand Besonderen behandeln, wie jemand, der wichtig und wertvoll ist, was Sie ja auch sind.

Wenn Sie den Raum aufgeräumt haben, statten Sie ihn mit Dingen aus, die jeden Sinn befriedigen. Für den Geschmackssinn vielleicht Ihr Lieblingseis, Früchte, ein Stück Käse oder Schokolade, was immer Sie wollen. Sorgen Sie auch für ein Getränk, das Sie gerne trinken; Ihr bevorzugter Fruchtsaft, ein Glas gut schmeckendes Wasser oder ein Glas Wein (aber nur eines!). Bringen Sie auch etwas mit, das wohltuend auf Ihren Geruchssinn einwirkt: Blumen, eine Duftkerze oder Räucherstäbchen. Legen Sie Musik auf, die Sie gerne hören. Sie möchten die Übung nicht unterbrechen müssen, um die Musik zu wechseln, deshalb sollten Sie sicher sein, dass Sie im Radio einen Sender gewählt haben, den Sie gerne hören, einen, wo zwischen den einzelnen Liedern nur wenig gesprochen wird. Es ist wahrscheinlich am besten, wenn Sie einen CD-Player verwenden, auf dem Sie ein paar CDs hintereinander abspielen können.

Für Ihren Tastsinn legen Sie sich ein Stück Seide oder Samt zurecht, eine sich angenehm anfühlende Skulptur oder was immer Sie gerne anfassen. Ihren Sehsinn befriedigen Sie mit einem hübschen Bild oder Foto, Sie können hierfür aber auch Blumen und Kerzen verwenden; es bleibt Ihnen überlassen. Ihren sechsten Sinn – die gedanklichen Bilder – können Sie mit einer Zeitschrift, Sexkassette, einem Liebesroman oder eben nur Ihren Lieblingsfantasien anregen.

Wenn Sie den Raum nun hübsch ausgestattet haben, erfahren Sie, dass die Berühmtheit Sie doch nicht besuchen kann und Sie all die Vorbereitungen für Ihr eigenes Vergnügen gemacht haben.

2. Visuelle Bestandsaufnahme

Wenn wir in den Spiegel schauen, um unseren Körper aufmerksam zu betrachten, bemerken wir für gewöhnlich Dinge, die an ihm nicht in Ordnung sind. Unsere Haare stehen in alle Richtungen ab, an manchen Stellen sind wir zu dick, oder wir haben einen Pickel. In dieser Übung werden Sie an Ihrem Körper nur die Stellen betrachten, die Ihnen gefallen. Sobald es Ihnen gelingt, einen Teil an Ihrem Körper gutzuheißen, werden Sie bald weitere Teile attraktiv finden.

Diese Übung führen Sie am besten vor einem Garderobespiegel aus, außerdem legen Sie sich einen Handspiegel zurecht. Halten Sie nach Stellen an Ihrem Körper Ausschau, die Ihnen gefallen, mit den Augen einer Person, welche Sie wohlwollend betrachtet. Verwenden Sie beide Spiegel, um auch Teile an ihrem

Körper zu betrachten, die Sie normalerweise nicht sehen, wie zum Beispiel den After, hinter den Ohren und so weiter. Betrachten Sie auch die Stellen genau, die Sie sonst immer sehen, aber diesmal mit Anerkennung. Sie erforschen Ihren Körper, machen Inventur von allen positiven Aspekten, all den Dingen, die Sie an ihm mögen; seien Sie dabei so fantasiereich wie möglich, betrachten Sie sich von allen Seiten und in allen Positionen. Nehmen Sie sich Zeit dabei, und genießen Sie Ihren Körper. Sie können, so oft Sie wollen, eine Pause einlegen, für einen kleinen Imbiss, wonach immer Ihnen auch ist. Je mehr Sie Ihren Körper und Ihr Aussehen lieben, und je mehr es Sie anmacht, umso leichter wird es Ihnen fallen, andere anzumachen. Sie haben Sexappeal.

3. Physische Bestandsaufnahme

Die vorangegangene Übung war dafür da, Ihren Körper mit neuen Augen sehen und ihn lieben zu lernen. Die physische Bestandsaufnahme ist ähnlich: Sie werden herausfinden, wie und wo Sie am liebsten berührt werden.

Sie können es mit leichtem und festerem Druck versuchen, mit Zwicken und Kratzen, mit Berührungen mit der Rückseite der Fingernägel, oder einfach nur damit, Ihr Haar anzufassen. Jede Möglichkeit, die Ihnen einfällt, um sich zu berühren, ist gut. Berühren Sie jede Stelle Ihres Körpers. Achten Sie darauf, was Sie mögen und was Sie nicht mögen. Wenn es eine Berührung gibt, die Sie nicht mögen, versuchen Sie es mit einer anderen Handbewegung. Testen Sie die ganze Bandbreite einer Berührung, und merken Sie sich, wie sie Ihnen am besten gefällt.

Wie stark ist der Druck, zum Beispiel, den Sie auf die Außenseite Ihres Ellbogens im Vergleich zur Innenseite ausüben können? Sie werden wahrscheinlich bemerken, dass unterschiedliche Teile Ihres Körpers unterschiedlich berührt werden möchten. Sie haben mit dieser Übung die Möglichkeit, das herauszufinden.

Nehmen Sie sich für diese Übung so viel Zeit wie möglich, so lange, wie Sie genießen, was Sie tun. Legen Sie Pausen ein, um auf die Musik zu hören oder einen anderen Sinn zu befriedigen.

Es gibt nicht *den* richtigen Weg, wie Sie sich berühren sollen. Jeder Körper ist unterschiedlich, jeder Körper will anders berührt werden. Je sorgfältiger und häufiger Sie diese Übung machen, umso besser werden Sie einer anderen Person beibringen können, wie Sie berührt werden möchten.

4. Der Brennpunkt

Wählen Sie an Ihrem Körper einen »Brennpunkt« aus, wie etwa die Innenseite Ihres Ellbogens, eine Brustwarze, die Innenseite des Oberschenkels oder jede andere Stelle, die Ihnen gefällt. Nun reiben Sie mit Ihrem Finger um diese Stelle herum, mit kleinen Kreisbewegungen, wobei Sie sich dem Brennpunkt nähern und sich wieder davon entfernen, ihn aber nicht berühren. Tun Sie das mit einer leichten und schnellen Bewegung.

Sie werden bald spüren, dass der Brennpunkt berührt werden möchte. Wir nennen das den Brennpunkt »anschwellen« lassen, die sexuelle Spannung erhöhen.

Nachdem Sie eine Körperstelle zum Anschwellen gebracht haben, können Sie das auch wieder rückgängig machen (die sexuelle Spannung herunterfahren), indem Sie diese Stelle mit einer langsamen, festen und gezielten Bewegung durchqueren. Sie können natürlich auch unterschiedliche Brennpunkte ausprobieren. Im After treffen mehr Nervenenden zusammen als an irgend einer anderen Stelle des Körpers, außer natürlich in der Klitoris und im Penis. Diese Zone ist jedoch für einige Leute tabu. Wenn Sie sich jedoch dazu entschließen sollten, diesen Körperteil zu erkunden, werden Sie feststellen, dass er sehr empfindlich ist und viel Vergnügen bereiten kann. Bevor Sie sich jedoch dem After widmen, sollten Sie vorher die Hände und den Bereich um den After waschen. Sie können auch die Gefühle miteinander vergleichen, die Sie mit oder ohne Gleitmittel auf Ihrem Finger haben.

5. Masturbieren zum Vergnügen

Der Grund, warum wir diese Übung nicht einfach nur »Masturbieren« nennen, liegt darin, dass Menschen für gewöhnlich masturbieren, um sich von einer Anspannung zu befreien. Bei dieser Übung sollen Sie jedoch nicht bis zum Ende gehen. Ziel ist, dass Sie sich bei jeder Bewegung, die Sie ausführen, ganz wunderbar fühlen, und Sie tun es nicht, um sich von einer Spannung zu befreien. Wir wünschen uns, dass Sie während dieser Übung so entspannt wie möglich sind. Dem Mann raten wir, nicht steif zu werden und zu ejakulieren. Wenn Sie ejakulieren müssen, dann tun Sie das bitte erst, wenn Sie die Übung als abgeschlossen betrachten.

Wir raten auch dazu, für diese Übung Vaseline zu verwenden. Wir mögen Vaseline, weil sie gut hält. Wenn Sie sie einmal aufgetragen haben, reicht das für die ganze Übung. Vielleicht möchten Sie ein Handtuch unter Ihren Körper legen, da Vaseline das Betttuch verschmutzt. Wenn Sie das Gefühl von Vaseline auf Ihrer Haut nicht mögen, können Sie jedes andere der vielen Gleitmittel verwenden, die auf dem Markt sind. Die meisten Gleitmittel sind jedoch wasserlöslich, so dass Sie sie entweder während der Übung wiederholt auftragen oder ein wenig Wasser zufügen müssen, um den gewünschten Effekt aufrechtzuerhalten.

Für Frauen

Wählen Sie Ihre Klitoris als Brennpunkt aus. Necken Sie sich, indem Sie Ihre Genitalien überall berühren, außer natürlich die Klitoris selbst. Berühren Sie sich aus Freude an der Berührung. Nähern Sie sich mit den Fingern der Klitoris, und weichen Sie wieder zurück. Streicheln Sie ein paar Mal leicht über Ihre Schamhaare hinweg.

Für den folgenden Teil der Übung benötigen Sie ein Gleitmittel. (Wenn Sie Vaseline nicht mögen, dann nehmen Sie das, was Ihnen mehr entspricht.) Sie verwenden nur ganz wenig davon. Tun Sie etwas auf Ihren Mittel- oder Zeigefinger, ziehen Sie die Hautfalte über der Klitoris mit der anderen Hand zurück und streicheln Sie die Klitoris zum Vergnügen. Sie sind eine Forschende, Sie wollen verschiedene Stellen, Geschwindigkeiten und Stärken der Bewegung herausfinden. Versuchen Sie es mit unterschiedlichen Fingern oder mehreren. Bemerken Sie einen Unterschied? Die Bewegung kann von oben nach unten, von links nach rechts oder auch kreisförmig sein. Sie erkunden Ihren Körper und Ihre Klitoris; es liegt an Ihnen, herauszufinden, was Ihnen Vergnügen bereitet.

Wenn Sie eine Handbewegung gefunden haben, die Ihnen Vergnügen bereitet, fahren Sie damit in einem gleichmäßigen Rhythmus fort. So lange sich Ihre Erregung steigert, fahren Sie mit der Bewegung fort. Wenn Sie die Bewegung ändern, kommen Sie wieder runter. Denken Sie daran, stets entspannt zu sein, und atmen Sie ruhig und gleichmäßig.

Wir empfehlen Ihnen, eine kurze Auf-und-ab-Bewegung an der oberen linken Seite Ihrer Klitorisspitze auszuprobieren. Wenn Sie merken, dass Sie erregt werden, erinnern Sie sich daran, zu entspannen. Wir empfehlen weiterhin, dass Sie einen Handspiegel bereithalten, damit Sie die Veränderungen, die an Ihren Genitalien während dieser Übung stattfinden, beobachten können. Ihre Klitoris und die Schamlippen schwellen vielleicht an und werden größer, auch ihre Farbe wird sich wahrscheinlich verändern. Probieren Sie auch aus, wie sich die Berührung anderer Teile Ihrer Genitalien anfühlt, so wie etwa die inneren Schamlippen und der Scheideneingang. Bei einigen Frauen reagieren diese Zonen sehr empfindlich auf Berührung.

Sobald Sie merken, dass Sie bald kommen werden, oder wenn Sie das Gefühl haben, dass sich die nächste Handbewegung nicht mehr so gut anfühlen wird wie die letzte, holen Sie sich selbst wieder runter, indem Sie die Position der Finger leicht verändern, die Geschwindigkeit und den Druck der Bewegung ändern oder die Hand ganz von der Klitoris wegnehmen. Machen Sie mit dem Streicheln weiter, wenn Ihnen danach ist. Diese Technik – Erregung, Herunterkommen, erneute Erregung – wird die sexuelle Energie (Spannung) in Ihrem Körper erhöhen. Diese sich langsam steigernde sexuelle Energie ist der Trick, um einen großartigen Orgasmus zu bekommen.

Nähern Sie sich so oft Sie wollen dem Höhepunkt, und machen Sie Pausen, wenn immer Ihnen danach ist. Ihr einziges Ziel bei dieser Übung ist es, Spaß zu haben und zu erfahren, was Ihr Körper mag. Mehr darüber, wie Sie Ihre Erregung bis kurz vor dem Höhepunkt steigern können, erfahren Sie im Abschnitt »Die Erregung steigern« im siebten Kapitel.

Für Männer

Wählen Sie Ihren Penis als Brennpunkt aus. Berühren Sie Ihre anderen Genitalien – Hoden, Damm, Schamhaare, und so fort – um sich selbst zu erregen. Anschließend widmen Sie Ihre Aufmerksamkeit dem Apex (die Unterseite des Kopfes Ihres Penis, welche beim Mann die empfindlichste Stelle ist).

Cremen Sie den ganzen Penis, außer dem Apex, mit ein wenig Vaseline oder irgend einem anderen Gleitmittel, das ihnen lieber ist, ein. Machen Sie sich keine Gedanken darüber, wenn Sie keine Erektion haben; ein Penis muss nicht hart sein, damit es sich gut anfühlt, wenn er berührt wird. Nachdem Sie sich eine Zeit lang gereizt haben, tragen Sie auch auf dem Apex ein Gleitmittel auf.

Bringen Sie sich nun durch einige gleichmäßig durchgeführte Handbewegungen bis nahe an den Punkt heran, wo Sie ejakulieren würden. Wir möchten nun, dass Sie sich wieder ein wenig herunter holen, indem Sie die Hand vom Penis nehmen oder den Druck und die Geschwindigkeit, mit der Sie die Bewegungen ausführen, ändern. Wenn Sie wirklich ganz nahe daran sind, den Scheitelpunkt zu überschreiten, können Sie entweder leicht in den Kopf des Penis zwicken oder Druck auf den Hodensack ausüben, und zwar da, wo sich Ihre Prostata und der nicht sichtbare Teil des Penis befinden. (Dieser »versteckte« Penis ist der Teil, der sich im Körperinneren befindet, aber gleichzeitig mit dem externen Teil des Penis anschwillt und unterhalb der Hoden ertastet werden kann.) Seien Sie unbesorgt, wenn Ihr Glied nicht hart wird, oder wenn Sie nicht das Gefühl haben, dass Sie sich kurz vor der Ejakulation befinden. Einziges Ziel dieser Übung ist es, dass Sie sich bei jeder Handbewegung, die Sie auf Ihrem Penis ausüben, wohl fühlen. So lange Ihnen das gelingt, machen Sie die Übung richtig.

Sie müssen sich nicht immer erst kurz vor einer Ejakulation wieder herunterholen. Sie können das jederzeit während der Übung tun, um sich anschließend mit Ihren bevorzugten Bewegungen wieder zu erregen. Wir empfehlen, dass Sie unterschiedliche Handbewegungen ausprobieren, besonders langsame, lange und ganz leichte. Männer sind es gewöhnt, immer härter und schneller zu reiben. Dadurch entsteht eine Spannung im Körper, die durch die Ejakulation gelöst wird. Bei diesem Vorgang bleiben jedoch fast alle sinnlichen Erfahrungen auf der Strecke.

Bringen Sie sich so oft hoch und holen Sie sich so oft wieder herunter, wie es Ihnen gefällt. Es gibt keinen vorgeschriebenen Zeitrahmen, der richtig wäre. Wir hatten Kursteilnehmer, die nur ein paar Minuten lang masturbierten, und andere, die sich über ein paar Stunden hinweg erregt und wieder heruntergeholt hatten. Tun Sie das, was sich für Sie am besten anfühlt.

6. Verbindungen

Wenn wir zur Welt kommen, ist unsere Haut, unser größtes Organ, mit unserem Nervensystem verbunden. Der Tastsinn ist einer der ersten, der sich im Uterus entwickelt. Durch jahrelange Schulung werden wir so weit gebracht, unsere Sinne zu unterdrücken, so dass unsere Verbindungskanäle schließlich austrocknen. Die Nerven sind aber immer noch da und können jederzeit wieder belebt werden.

Diese letzte Übung hat bei vielen Kursteilnehmern bewirkt, wieder das Gefühl zu haben, dass ihr gesamter Körper auf Berührungen reagiert und seine einzelnen Teile miteinander in Verbindung stehen. Sie können diese Übung in der Mitte der Masturbations-Übung machen, die im vorangegangenen Abschnitt beschrieben wurde.

Beim Masturbieren reiben Sie entweder die Klitoris oder einen kleinen Bereich Ihres Gliedes, etwa den Apex. Das ist Ihr Primärbereich. Wenn Sie so weit sind, dass sich dieser Bereich gut und erregt anfühlt, verbinden Sie sich mit einem anderen Körperteil, den wir den Sekundärbereich nennen. Wählen Sie eine Brustwarze, eine Lippe (entweder am Mund oder an den Genitalien), Ihren After. Oder wählen Sie die Innenseite des Oberschenkels oder einen anderen Bereich, den Sie mögen. Verwenden Sie für die Massage im Sekundärbereich auch ein wenig Gleitmittel.

Massieren und streicheln Sie die beiden Bereiche simultan,

mit der gleichen Geschwindigkeit und in die gleiche Richtung, die gleiche Größe der Bereiche und so fort. Nach einer Weile entfernen Sie Ihren Finger vom Sekundärbereich, lassen ihn aber ganz in der Nähe. Sie können ihn auch weiterhin mitbewegen, ohne allerdings den Sekundärbereich zu berühren. Wenn Sie etwas fühlen, dann besteht eine Verbindung. Viele Menschen spüren gar nichts oder nur ganz wenig, wenn sie diese Übung das erste Mal machen. Wenn Sie die Übung allerdings ein paar Mal gemacht haben, werden Sie schon mehr spüren.

Nun legen Sie Ihren Finger wieder auf den Sekundärbereich und reiben erneut die beiden Bereiche simultan. Diesmal nehmen Sie Ihren Finger aber vom Primärbereich weg, lassen ihn jedoch ganz in der Nähe und bewegen ihn mit dem Finger im Sekundärbereich mit. Achten Sie darauf, ob Sie etwas spüren. Wenn nicht, legen Sie Ihren Finger wieder auf den Sekundärbereich und versuchen Sie es noch einmal. Führen Sie diese abwechselnden Bewegungen zwischen Primär- und Sekundärbereich so lange durch, wie es Ihnen gefällt. Sie können auch andere Sekundärbereiche ausprobieren.

Legen Sie, wenn immer Ihnen danach ist, eine Pause ein. Essen Sie eine Kleinigkeit, trinken Sie einen Schluck, riechen Sie an den Blumen oder atmen Sie tief ein, und achten Sie darauf, wie sich Ihr Körper anfühlt. Je öfter Sie die Verbindungsübung machen, desto stärker werden die Verbindungen werden. Einige unserer Kursteilnehmer waren im Stande, eine Verbindung zwischen ihren Klitoris und ihren Scheideneingängen herzustellen, wodurch sie in der Lage waren, während des Geschlechtsakts einen Orgasmus zu haben. Auch das Küssen macht mehr Spaß, wenn Sie Ihre Lippen mit Ihren Genitalien verbinden können.

Diese Übungen sind wunderbar, und wenn Sie sie regelmäßig machen, werden Sie schnell lernen, was Sie erregt, und Ihr sinnliches Potenzial erkennen. Sollten Sie sich nicht davon abhalten können, während dieser Übungen den Höhepunkt zu überschreiten oder zu ejakulieren, erklären Sie die Übung vorher für beendet und lassen Sie es zur Explosion kommen.

Es sind uns mittlerweile viele Variationen bekannt, wie unsere Kursteilnehmer diese Übungen am liebsten verwenden. Einige von ihnen begeben sich auf dem schnellsten Weg zu Ihren Partnern, nachdem Sie mit den Übungen fertig sind, um noch mehr Spaß mit all der Erregung zu haben, die durch diese Übungen hervorgerufen wurde. Anderen war das Ganze Erregung genug, und alles wonach sie sich sehnen, ist zu schlafen. Nach den Übungen mögen es einige Kursteilnehmer, festen Druck anzuwenden, um wieder herunterzukommen. Sie legen dafür ihre Hände auf die Genitalien und drücken darauf. Andere möchten essen, um die gleiche Wirkung zu erreichen. Alle diese Methoden sind in Ordnung.

6.

Die Kunst der Verführung

Eine Freundin von uns reiste nach Beendigung ihres Studiums nach Rom. Manche junge Frauen unternehmen Reisen ins Ausland, um romantische Abenteuer zu erleben, was aber bei ihr nicht der Fall war. Sie hatte ein sehr behütetes Leben geführt und war nicht daran interessiert, im Urlaub Männerbekanntschaften zu machen. In Rom traf sie jedoch einen gut aussehenden, jungen Italiener, der es durch seine Beharrlichkeit tatsächlich schaffte, sie zum Abendessen einzuladen. Er holte sie in einem sportlichen Alfa Romeo im Hotel ab. Sie bemerkte, dass er aus der Stadt hinausfuhr. Da sie nun doch ein wenig nervös wurde, fragte sie ihn, wohin er sie bringe.

Er antwortete, dass er sie zu sich nach Hause fahren und ihr dort ein tolles Abendessen zubereiten werde. Sie brach in Panik aus und sagte, sie sei davon ausgegangen, dass er sie in ein Restaurant einladen würde. Bevor sie ihren Satz überhaupt beendet hatte, war er mit dem Auto umgekehrt und sagte, dass er sie ins Hotel zurückbringen werde. Seine Bereitschaft, sie sofort wieder zurückzubringen, und ihr Bedauern darüber, dass nun der Abend völlig daneben gehen könnte, veranlasste sie, ihren Entschluss zu ändern und sich doch von dem jungen Mann bei sich zu Hause zum Essen einladen zu lassen. Sie blieb drei weitere Wochen in Rom und verbrachte mit ihm eine wunderbare Zeit – mit dem besten Sex, den sie je hatte.

Sie sind auf Ihrer Reise ein gutes Stück weiter gekommen und haben im letzten Kapitel Übungen kennen gelernt, vielleicht sogar schon ausprobiert, die Sie in Erregung versetzen können. Nun, da Sie Ihren Körper besser kennen, möchten Sie vielleicht den Körper einer anderen Person entdecken und diese Person den Ihren. Sie sind fast so weit, die spezifischen Techniken des »Wie es gemacht wird« zu lernen. Bevor wir jedoch dazu kommen, möchten wir, dass Sie verstehen und zu schätzen wissen, wie man eine andere Person verführt. Die Kunst der Verführung ist der Kunst des Machens sehr ähnlich. Sie müssen sich ganz auf die Person konzentrieren, die Sie verführen oder bei der Sie es machen möchten. Je besser Sie verführen können, umso besser können Sie es dem Partner machen.

In diesem Kapitel diskutieren wir zunächst einige der Gründe, warum Menschen dem Vergnügen widerstehen. Dieser Widerstand kann auf angenehme Art und Weise durch Verführung gebrochen werden, weshalb wir im Anschluss Informationen darüber zur Verfügung stellen, wie wir dies erreichen können. Wir zeigen Ihnen, wie Sie den perfekten Rahmen für eine wunderbare Zeit miteinander kreieren können, und nennen Ihnen einige Techniken, mit denen Sie das wichtigste Instrument der Verführung, den Kuss, perfektionieren können.

Der Spaß am Verführen

Ein Ziel ist ein erwünschtes Endergebnis in einem Spiel, bei einem Problem oder im Leben. In einem Spiel ist es unser Ziel zu gewinnen. Bei einem Problem ist das Ziel die Lösung. Wenn Sie einmal ein Ziel erreicht haben, können Sie sagen, dass Sie das Spiel gewonnen oder das Problem gelöst haben.

Um ein Ziel zu erreichen, müssen Sie natürlich Hindernisse überwinden. Je mehr Hindernisse es zu überwinden gibt, und je größer sie sind, umso wertvoller wird das Ziel.

Deshalb singen wir in unseren Liedern davon, »für ihre Liebe den Ozean durchschwimmen« oder »für seine Liebe den höchsten Berg erklimmen« zu müssen. Wir singen nicht davon, »dass wir die Straße bei gutem Wetter für ihre Liebe überqueren«. Eines der Haupthindernisse, das man Ihnen in den Weg legt, ist Widerstand – man hindert Sie daran, Ihr Ziel zu erreichen. Aber das ist völlig in Ordnung, denn wenn die Menschen sofort mit allem einverstanden wären, was Sie von ihnen möchten, würden Sie schnell Ihr Interesse verlieren. Ein gelegentliches »Nein« macht die Sache viel interessanter für Sie. Wir haben viele Männer und Frauen kennen gelernt, die aufgehört haben, sich für jemanden zu interessieren, weil es ihnen zu leicht gemacht wurde. Sie haben immer zu allem »ja« gesagt, das Spiel konnte nicht gespielt werden.

Warum sagen Menschen »nein«? Sie sagen »nein« zu einem Angebot, weil sie Angst haben, etwas zu verlieren, wenn sie »ja« sagen. Dieser Verlust könnte alles Mögliche sein: Zeit, Geld, Selbstdarstellung und so weiter. Sie könnten Angst vor der Meinung von Freunden haben. Oder sie sagen »nein«, damit Sie nicht denken, dass sie leicht zu haben sind. Vielleicht haben sie verloren, als sie das letzte Mal zu so einem Angebot »ja« gesagt haben, und sie sind vorsichtig, es wieder zu tun.

Sie sollten wissen, dass es die Angst ist, die Menschen veranlasst, zu einer Einladung zu einem Vergnügen »nein« zu sagen. Es sind nicht Sie (obwohl es natürlich auch etwas an Ihrer Person sein könnte). Sie können versuchen herauszufinden, was dieser Verlust sein könnte, den die Person befürchtet, indem Sie entweder direkt fragen, warum sie »nein« gesagt hat. Oder Fragen stellen, die die Person mit einem einfachen »ja« oder »nein« beantworten kann. (So können Sie zum Beispiel eine Person, die einen Kuss verweigert, fragen: »Ist es wegen meines schlechten Atems?« oder »Bist du erkältet?«) Wenn Sie Fragen stellen, schenken Sie dieser Person Ihre Aufmerksamkeit. Es ist eine Herausforderung für Sie, den Widerstand einer Person zu besiegen. Es ist ein Abenteuer, an dessen Ende das Tor zum Vergnügen sein mag, und die beste Möglichkeit, dieses Vergnügen anzusteuern ist, wenn Sie bereits den Weg dahin mit Vergnügen pflastern. Machen Sie das Abenteuer selbst zu einer Vergnügungsreise!

Es ist natürlich auch gut möglich, dass die Widerstand leistende Person nicht offen zugeben wird, was das Problem ist. Sie können sich dann einen Spaß daraus machen, es herauszufinden. Das ist der Zeitpunkt, wo die Kunst der Verführung eine Rolle zu spielen beginnt: Sie müssen die Person aufmerksam beobachten, um abschätzen zu können, wo sie sich gefühlsmäßig befindet. Und dann entscheiden, was Sie als Nächstes tun werden, um den Widerstand zu überwinden. Ein guter Spieler in diesem Spiel zeichnet sich dadurch aus, dass er den Widerstand der anderen Person *genießt*. Wenn Sie sich für ein bestimmtes Ziel entschieden haben, sollten Sie auf dem Weg dahin Spaß haben.

Es ist wichtig, dass Sie weitermachen, wenn Ihnen Zweifel kommen. Sei dies nun, weil Sie daran zweifeln, ob es die Mühe wert ist, oder warum Sie es überhaupt tun. Das Einzige, woran Sie zweifeln dürfen, sind Ihre Zweifel. Wie alle guten Verführer wissen, ist es nur ein einziges »ja«, das den Verkauf perfekt macht, egal, wie viele »nein« vorangegangen sind.

Wenn Sie jemanden verführen wollen, der Ihnen widersteht, müssen Sie mit dem Widerstand der Person spielen. Nennen Sie ihr mehr Gründe, auf die sie selbst nicht gekommen ist, warum sie Ihr Angebot zurückweisen sollte, und nennen Sie ihr dann Gründe, warum sie es annehmen sollte. Diese Strategie nennen wir **Drücken-Ziehen.** Sie ermöglicht es, dass Sie eine Menge Spaß dabei haben werden, wenn Sie mit den Gedanken einer Person spielen; aber nur, solange es Ihr Ziel ist, dieser Person Vergnügen zu bereiten.

Manche Menschen beurteilen die Manipulation oder das

Spiel mit den Gedanken einer Person negativ. Wenn Sie genau so denken, dann sollten Sie dieses Buch nicht weiterlesen. Sie haben es wahrscheinlich nicht in sich, jemandem großes Vergnügen zu bereiten. Oder, als Alternative dazu, können Sie auch weiterlesen, Ihren Horizont erweitern und entscheiden, dass es nicht schlecht ist, eine Person zu manipulieren, wenn dies für sie nur vorteilhaft ist. Wir wissen, dass es eine ganz ausgezeichnete Methode ist, Menschen, die Sie mögen, Vergnügen zu bereiten.

Wenn Sie beim Verführungsspiel gut sind, heisst das, dass Sie sich gut auf eine andere Person konzentrieren können und auf deren Hoffnungen und Wünsche achten. Sie sind »intim« mit der anderen Person und erwecken bei dieser das Gefühl, geliebt zu werden. Denken Sie daran, dass Widerstand nur eine Reaktion auf einen befürchteten Verlust ist. Wenn Sie das wissen, dann sind Sie in der Lage, den Widerstand zu genießen und Spaß daran zu haben. Die Menschen möchten in Wirklichkeit »ja« sagen, wenn man ihnen einen Gefallen tun will, und ihr Widerstand kann Ihr Ziel für Sie noch begehrenswerter machen. Indem Sie Widerstand leisten, schränken sich Menschen in ihren Möglichkeiten ein; wenn sie nicht zu einer Veränderung gezwungen werden, werden sie sich mit dem Status quo zufrieden geben und es vermeiden, Risiken einzugehen oder neue Erfahrungen zu sammeln.

Die Drücken-Ziehen-Technik eignet sich besonders gut, um Frauen zu verführen. Sie lieben es, wenn man ihnen Aufmerksamkeit schenkt, und das hat auch seinen guten Grund, da es ja die Frauen sind, die sich hauptsächlich darum bemühen, die Aufmerksamkeit des anderen Geschlechts auf sich zu ziehen und für die Erhaltung der Art zu sorgen. Frauen lieben es, wenn sie bewundert, angenehm berührt, beschenkt werden und wenn man ihnen zuhört. Dem Zuhören sind aber Grenzen gesetzt. Achten Sie darauf, wann eine Person genug Aufmerksamkeit erhalten hat, und hören Sie damit auf, bevor die Person es bemerkt. Indem Sie sie unterbrechen, kurz bevor sie selbst aufhören möchte, erwecken Sie in ihr das Verlangen, auf Sie zuzugehen. Wenn Sie sie weiter zurückstoßen, als die Person das möchte, wird in ihr der Wunsch wach, zurückzukommen. Wenn Sie sich allerdings jemandem aufdrängen, der gehen möchte, wird sich dieser nur umso schneller entfernen. Sie müssen hier mit viel Fingerspitzengefühl vorgehen. Je aufmerksamer Sie sich einer Person widmen, umso besser wird es Ihnen gelingen, sie zu verführen. Diese Fähigkeit, zu erkennen, ob Ihnen die Person entgegenkommt oder sich von Ihnen entfernt, ist auch später beim Machen wichtig.

Auch Frauen können sich der Technik des Verführens bedienen, um den Widerstand eines Mannes zu brechen. Sie haben eine Fähigkeit, die Trumpfkarte, die Männer nie haben: das **Anturnen**. Das Anturnen ist die Manifestation der Begierde der Frau. Die Menschen gehören zu den Säugetieren, und bei den Säugetieren ist es die Frau, die »brünstig« wird, und nicht der Mann. Die Menschen unterscheiden sich jedoch von anderen Säugetieren darin, dass Frauen »brünstig« werden können, wann immer sie es wollen, wann immer ihnen nach Sex ist. Wir haben auch größere Gehirne als andere Säugetiere, und das, verbunden mit der »willentlichen Brunst«, bedeutet, dass Frauen sowohl Männer als auch andere Frauen anziehen können, um ihre Begierde zu stillen. (Im zehnten Kapitel, »Hitzezyklen«, widmen wir uns ausführlicher diesem Thema.) Wir glauben nicht, dass es sich beim Anturnen um eine magische oder mystische Macht handelt, sondern um eine natürliche Gabe. Um sich nicht »angeturnt« zu fühlen, müssen Sie dieses Gefühl in sich unterdrücken. Wenn eine Frau nicht angeturnt werden kann, dann deswegen, weil sie mit ihren Gedanken woanders ist. Zwei Möglichkeiten, die mit Sicherheit verhindern, dass sie »anturnt«, sind Ärger und Zweifel.

Wenn eine Frau angeturnt ist und diesen Zustand benutzt, um den Widerstand des Mannes zu brechen, hat dieser keine Chance. Eine Frau verführt einen Mann, indem sie ihm ihre Begierde zeigt. Es kann aber vorkommen, dass ihrer Begierde einige Hindernisse im Weg stehen. Sie ist vielleicht auf die Männer wütend oder zweifelt an ihrer Attraktivität. Sie muss ihre Wut vergessen, zumindest vorübergehend, wenn sie einen Mann anturnen will. Wenn eine aber einen Mann verführen will, muss sie die Zweifel an ihrer Attraktivität aufgeben und ihre Aufmerksamkeit darauf richten, ihre Begierde zu manifestieren. Sie muss sich selbst als schön und unwiderstehlich einschätzen. Eine Frau kann ihren Körper durch ein Bad, eine Massage, eine Pediküre oder Maniküre und vieles mehr verschönern. Sie kann Kleider oder Wäsche anziehen, in denen sie sich sexy und wunderschön fühlt.

Einige Männer sind so konditioniert, dass sie gewisse Teile des Körpers einer Frau besonders erotisch finden. Wenn eine Frau das weiss, kann sie diese Information zu ihrem Vorteil verwenden, indem sie hohe Absätze trägt, ihre Beine zeigt oder einen tiefen Ausschnitt. Egal was sie tut, das Wichtigste ist dabei immer, dass sie mag, was sie tut und davon *selbst* angeturnt ist, da es für den Mann letztendlich nicht viel Unterschied macht, wie sie ihre Begierde zeigt. Ein Mann kann einer unwiderstehlichen Frau nicht widerstehen.

Es liegt in der menschlichen Natur, sich zu vergnügen. Menschen suchen das Vergnügen. Da wir aber in einer Gesellschaft leben, die den Schmerz verherrlicht, fällt es uns manchmal schwer, uns für das Vergnügen zu entscheiden. Wir denken, dass wir uns das nur bei bestimmten Anlässen und zu bestimmten Zeiten erlauben dürfen. Manche Menschen erlauben sich Sex und sinnliche Vergnügen zum Beispiel nur an Geburts- oder Hochzeitstagen, im Urlaub, in einer fremden Umgebung oder nachdem sie eine gewisse Anzahl von Verabredungen mit einem neuen Partner hatten. Kurse, an denen wir teilgenommen oder die wir veranstaltet hatten, boten immer gute Anlässe, uns zu vergnügen: Unsere Hausaufgabe war es, täglich einen Orgasmus zu haben, manchmal sogar bis zu drei. Wir haben uns dem Vergnügen hingegeben, um eine gute Note zu erhalten oder die Prüfung zu bestehen. Wenn wir die Hausaufgaben nicht gemacht hätten, hätten wir eine schlechtere Note erhalten. Seien Sie verführerisch, und richten Sie Ihre Aufmerksamkeit auf das Vergnügen, dann wird es Ihnen auch nicht schwer fallen, immer neue Gründe zu finden oder sich auszudenken, um sich Vergnügen zu bereiten.

Manchmal gönnen sich Menschen eine Fuß- oder Rückenmassage, die weniger Mut erfordert als eine Massage der Genitalien. Wenn sich eine sanftere Form der Berührung bereits großartig anfühlt, dann ist es für Sie vielleicht möglich (durch ein wenig Mehr an Verführung), einen Orgasmus zu haben.

Menschen entscheiden sich für das Vergnügen, wenn Sie ihnen gute Gründe dafür nennen. Verführen macht Spaß, und um es zu genießen, müssen Sie zuerst entscheiden, was Sie möchten, und dann tun, was es bedarf, das Ziel zu erreichen. Wenn jeder Widerstand leicht zu bezwingen wäre, würden Sie doch gar kein Interesse an einem Spiel haben; wenn es andererseits zu schwierig wäre, die andere Person für sich zu gewinnen, dann möchten Sie wahrscheinlich auch nicht spielen. Der Bereich zwischen diesen beiden Extremen ist jedoch groß, und da ist es, wo Sie den Spaß finden und wo es wert ist, das Spiel zu spielen.

Ein Beispiel

Es ist wunderbar, wenn Sie und Ihr Partner darin übereinstimmen, dass eine sinnliche Erfahrung etwas ist, was Sie sich beide wünschen. Manchmal braucht aber Ihr Partner ein wenig mehr Aufmerksamkeit, bis er zustimmt. Hier ein Beispiel:

Ken liebt es, es Sara zu machen. Sara liebt es, wenn es Ken bei ihr macht. Manchmal aber, wenn er anbietet, es ihr zu machen, lehnt sie es ab. Sie sagt vielleicht: »Später« oder »Nicht jetzt«, alles Formen, ihren Widerstand auszudrücken.

Ken trifft dann in diesen Fällen eine Entscheidung. Er kann sauer auf sie sein, weil sie nicht mit ihm übereinstimmt und ein Vergnügen zurückweist, so wird er aber mit Sicherheit verlieren. Er kann ihre Ablehnung akzeptieren, was hin und wieder auch kein Problem ist. Aber die beste Art, zu bekommen, was er möchte, ist die, Sara einfach zu verführen. Dabei geht er so vor, dass er ihr zuerst zustimmt und sie dann weiter von sich wegstößt, als sie es eigentlich haben wollte. Er kann zum Beispiel sagen: »Du hast ganz Recht. Wir hatten erst gestern so viel Spaß dabei, und es ist wahrscheinlich zu früh, es wiederholen zu wollen. Wir sollten es erst wieder nächste Woche machen, wenn wir es uns wirklich wünschen.«

Sara wird sich nun wahrscheinlich weggestoßen fühlen und möchte Ken näher kommen. Ken kann sich dann weitere Gründe überlegen, wie er Sara erklärt, warum sie keinen Sex haben sollten. »Weißt du, die meisten Leute haben nur einmal in der Woche Sex. Wenn wir es täglich tun, kommst du dir vielleicht wie eine Sexsüchtige vor.«

Anschließend kann Ken die andere Seite einnehmen. »Wir haben nie das gemacht, was die meisten Menschen tun, und du weißt ganz gut, dass du nicht von Sex abhängig bist. Spaß im Bett zu haben ist gut für die Gesundheit und den Kopf. Wir können Sex haben, wann immer uns danach ist.«

Dann kann er sie erneut von sich stoßen. »Wenn wir zu oft Sex miteinander haben, dann werden wir es vielleicht nicht mehr schätzen. Es ist für uns dann etwas Selbstverständliches und nichts Besonderes mehr.« Weiter sagt er: »Ich habe aber den Eindruck, je öfter wir Sex haben und ich es dir mache, umso mehr Spaß macht es und umso besser werden deine Orgasmen. Der Spaß am Sex wird für mich nie selbstverständlich werden, und ich weiß, dass das auch bei dir so ist. Das Leben ist kurz. Die einzige Zeit, die zählt, ist die Gegenwart, und wenn ich es dir jetzt mache, dann ist es das erste Mal von all denen, die wir vielleicht noch haben werden.« Wenn Ken in dieser Art und Weise weiter argumentiert (drücken und dann ziehen, ziehen und dann drücken), wird Sara früher oder später ihren Widerstand aufgeben.

Ken, wie jeder andere gute Verführer auch, wußte, bevor er mit dem Spiel begann, dass die Menschen das Vergnügen suchen und nur einen Grund brauchen, um zuzustimmen. Ken weiß, dass es Sara gefällt, wenn er es ihr macht. Indem Ken Sara viel Aufmerksamkeit widmet (was für jede andere Person, die man verführen will, auch gilt), gibt er ihr das Gefühl, dass sie wichtig und begehrenswert ist. Das obige Beispiel hat bei Sara gewirkt. Für sich selbst und Ihren Partner müssen Sie aber eigene Gründe finden, mit denen Sie »drücken« und »ziehen«. Sie finden sie, wenn Sie Ihre Aufmerksamkeit der Person widmen, die Sie verführen möchten.

Der passende Rahmen

Der Mensch, wie viele andere Säugetiere, schafft einen verführerischen Rahmen, wenn er sich mit dem anderen Geschlecht paaren will. Wir sind keine Befürworter einer Verführung, deren alleiniges Ziel es ist, »den Anderen nur eben mal flach zu legen« – wir meinen damit, einer anderen Person, die Sie respektieren, Ihre Aufmerksamkeit zu schenken, ihr zu gefallen und das Ziel zu haben, mit ihr eine wundervolle Erfahrung zu teilen. Sowohl Männer als auch Frauen verwenden verschiedene Techniken und schaffen ansprechende Umgebungen, um dem Partner zu zeigen, dass sie ihm Aufmerksamkeit schenken, um herauszufinden, was er gerne mag.

Obwohl sich der Mann stärker als viele männliche Tiere an der Aufzucht der Kinder beteiligt, sind es immer noch die Frauen, die mehr investieren. Und es sind daher die Frauen, die bei der Auswahl des Paarungspartners wählerischer sind. Sie möchte die besten Gene, mit denen sie ihre eigenen verbindet. Bei den Menschen sind die »besten« Gene nicht unbedingt die des stärksten und größten Mannes, sondern diejenigen des Mannes, die seine Fähigkeit, für eine Frau und ihre Kinder zu sorgen, zeigen. Große Diamanten, Luxusautos und Einladungen zu einem Essen in teure Restaurant sind Beweise, dass ein Mann bereit ist, für die Frau Geld auszugeben und ihr seine Aufmerksamkeit zu schenken; es sind aber auch Gedichte, Blumen und vieles andere, wodurch der Mann der Frau seine künstlerischen Talente demonstrieren kann. Dieses Verhalten ist in der Natur nicht außergewöhnlich. Männliche Laubenvögel zum Beispiel bauen riesige Konstruktionen aus bunten Blumen, Blättern und Pilzen, um zu beweisen, dass sie ein »guter Fang« sind. Je nachdem, in welcher Region die Laubenvögel leben, bevorzugen sie unterschiedliche Farben und Variationen, die von den weiblichen Vögeln dieser Region mehr oder weniger geschätzt werden. Die männlichen Laubenvögel lernen das Verhalten durch die Beobachtung ihrer Artgenossen.[13]

Eines der ersten Dinge, die ein Mann früh lernt, ist, dass Frauen gerne ausgehen, gerne gesehen werden und gerne Komplimente erhalten. Die Frauen sind unersättlich, was den Empfang von Komplimenten betrifft, wohingegen es den Männern oft schwer fällt, solche entgegenzunehmen. Wenn Sie einem Mann wiederholt sagen, wie wunderbar und gut aussehend er ist, wird er sich wünschen, dass Sie damit aufhören. Den meisten Frauen können Sie hingegen immer wieder sagen, wie schön und wunderbar sie sind. Bevor Sie, der Mann, der Frau irgendwelche Angebote machen oder es mit der Drücken-Ziehen-Verführung versuchen, ist es keine schlechte Idee, wenn

Sie der Frau schmeicheln: ihr sagen, wie schön, wie intelligent oder sonst etwas sie ist, was Sie wirklich an ihr bewundern.

Sie müssen sich auch die Mühe machen, herauszufinden, was sie mag und was nicht. Je mehr Sie über sie wissen, umso leichter fällt es Ihnen, ihr Vergnügen zu bereiten. Sie müssen es damit ja nicht übertreiben, aber versuchen Sie, so viel zu erfahren, wie nur möglich. Wenn Sie ihr bevorzugtes Getränk oder Gericht kennen, bieten Sie es ihr an. Wenn Sie Ihre Lieblingsblumen, -musik, -duft, -kleidung, -fantasien und so fort kennen, können Sie ihr diese ebenfalls zum Geschenk machen. Finden Sie heraus, wovor sie Angst hat und was sie sich wünscht. Frauen, die möchten, dass ihre Partner auch die Rolle der »Wirkung« einnehmen, müssen ebenfalls deren Vorlieben und Abneigungen, Ängste und Wünsche kennen.

Ob Sie nun ein Mann oder eine Frau sind: Lassen Sie Ihren Partner wissen, dass Sie für ihn da sind. Lassen Sie ihn wissen, dass er sich keine Gedanken über eine Gegenleistung machen muss, dass Ihr Vergnügen dem seinen entspringt. Sorgen Sie dafür, dass das Sexspiel keine unerwünschten Folgen haben kann, und achten Sie darauf, dass Sie immer beide Spaß dabei haben. Es liegt auch an Ihnen, die Punkte zur Sprache zu bringen, die vor dem Sex geklärt werden müssen: die Verwendung von Kondomen oder der Austausch von Körperflüssigkeiten.

Wenn Sie Ihren Partner gut kennen, können Sie einen Raum für Ihr romantisches Beisammensein vorbereiten. Sie bringen all die Dinge mit, von denen Sie wissen, dass er sie mag, und krönen die Nacht mit dem besten Orgasmus, den Ihr Partner jemals hatte. In unserem Kurs nennen wir die Vorbereitung eines Raums »Besuch einer Berühmtheit«, was ebenfalls der Name einer an sich selbst ausgeführten Übung ist. (Mehr dazu finden Sie im fünften Kapitel. Im Anhang B, »Ein Tag voll Vergnügen und Aufmerksamkeit«, haben wir für Sie Vorschläge zusammengefasst, wie Sie einen Raum ausstatten können.) Sie sollten aber all das, was Sie für den Partner vorbereitet haben, auch selbst mögen. Spielen Sie zum Beispiel keine populären Schlager, wenn Ihnen diese nicht gefallen.

Küssen

Nun sind wir fast an dem Teil des Buches angekommen, an dem wir beschreiben, wie Sie einen Intensiven Verlängerten Orgasmus hervorrufen können. Bevor wir aber damit beginnen, möchten wir Sie noch ein wenig länger auf die Folter spannen und ein paar Bemerkungen über das Küssen machen. Es ist ein Beispiel dafür, wie wir die Verführung einsetzen, um für den großen Orgasmus bereit zu sein.

Wie das Machen, so ist auch das Küssen eine sinnliche Kunst, die man lernen und üben kann. Viele Frauen beenden eine Beziehung, bevor viel daraus werden konnte, weil der Mann ein schlechter Küsser ist. Manche Menschen küssen viel zu fest und versuchen, dadurch beim Partner eine Wirkung hervorzurufen. In den meisten Fällen, wenn Sie im Fernsehen oder Film Küssenden zusehen, saugen sich diese aneinander fest, so dass es fast ein Wunder ist, dass sie sich nicht gegenseitig verschlingen. Manchmal hat man den Eindruck, dass sie versuchen, mit ihren Zungen bis in den Rachen des Partners vorzudringen.

Am besten küssen Sie, wenn sich Ihre Lippen dabei gut anfühlen, so wie es auch die angenehmste Art und Weise ist, eine andere Person anzufassen, wenn die Berührung sich auch für Sie gut anfühlt. Ein Kuss fühlt sich am besten an, wenn Ihre Lippen weich und feucht (aber nicht zu nass) sind und Sie damit fühlen können. Sie können das Küssen lernen, indem Sie mit den »Verbindungs-Übungen« beginnen, die im vorhergehenden Kapitel beschrieben sind. Sie sind mit der anderen Person verbunden und spüren den Kuss im ganzen Körper.

Ein Kuss ist ein voller, sinnlicher Akt, da Sie alle Sinne daran beteiligen können. Neben der Berührung riechen und schmecken Sie die andere Person, können ihr zuhören und sie ansehen (Sie müssen dabei nicht Ihre Augen schließen) und sogar Ihren Fantasien nachhängen. Es ist ein wunderbares Gefühl, wenn Sie beim Küssen Ihren Partner betrachten, seine Schönheit sowohl mit den Augen als auch dem Mund aufnehmen. Vera ist so wunderschön, wenn ich sie aus der Nähe betrachte.

Es gibt unterschiedliche Arten des Kusses, je nachdem, wo und wen Sie küssen. Der am häufigsten angewandte Kuss ist der oberflächliche, den wir bei unseren Verwandten anwenden. Er ist kurz, die Lippen bleiben nicht lange auf der geküssten Stelle. Obwohl es sich hier um einen Kuss handelt, mit dem Sie Ihre Oma begrüßen würden, können Sie ihn auch am Ende und am Anfang Ihrer Küsse bei der Geliebten verwenden.

Wenn Sie eine Person küssen, weil es Ihnen Spaß macht und nicht, weil es zu den sozialen Umgangsformen gehört, können Sie mit einem dieser kleinen Picker beginnen, anschließend die Lippen des anderen aber völlig mit einbeziehen.

Sie werden wahrscheinlich Ihren Kopf leicht schräg halten, um nicht mit den Nasen aneinander zu stoßen. Ihre Hand können Sie auf den Hinterkopf des Partners legen, damit dieser weiß, dass Sie ihn nahe bei sich haben möchten. Oder Sie nehmen sein Gesicht in beide Hände, oder Sie legen diese irgendwo auf den Körper des Partners, wo es sich gut anfühlt. Achten Sie darauf, dass sich Ihre Lippen für den anderen immer weich anfühlen, und küssen Sie so, wie es sich für Sie gut anfühlt.

Sie können mit Ihren Lippen langsame, kreisende Bewegungen auf denen des Partners ausführen oder sich auf eine Stelle konzentrieren, wie wir es im vorangegangenen Kapitel in der Übung »Brennpunkt« beschrieben haben. Nach einer Weile können Sie auch damit beginnen, Ihre Zunge einzusetzen, aber stopfen Sie diese nicht in den Mund der anderen Person. Berühren Sie die Lippen des anderen mit Ihrer Zunge, und dringen Sie langsam in den Mund vor; betasten Sie damit die Innenseite der Lippen des anderen. Wenn Ihnen die Zunge des Partners entgegenkommt, können Sie sich auf ein Spiel mit ihren Zungen einlassen.

Die beste Zeit, einen Kuss zu beenden, ist immer kurz vor dem Zeitpunkt, wenn der andere davon genug hat. Sie können jederzeit wieder von vorne anfangen. Manchmal ist es ganz schön, wenn einer der Beteiligten der »Küssende« und der andere der »Geküsste« ist. Wenn Sie die Rolle des »Geküssten« übernehmen, können Sie praktisch Ihre ganze Aufmerksamkeit darauf richten, was Sie fühlen. Ihre Lippen und die Zunge bewegen Sie nur, wenn Sie Lust dazu haben. Sie können die Rollen des Küssenden und des Geküssten jederzeit tauschen, auf den Atem des Partners hören, in seine Augen sehen, und seine süßen Lippen riechen und schmecken.

Wenn Sie den Atem Ihres Partners nicht mögen, sollten Sie das sofort ansprechen. Sie können das tun, indem Sie zuerst bemerken, was für einen schönen Mund er hat und Sie diesen gerne küssen würden, dass Sie es aber mögen, wenn ein Mund sauber ist, bevor Sie ihn küssen. Sie können ihm sagen, dass Sie es wirklich schätzen würden, wenn er ein Pfefferminz lutschen oder eine Mundspülung verwenden würde. Wenn der andere das getan hat, sollten Sie sofort bemerken, dass sein Atem gut riecht. Wenn es noch weitere Dinge gibt, die einem Kuss im Wege stehen, wie ein kitzliger Schnurrbart oder ein kratziges Kinn, dann weisen Sie Ihren Partner auch darauf hin und bitten ihn, es in Ordnung zu bringen.

Der Kuss ist ein sehr intimer Akt, bei dem Sie Ihrem Partner sehr nahe sind, ihn berühren und in ihn eindringen, mit dem Ziel, reinstes Vergnügen dabei zu verspüren. In vielerlei Hinsicht ist er sogar intimer als der Kontakt der Genitalien oder der Kontakt der Hände mit den Genitalien. Wir haben einmal eine in sexuellen Dingen sehr großzügige Frau gekannt, der es nichts ausgemacht hat, dass ihr Partner mit anderen Frauen schlief oder erotische Abenteuer mit ihnen hatte; sie hätte ihn aber wahrscheinlich umgebracht, wenn sie herausgefunden hätte, dass er jemand anderen küsst.

Der ganze Körper steht zur Verfügung, geküsst zu werden. Manche Frauen und Männer sind im Nacken und an den Ohren sehr empfindlich, alles erotische Bereiche, die viel Vergnügen auslösen können, wenn sie geküsst werden.

Einige Leute, vor allem Teenager, beißen wirklich fest in den Nacken, um einen »Schluckauf« zu verursachen. (Das ist aber eher eine Aussage darüber, dass dies passiert ist, als ein Hinweis darauf, dass es Vergnügen bereitet hat.) Es ist eine eigene Kunst, die Hand einer Frau zu küssen. Es gibt den höflichen Kuss auf den Handrücken der Frau oberhalb der Knöchel, oder den, mit dem ein Flirt eingeleitet wird, wobei die Lippen länger auf dem Handknöchel der Frau liegen bleiben. Oder wenn man ihren Handteller küsst und ihre Hand schließt, was eine Einladung für mehr ist. Sie müssen beim Küssen keine Töne von sich geben. Sie können den Arm einer Frau von oben nach unten küssen. Ich genieße es, Veras Beine zu küssen, und hier vor allem die Innenseite ihrer Oberschenkel. Cunnilingus (den wir in diesem Buch nicht behandeln) ist um vieles erregender, wenn Sie wissen, wie man gut küsst. Denken Sie immer daran, dass der wichtigste Aspekt beim Küssen der ist, dass sich Ihr Mund wunderbar anfühlt. Der Mund ist außerordentlich empfindlich, und wenn Sie wissen, wie man gut küsst, werden Sie in Ihrer Beziehung viel mehr Spaß haben.

TEIL III:

Das Spiel

7.

Wie geht es Ihnen soweit?

Wir hoffen, dass Ihnen die Entdeckungsreise bisher Spaß gemacht hat. Sie sind jetzt so weit, bestimmte Techniken kennen
zu lernen, mit denen Sie bei Ihrem Partner intensive Lustgefühle
erwecken können. Sie müssen nicht alles auf einmal beherrschen;
entspannen Sie sich, und genießen Sie jeden Schritt bei der Fort-
setzung der Reise. Nehmen Sie sich ein Beispiel an uns, wir sind
immer noch dabei, neue Wege auszuprobieren, um dem anderen Vergnügen zu bereiten, obwohl es schon zwanzig Jahre zurückliegt, seit wir damit begonnen haben.

Menschen werden nicht mit dem Wissen geboren, wie sie es
einander machen können. Glücklicherweise können sie es aber
lernen. Es einem zu machen, hat nichts mit Geschlechtsverkehr
zu tun – es handelt sich dabei um die Manipulation der weiblichen Geschlechtsteile, vor allem der Klitoris, mit der Hand.
(Man kann auch die Genitalien eines Mannes machen, worauf
wir weiter hinten im Kapitel eingehen werden.) Wir sind nicht
gegen Geschlechtsverkehr und oralen Sex, wir glauben, dass
alle Aspekte und Möglichkeiten ausgeschöpft werden sollten,
um guten Sex miteinander zu haben; wir denken jedoch, dass
die Manipulation der Genitalien mit der Hand die effektivste
Art ist, einen Intensiven Verlängerten Orgasmus zu bewirken.
Die Übungen, die man hierbei durchführen muss, beinhalten
die Kommunikation und Techniken, welche auch andere Arten von Geschlechtsverkehr bereichern. Wie wir früher bereits
gesagt haben, gehört zum Machen die gedankliche Verführung

des Partners sowie seines ganzen Wesens, mit dem alleinigen Ziel, den Partner sexuell zu beglücken. Obwohl Sie es an den Genitalien des Partners machen, muss Ihre Aufmerksamkeit Ihrem Partner gehören, nicht nur seinen Genitalien.

In diesem Kapitel gehen wir ausführlich darauf ein, wie Sie es einer Frau und einem Mann machen können. Zuerst erhalten Sie einen allgemeinen Überblick über die Informationen und Techniken, die für diese Kunst wichtig sind: Wie Sie ein Gleitmittel verwenden, wie Sie die Klitoris freilegen, wie Sie Ihre Hand hinlegen, wo Sie die Frau berühren und was Sie mit Ihrer freien Hand tun können. Nachdem Sie mit den Grundlagen vertraut sind, werden wir ein paar Techniken beschreiben, wie Sie es dem Mann machen können. Wir werden auch darauf eingehen, wie Sie die Erregung im Partner wieder abschwächen und erneut aufbauen können, was zu intensiveren und verlängerten Orgasmen führt. Wir werden auf diese Technik detailliert eingehen und erklären, inwiefern hierbei die Reaktion beim Mann und der Frau ähnlich ist. Schließlich werden wir das Kapitel damit beenden, woran Sie einen Orgasmus erkennen, und Ihnen sagen, wie Sie Ihren Partner wieder herunterholen.

Wir haben diesen Teil des Buches »Das Spiel« genannt, weil wir hier zunächst das »Machen« erklären und Ihnen anschließend die grundlegenden Techniken eines Intensiven Verlängerten Orgasmus zeigen. Die vorhergehenden Teile des Buches – »Vor dem Vorspiel« und »Das Vorspiel« – sind gleichermaßen wichtig. Sie befassen sich ebenfalls mit dem Spiel. Wir mussten erst ein wenig mit Ihren Gedanken spielen, damit Sie die Informationen, die Sie in diesem Teil des Buches erhalten, richtig verstehen.

Es einer Frau machen

Wenn Sie es einer Frau machen, ist der erste wichtige Schritt, dass sie sich in eine Position begibt, in welcher Sie es ihr machen können. Sie bitten sie, sich hinzulegen, und Sie legen sich ebenfalls hin oder sitzen dicht neben ihr, so dass Sie ihre Genitalien gut sehen können. Weiter hinten, im Kapitel »Mach es wieder«, stellen wir Ihnen eine Anzahl von Positionen vor, die sie einnehmen kann. Hier erhalten Sie vorerst die Grundlagen: Das Bett ist ein guter Ort, um sich hinzulegen, aber eine Matte auf dem Fußboden oder eine Decke im Wald tut's auch. Sie möchten, dass sie es bequem hat, aber dasselbe gilt für Sie, denn Sie beide müssen in der Lage sein, dieselbe Position so lange, wie es notwendig ist, einzunehmen. Damit sie einen Intensiven Verlängerten Orgasmus erleben kann, ist es auch wichtig, dass ihr Körper entspannt ist. Ihr Körper, der des »Machers«, muss ebenfalls entspannt sein, da Ihr Partner jede Spannung, die Sie verspüren, mit erlebt. Alles was Sie für das »Machen« benötigen (Gleitmittel, Tücher und Getränke), sollte sich in Reichweite befinden.

Wenn Sie es das erste Mal bei ihr machen, sollten Sie sich zuerst mit Ihren Genitalien vertraut machen. Wir haben Kursteilnehmer kennen gelernt, welche ihre Genitalien noch nie betrachtet haben oder deren Genitalien noch nie berührt wurden. Sie wissen nun, wie viel ihnen bisher entgangen ist, und sie sind glücklich, es endlich gelernt zu haben. Bevor Sie ihre Genitalien berühren, möchten Sie sich diese gut anschauen und sich merken und berichten, was Sie sehen. (Im Kapitel »Training und Kommunikation« erfahren Sie mehr darüber, was Sie in dieser Situation sagen sollen.) Dafür ist es notwendig, dass Sie über gutes Licht verfügen, damit Sie auch sehen, was Sie tun. Eine Frau, die an besseren Orgasmen interessiert ist, schätzt einen Mann, der an ihrem Körper interessiert ist, ihn betrachtet und ihn kennen lernen möchte.

Bevor Sie ein Gleitmittel auftragen, empfehlen wir, dass Sie mit ihren Händen die inneren Schamlippen öffnen, indem Sie die Handflächen leicht auf die äußeren Schamlippen legen und diese auseinanderdrücken. So haben Sie eine bessere Sicht auf die Klitoris und die Genitalien. Sie können auch die inneren Schamlippen mit den Fingern teilen, indem Sie ganz sanft an den beiden Lippen ziehen. Sollten Schamhaare im Weg sein, streichen Sie diese zur Seite. Wenn sich auf ihren Genitalien lose Haare oder andere Dinge, etwa ein wenig Toilettenpapier, befinden, entfernen Sie diese auch. Es macht Spaß, die Genitalien einer Frau ein wenig zu reizen, bevor Sie ein Gleitmittel auftragen oder mit dem Streicheln beginnen. Sie können alle Teile der Genitalien, außer der Klitoris, leicht berühren, solange es angenehm ist. Das weckt in ihr das Verlangen, dass Sie ihre Klitoris berühren. Einige Frauen sind vielleicht so feucht im Vaginalbereich, dass Sie die Körperflüssigkeit als Gleitmittel verwenden können. Wir glauben aber, dass es besser ist, ein weiteres Gleitmittel zu verwenden, da der Bereich um die Klitoris nicht viel Körperflüssigkeit produziert und Sie vielleicht länger diesen Bereich streicheln und massieren werden und nicht möchten, dass dieser wund wird.

Nun legen Sie die Klitoris frei, indem Sie die Hautfalte, die sie für gewöhnlich umschließt oder verdeckt, zurückziehen. Es ist eine gute Idee, wenn Sie dabei den Daumen der Hand, mit der Sie es machen, auf die Klitoris legen, da diese gerne ausweicht. Auf Seite 124 beschreiben wir im Detail, wie Sie die Vorhaut zurückziehen und die Klitoris »verankern«. Nachdem Sie sie zurückgezogen haben, streicheln Sie die Klitoris direkt mit Ihrem Mittel- oder Zeigefinger. Die Klitorisspitze ist sehr empfindlich. Wie wir vorher bereits gesagt haben, liegt der empfindlichste Teil der Klitorisspitze im oberen linken Quadrat oder bei 13.30 Uhr auf einem Ziffernblatt der Uhr, wenn Sie sich der Frau gegenüber befinden.

Nun, da Sie wissen, wo sich ihr »Punkt« befindet, müssen Sie lernen, wie Sie diesen befeuchten, verankern und streicheln, um bei der Frau ein optimales Lustgefühl zu erwecken.

Gleitmittel

Wir beginnen mit dem Anfeuchten. Es gibt eine Anzahl von Gleitmitteln, die Sie verwenden können. Einige sind zähflüssiger als andere. Vaseline und Abolene sind Gleitmittel auf Ölbasis und ziemlich dickflüssig. Sie halten recht lange und müssen kein zweites Mal aufgetragen werden. Da sie aber die Laken beschmutzen, sollten Sie bei deren Verwendung ein Handtuch unter die Frau legen. Sie dürfen nicht mit *Latex* zusammen verwendet werden, da dieses davon brüchig wird. Viele wasserlösliche Gleitmittel gibt es in verschiedenen Konsistenzen. Wenn Sie feststellen, dass Ihr Gleitmittel auf Grund von Verdunstung etwas klebrig oder dick wird, wird seine volle Gleitfähigkeit durch ein paar Tropen Wasser wieder hergestellt.

Sie können Ihren eigenen Stil beim Auftragen des Gleitmittels entwickeln. Abhängig davon, welches Gleitmittel Sie verwenden und wie zähflüssig es ist, können Sie das Gleitmittel mit Ihrem eigenen Tuch auftragen. Wenn ich unser bevorzugtes Gleitmittel verwende, das sich gallertartig anfühlt, beginne ich damit am Perineum hoch an den beiden Schamlippen entlang. Ich verwende dafür zwei oder drei Finger. Wenn ich in die Nähe der Klitoris komme, teile ich meine Finger und vermeide es absichtlich, die Klitoris zu berühren. Eine andere Methode ist es, die inneren Schamlippen zu befeuchten, jede für sich, mit langsamen, gezielten Bewegungen. Letzteres ist eine gute Möglichkeit, Vaseline aufzutragen. Sie können sich bei jeder Lippe viel Zeit lassen, dabei der Klitoris sehr nahe kommen und wieder zurückweichen.

Sie können mit dem Bereich direkt unterhalb der Klitoris, dem Vestibül, Ihr Spielchen machen. Berühren Sie die Klitoris an deren unterem Ende ein paar Sekunden lang, und kehren Sie dann wieder zum Vestibül zurück. Sie können sich beim Auftragen des Gleitmittels alles Mögliche einfallen lassen, und Sie können es jedes Mal anders machen, wenn Ihnen danach ist.

Achten Sie darauf, dass zwei Bereiche gleitmittelfrei bleiben: Die Vorhaut der Klitoris und der Daumen Ihrer aktiven Hand. Damit stellen Sie sicher, dass Ihr Daumen nicht abgleitet, wenn Sie die Vorhaut zurückziehen und die Klitoris verankern.

Die Klitoris verankern

Die Klitoris tendiert dazu, sich zu bewegen, während Sie sie streicheln. Das ist für gewöhnlich der Fall, wenn Sie es jemandem die ersten Male machen, und gehört zum normalen Widerstand. Manchmal passiert es auch, wenn Sie es jemandem schon häufig gemacht haben. Einige Klitoriden bewegen sich mehr als andere. Die Klitoris »versteckt« sich unter der Vorhaut, schlüpft zurück in den Körper oder bewegt sich von der rechten auf die linke Seite oder anders herum. Sie müssen die Klitoris verankern, wenn Sie das vermeiden möchten.

Das tun Sie, indem Sie zunächst den oberen, fleischigen Bereich des Daumens der aktiven Hand auf die linke Seite ihrer Vorhaut legen (wenn Sie Rechtshänder sind) und in Richtung Klitoris drücken, da wo sich ihre Spitze und der Schaft treffen. Ziehen Sie anschließend die Vorhaut nach oben, die Klitoris kommt zum Vorschein. Nun können Sie direkt die Klitoris streicheln und massieren, entweder mit Ihrem Mittel- oder Zeigefinger; Ihr Daumen, der immer noch einen leichten Druck auf den Schaft ausübt, wird die Klitoris daran hindern, Ihren Fingern auszuweichen.

Manche Leute haben Schwierigkeiten damit, die Vorhaut hochzuziehen und die Klitoris frei zu legen. Wenn das bei Ihnen auch der Fall ist, können Sie Ihre freie Hand dafür verwenden. Legen Sie Ihre Handfläche auf den Schamhügel und drücken Sie damit nach oben, bis die Klitoris sichtbar wird. Sie können auch Ihre Partnerin bitten, dass Sie Ihre Finger auf den Schamhügel legt und die Vorhaut selbst nach oben zieht.

Handbewegungen

Wenn Sie das obere linke Quadrat der Klitorisspitze streicheln, ist es wichtig, dass Sie dabei kurze Bewegungen mit Ihren Fingerspitzen ausführen, da Sie so bei der Partnerin die intensivsten Lustgefühle wecken. Längere Bewegungen, welche wir bei vielen unserer männlichen Kursteilnehmer beobachtet haben, entfernen sich meist vom empfindlichsten Punkt und holen die Frau wieder herunter. (Es ist in Ordnung, wenn Sie sie herunterholen, aber Sie sollten das nur mit Absicht tun.) Mit längeren Bewegungen bewegen Sie sich häufig über die Vorhaut hinweg oder reiben unterhalb der Klitoris. Das lässt die Frau daran zweifeln, ob der Mann weiß, wo sich ihr empfindlicher Punkt befindet. Manche Frauen, denen es noch nie gemacht wurde, mögen diese Bewegung vielleicht, da sie jede Aufmerksamkeit, die ihrer Klitoris zuteil wird, schätzen. Wenn Sie eine lange Bewegung ausführen, sollten Sie das absichtlich tun und wissen, dass dies nicht die beste Methode ist, um eine Frau zu erregen. Wenn Sie sich nicht sicher sind, wo Sie sich mit Ihren Fingern befinden, sollten Sie kurz anhalten und nachschauen.

Die Menschen mögen auf die vielfältigste Art und Weise berührt werden. Manche mögen leichte Berührungen, andere wiederum haben es gern, wenn man sie fester anfasst. Sie können aber mit Sicherheit davon ausgehen, dass der Druck, den sie sich wünschen, nicht immer gleich bleiben wird. Frauen,

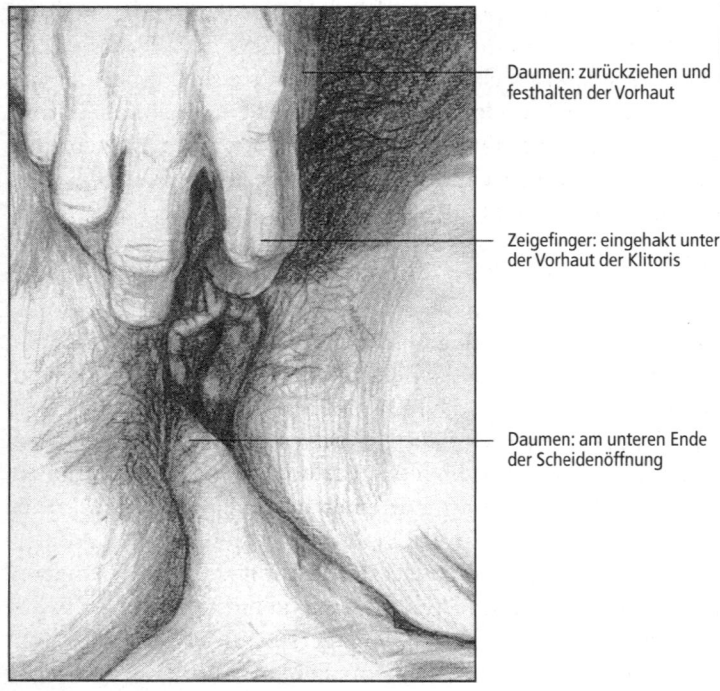

Daumen: zurückziehen und
festhalten der Vorhaut

Zeigefinger: eingehakt unter
der Vorhaut der Klitoris

Daumen: am unteren Ende
der Scheidenöffnung

Abbildung 3: Die Stellung der Hand, wenn Sie es einer Frau machen

die leicht kommen, haben es gelernt, das bei fast jedem Druck
zu tun. Es ist eine gute Idee, wenn Sie sie fragen, was sie gerne
möchte. Manche Frauen wissen aus Mangel aus Erfahrung
nicht, was sie mögen. Und wieder andere, die zwar wissen, was
sie mögen, werden es Ihnen nicht verraten. Einige Frauen geben ihnen sogar falsche Informationen. Sie müssen sich darüber
aber keine Gedanken machen, wenn Sie sie so berühren, wie
Sie Seide, Samt oder Satin berühren. Wenn Sie diese Gewebe
anfassen, versuchen Sie nicht, dass sich diese wie etwas Besonderes anfühlen. Sie berühren sie, weil es Ihnen Freude bereitet.

Auf diese Weise wissen Sie, dass sich die Berührung auch für sie gut anfühlt.

Die beste Handbewegung, mit der Sie sie erregen können, ist kurz und wird auf dem oberen linken Quadrat der Klitoris ausgeführt, wobei Ihr Daumen die Klitoris festhält (siehe Abbildung 3). Wir nennen diese wichtige Handbewegung, die **Brot-und-Butter-Bewegung.** Außer dass sie kurz und genau auf dem empfindlichsten Punkt ausgeführt wird, ist es fast ein leichtes Kneifen. Der Finger und der Daumen bleiben immer auf der Klitoris und lassen diese nicht wegrutschen. Wenn wir diese Bewegung unseren Kursteilnehmern beschreiben, sagen wir ihnen, Sie sollen sich vorstellen, dass sie einen Geldschein vom Kassentisch aufheben. Die Klitoris befindet sich zwischen zwei Fingern und kann sich daher leicht verstecken. Der Finger, mit dem Sie es machen, kann jeden Bereich der bloßgelegten Klitoris berühren und diesen mit einer beständigen, wiederholten Bewegung streicheln.

Es ist wichtig, dass Sie den Finger, mit dem sie es machen, unter der Vorhaut der Klitoris »einhaken«, so dass Sie die Klitoris Ihrer Partnerin mit der Fingerspitze berühren, die sehr empfindlich ist. Der eingehakte Finger sollte sich unter der Vorhaut ein wenig eingraben, damit er an den oberen, linken Teil der Klitorisspitze herankommt. Rechtshänder: Drehen Sie Ihr Handgelenk so, als wollten Sie die Uhrzeit ablesen, so dass Sie sich ohne Mühe mit der linken Seite der Klitoris beschäftigen können. Linkshänder: Ihre Position ist am angenehmsten, wenn sich der Finger auf der linken Seite der Klitoris befindet und Ihr Daumen von rechts verankert.

Behalten Sie die gleiche Handbewegung bei; streicheln Sie mit dem Finger der aktiven Hand rauf und runter und rauf und runter, so lange, wie es sich für Ihre Hand gut anfühlt. Sobald die Klitoris angeschwollen ist und aus der Vorhaut herausragt, können Sie den Daumen, der die Klitoris verankert, etwas lockern. Sie können nun die Klitoris streicheln und massieren, wo immer Sie möchten, denn sie weiß nun, dass Sie wissen, wo ihre empfindlichste Stelle ist. Obwohl Sie den Druck des Daumens auf die Klitoris verringern können, möchte Ihre Partnerin dieses Gefühl wohl nicht missen. Daher können Sie den Daumen ruhig darauf lassen, auch wenn er nicht mehr benötigt wird, um die Klitoris freizulegen und am Platz zu halten. Probieren Sie nun verschiedene Geschwindigkeiten und unterschiedlichen Druck bei den einzelnen Erregungsphasen aus. Beobachten Sie, wie sie auf eine wirklich schnelle Bewegung reagiert, und versuchen Sie, nachdem Sie die Erregung durch eine Bewegungsänderung verringert haben, eine wirklich langsame Auf-und-ab-Bewegung bis kurz vor dem nächsten Höhepunkt. Versuchen Sie es mit einer sanften, dann mit einer festeren Bewegung. Um den Zustand der Erregung kurz vor dem Höhepunkt zu verlängern, empfehlen wir manchmal, die Bewegung zu verlangsamen und leichteren Druck auszuüben. Denken Sie immer daran, dass Sie das alles für Ihr Vergnügen tun.

Wir empfehlen, dass Sie zuerst die einfache, kurze Auf-und-ab-Bewegung lernen und sich auf das Gefühl bei beiden Richtungen konzentrieren. Eine Anzahl anderer Handbewegungen fühlt sich auch sehr angenehm an: kleine Kreise, von Seite zu Seite und andere, die Sie selbst erfinden können. Wir sind jedoch der Meinung, dass Sie diese Bewegungen erst anwenden sollen, wenn die Klitoris angeschwollen ist und die Frau gut im Spiel ist, da bei diesen Bewegungen ihr empfindlicher Punkt nur hin und wieder berührt wird. Bleiben Sie aber neugierig und entdecken Sie ihren Körper. Sie werden viele Möglichkeiten finden, wie Sie sie angenehm erregen können.

Die andere Hand

Wenn Sie Ihre andere Hand nicht dafür verwenden, die Vorhaut der Klitoris nach oben zu ziehen, können Sie damit machen, was Sie möchten. Wir schlagen vor, dass Sie diese Hand unterhalb ihrer Pobacken platzieren, mit zwei Fingern auf jede Backe, so dass Ihre Hand ein V formt. In dieser Position zeigt Ihr Daumen nach oben. Sie können damit auf ihr Perineum drücken, mit der Spitze des Daumens am unteren Ende der Scheidenöffnung. Diese Positionierung Ihrer freien Hand erlaubt Ihnen auch, Ihre Pobacken fest im Griff zu haben, womit Sie ihr helfen, loszulassen und sich ganz Ihnen zu überlassen. Mit dem Daumen am Scheideneingang können Sie auch die eventuell bei ihr eintretenden Kontraktionen spüren. Sie können den Daumen auch dafür verwenden, mit den Schamlippen oder anderen Teilen der Genitalien zu spielen.

Wie wir bereits vorher bemerkt haben, ist der beste und einzige Moment, einen Finger in die Scheidenöffnung zu stecken, wenn Sie hierfür ihre Einladung haben. Sie werden feststellen, dass Ihr Daumen plötzlich in ihre Scheide hineingezogen wird.

Wenn dies der Fall ist, dürfen Sie Ihren Daumen oder Ihre Finger für eine weitere Stimulation der Vagina hernehmen (wie wir es im Abschnitt »Vom G-Punkt zum strahlenden K« im fünften Kapitel beschrieben haben). Wenn Sie Ihre Finger in die Scheide einführen, so bedeutet das natürlich, dass Sie die Hand von ihren Pobacken nehmen müssen.

Sie möchten vielleicht mit dem Liebkosen der Vagina fortfahren, während Sie im Inneren ihrer Scheide sind. Zwei Hände, die sie gleichzeitig streicheln, können in ihr eine wunderbare Erregung herbeiführen. Achten Sie darauf, dass Sie nicht ihre Cervix, ganz hinten in der Scheide, oder ihre Harnröhre, die sich innen in der Scheide in der 12.00-Uhr-Stellung befindet, berühren. Sie können eine Raus-rein-Bewegung vollführen oder die Kuppen Ihrer Finger mit einer leichten Bewegung gegen die Wand der Scheide drücken. Ihre Vagina wird wahrscheinlich feucht genug sein, sodass Sie kein weiteres Gleitmittel auftragen müssen.

Hier eine Bewegung, die ich gerne mit meiner anderen Hand ausführe: Meine zwei Finger (Mittel- und Zeigefinger) sind gespreizt, mit den Kuppen nach oben, und ich massiere die Klitoris von innen, beim so genannten G-Punkt, auf der 11.00-Uhr- und 13.00-Uhr-Position. Der Daumen dieser Hand befindet sich außerhalb der Scheide über der Klitoris, und ich schiebe damit die Vorhaut beiseite und verankere die Klitoris, so dass ich sie mit meiner aktiven Hand erreichen kann. Das Eindringen in die Scheide kann viel Spaß bereiten, der Schwerpunkt sollte aber nach wie vor auf der Klitoris liegen.

Sie können sie auch am After mit einem Finger stimulieren, vor allem dem kleinen Finger, wenn alle anderen Finger beschäftigt sind. Verwenden Sie aber diesen Finger anschließend nicht für einen anderen Körperteil, außer sie hat vorher den Darmausgang gründlich gereinigt, da sich im Anus viele Bakterien befinden, die eine Infektion verursachen könnten. Manche Frauen mögen es auch, wenn der Anus innen mit einem Finger stimuliert wird. In diesem Fall ist es am besten, wenn Sie ein Gleitmittel verwenden. Stellen Sie Ihrer Partnerin diesbezüglich Fragen, und gehen Sie langsam und überlegt vor.

Manchmal, wenn ich es Vera mache, dringe ich überhaupt nicht in sie ein. Wenn wir eine einstündige Vorführung haben, konzentriere ich mich die ersten dreißig Minuten nur auf die äußeren Genitalien, um zu zeigen, dass dies für einen großartigen Orgasmus vollkommen ausreichend ist.

Es einem Mann machen

Dieses Buch wurde mit der Absicht geschrieben, zu lehren, wie Frauen einen großartigen Orgasmus haben – und Männer diesen geben können. Frauen sind schließlich seit Anbeginn der Menschheitsgeschichte in der Lage, den Mann scharf zu machen. Das »älteste Gewerbe« der Welt beschäftigt sich mit nichts anderem als damit. Es gibt sehr wenig Informationen darüber, wie man eine Frau scharf macht, darum soll das der Schwerpunkt unseres Buches sein.

Viele der Techniken, die wir in diesem Kapitel beschrieben haben, um es einer Frau zu machen, können auch beim Mann verwendet werden. In diesem Abschnitt befassen wir uns mit einigen dem Mann Vergnügen bereitenden Handlungen, wenn sie es ihm macht. Dazu gehört, wie sie von seinem Körper Besitz ergreift, leichte und feste Bewegungen ausführt, einen weichen Penis berührt, mit seinem versteckten Penis und den Hoden spielt und den Penis küsst. Zum Abschluss geben wir Ihnen ein Beispiel, wie Sie all diese Techniken miteinander verbinden können.

Besitz ergreifen

Eine Frau, die Lust auf Sex hat, hat wenig Probleme damit, dem Mann Vergnügen zu bereiten. Das größte Problem, mit dem sie wahrscheinlich zu tun haben wird, ist, wie sie es schafft, dass er still liegen bleibt und die Rolle der Wirkung übernimmt. Eine nackte Frau auf einem Bett neigt dazu, am Anfang Widerstand zu leisten; sobald aber ein Mann nackt auf dem Bett liegt, können Sie mit ihm machen, was Sie wollen.

Wenn Sie es einem Mann machen, müssen Sie ihm mitteilen, dass Sie nun für alles verantwortlich sind und ihn darüber aufklären, was Sie mit ihm machen. Sie können ihm Anweisungen geben, wie etwa »Entspanne dich«, »Hör damit auf, deine Hüften zu bewegen« und so fort. Manchmal streichelt und massiert die Frau den Mann über einen längeren Zeitraum hinweg, ohne dass sie mit ihm spricht. Er fragt sich wahrscheinlich, ob sie weiß, was sie tut und wann sie ihn zum Orgasmus bringen wird. Es ist daher sehr wichtig, dass Sie ihm mitteilen, dass Sie einen Plan haben. Und dass Sie, wenn Sie so weit sind, dass Sie möchten, dass er einen Samenerguss hat, das ohne Schwierigkeiten tun können. Lassen Sie ihn wissen, dass das Ziel nicht die spätere Ejakulation, sondern der Genuss der momentanen Berührungen ist.

Einen Mann berühren

Wenn Sie es einem Mann machen, bereitet es Ihnen beiden Vergnügen, wenn Sie ihn zuerst ein wenig reizen, indem Sie die Bereiche um seinen Penis herum berühren: sein Schamhaar, seine inneren Oberschenkel, das Perineum und so fort. Auf diese Art können Sie ihn schon gut in Erregung versetzen.

Es ist auch wichtig, dass Sie ein Gleitmittel, sei es nun Vaseline oder eines auf Wasserbasis, verwenden, oder sogar Speichel. Wir empfehlen, dass Sie das Gleitmittel überall am Penis auftragen, bevor sich Ihre Hände damit beschäftigen.

Das Auftragen des Gleitmittels kann sehr erotisch sein, wenn sie es mit einer beständigen, aber leichten Berührung tun. Fangen Sie am Penisende damit an und hören Sie beim Apex (die untere Seite des Peniskopfes, die für gewöhnlich am empfindlichsten ist) auf. Sie können sich auch Ihren eigenen Stil für das Auftragen des Gleitmittels ausdenken und ruhig verschiedene Methoden ausprobieren. Manche Männer mögen es, wenn Sie das Gleitmittel zuerst in Ihren Händen erwärmen; andere wiederum bevorzugen die Kühle des Gleitmittels, wie es aus der Tube kommt.

So wie dem Mann das Machen der Frau selbst Vergnügen bereiten muss, ist es andersherum genauso. Wenn Sie durch das Berühren Ihres Partners eine bestimmte Wirkung anstreben, bereiten Sie ihm damit meist weniger Vergnügen. Denken Sie daran, dass ein weicher Penis nicht bedeutet, dass der Mann die Berührung nicht genießt. Die Nervenenden sind ja nach wie vor da; wenn also der Penis liebevoll angefasst wird, wird das dem Mann immer Vergnügen bereiten. Fühlt Ihr Partner aber, dass Sie sich Sorgen machen, weil Sie es nicht schaffen, dass sein Penis hart wird, werden die Chancen dafür, dass es noch klappt, immer geringer. Streicheln Sie ihn daher allein in der Absicht, dass sich Ihre Hände gut anfühlen. Wir raten Ihnen, hierfür die größtmögliche Oberfläche Ihrer Hände und Finger zu benutzen und mit den Fingern die Stelle oberhalb seiner Harnröhre zu berühren. Führen Sie am Schaft und am Peniskopf eine Auf-und-ab-Bewegung aus, und denken Sie daran, zu spüren, wie sich diese Bewegung in beide Richtungen anfühlt. Sie werden wahrscheinlich die Stärke der Bewegung ein wenig reduzieren, wenn Sie über den Apex und das Penisende streicheln.

Wenn Männer masturbieren, reiben Sie Ihren Penis oft hart und schnell, da es ihr primäres Ziel ist, sich von einer Spannung zu befreien und nicht, sich selbst Vergnügen zu bereiten. Er kann und wird aber mehr fühlen, wenn Sie einen langsame, beständige Handbewegung ausführen. Sie müssen ihm natürlich mitteilen, was Sie vorhaben. Wenn dies das erste Mal oder eines der ersten Male ist, dass ihn jemand auf diese Art berührt, kann das für ihn vielleicht nicht das vollkommene Vergnügen sein, und Sie sollten sich überlegen, ob Sie ihn durch ein paar schnellere und härtere Bewegungen nicht stärker erregen wollen. Geben Sie aber den Versuch nicht auf, ihm mit leichten, langsamen Bewegungen großes Vergnügen zu bereiten. Bald wird er merken, dass es ihm so viel mehr Spaß bereitet als früher. Versuchen Sie es auch mit einigen langsamen Bewegungen, hinunter zum Fuß des Penis und hoch zur Spitze.

Um bei ihm die Erregung zu steigern, können Sie die Technik anwenden, die wir früher schon erwähnt haben und weiter hinten in diesem Kapitel ausführlicher beschreiben werden: Sie streicheln ihn so lange, bis er kurz vor dem Kommen ist. Dann hören Sie damit auf, das Gefühl der Erregung lässt nach – und Sie beginnen das Spiel wieder von vorne. Sie erreichen diesen Wechsel dadurch, dass Sie die Bewegung ändern, also auf die gleiche Weise, wie wir es bei der Frau beschrieben haben. Jedes Mal, wenn Sie die Bewegung ändern, kommt er herunter. Wir haben viele Frauen dabei beobachtet, wie sie die Bewegung zu früh geändert haben, was dazu führte, dass sich im Partner die Erregung nicht steigern konnte. Es ist sehr wichtig, dass Sie die gleiche Handbewegung so lange beibehalten, bis Sie absichtlich seine Erregung verringern wollen.

Die Bewegung, die ihn am besten erregt, ist gleichmäßig, vertrauenswürdig und zuverlässlich.

Versuchen Sie herauszufinden, was er mag; es wird Ihnen Spaß machen. Probieren Sie unterschiedliche Handbewegungen aus: kurze auf seinem Apex, wirklich lange hinunter bis zum Fuß des Gliedes. Sie können die andere Hand dazu verwenden, mit seinen Hoden zu spielen (es fühlt sich gut an, am Hodensacks zu ziehen, zu zupfen, zu quetschen, so lange Sie das nicht in Richtung seines Körpers tun). Sie können verspielt seinen versteckten Penis berühren, welcher sich unterhalb des Hodensacks befindet. Sie können auf seinen versteckten Penis und auf den Fuß des Penis mehr Druck ausüben als auf seinen Apex, welcher homolog zur Klitoris der Frau gebaut ist und wo sich die meisten Nervenenden befinden. Wenn Sie eine lange Handbewegung machen, sollten Sie daran denken, auf den Apex den Druck zu verringern. Sie können um den After ein Gleitmittel auftragen und damit spielen, wenn das für Sie beide in

Ordnung ist. Der After ist beim Menschen die Stelle, wo sich die zweithöchste Konzentration an Nervenenden befindet.

Sobald sein Penis hart ist, können Sie ihn wie eine Gangschaltung verwenden, vorausgesetzt, Sie kommunizieren mit ihrem Partner und steigern seine Erregung langsam. Nehmen Sie den Penis in die Hand, und probieren Sie verschiedene Stärken des Drucks aus. Sie können an ihm ziehen und ihn verwenden, wie immer Sie möchten. Versuchen Sie, die Fantasien Ihres Partners herauszufinden. Verwenden Sie diese, wenn Sie es ihm machen. Der Penis kann ein wunderbares Spielzeug sein, solange Sie ihn so berühren, dass Sie ihren Spaß damit haben. Sie können eine wahre Künstlerin darin werden, es dem Mann zu machen und bei Ihren Berührungen sehr erfinderisch sein. Wenn es Ihnen Spaß macht, seinen Penis anzufassen, wird er reagieren.

Wenn er nun so weit ist, dass er ejakulieren möchte, Sie dies aber noch hinauszögern möchten, drücken Sie mit dem Finger auf den Bereich zwischen dem Hodensack und dem After. Das wird ihn daran hindern, den Höhepunkt zu überschreiten. Versuchen Sie es auch damit, den Kopf des Penis zusammenzudrücken. Wenn Sie früh genug bemerkt haben, dass er kurz vor dem Kommen ist, nehmen Sie einfach Ihre Hand von seinem Penis weg, oder verändern Sie die Handbewegung.

Im tantrischen Yoga kommt es für gewöhnlich zu keinem Samenerguss. Er kann sich Stufe um Stufe erregen, und zwar in der Art, wie wir es beschrieben haben. Wir glauben jedoch nicht, dass es schädlich ist, den Samen zu vergießen – es ist sehr schnell wieder neuer da, und, außer Sie leben auf einer Insel ohne Wasser, Sie können den Flüssigkeitsverlust schnell wieder ausgleichen. Wir denken, dass es manchmal viel Spaß macht, den Samen fließen zu lassen, sich an anderen Tagen jedoch wiederholt erregen zu lassen und auf eine Entleerung zu verzichten.

Es kommt ab und zu vor, dass, wenn Sie es dem Mann machen, alles zu seiner besten Zufriedenheit verläuft, aber plötzlich eine Veränderung eintritt und er sich nicht mehr so wohl
fühlt. Der Grund dafür könnte so etwas simples wie ein loses oder der glatten Bewegung der Hände im Wege stehendes
Schamhaar sein. Betrachten Sie den Penis von allen Seiten, ob
nicht doch ein Haar oder sonst ein Objekt daran klebt. Einmal, als eine Frau es bei mir machte, habe ich mich plötzlich
nicht mehr wohl gefühlt. Ich bat sie, den Druck etwas zu verringern, weil ich dachte, dass es daran liegt, aber bald kamen
wir darauf, dass es ein loses Schamhaar ist. Nachdem sie es
entfernt hatte, konnte sie beim Streicheln meines Penis jedwe-
den Druck ausüben; es war immer ein tolles Gefühl für mich.

Sie können beim Machen des Mannes nur ein paar Handbewegungen ausführen oder eine lange Zeit damit verbringen. Sie
können ihn schnell so weit haben, dass er ejakuliert, oder das
Spiel hinauszögern, indem Sie ihn erregen kurz vor dem Höhepunkt herunterholen, wieder erregen, und so fort. Sie können
ihm erlauben, dass er ab und zu ein paar Tropfen Samen verliert
(Sie erkennen es daran, dass ein wenig Samenflüssigkeit aus seiner Harnröhre tropft, sogar in größeren Mengen über seinen
Penis fließt, aber nicht rhythmisch spritzt, wie es beim Mann
beim Orgasmus der Fall ist). Es kann sein, dass er beim Auf und
Ab von Erregung, Abklingen, Erregung und so fort vor dem
Höhepunkt Kontraktionen hat. Sorgen Sie dafür, dass er stets
entspannt ist und sich nicht verkrampft. Erinnern Sie ihn daran,
zu drücken (eine Technik, die wir im nächsten Kapitel näher be-
schreiben werden) und sich zu entspannen, genauso, wie ein
Mann die Frau immer wieder auffordert, sich zu entspannen.
Machen Sie es ihm nur so lange, wie es Ihnen Spaß macht.

Wenn er keinen Samenerguss hatte, dies aber möchte und
Sie dazu keine Lust verspüren, fordern Sie ihn auf, es selbst zu
tun. Es bereitet viel Vergnügen, der Ejakulation eines Mannes

zuzusehen, und manche Frauen werden davon so erregt, dass sie es in ihrer Scheide spüren. Wenn bei den Männern die Ejakulation beginnt, bevorzugen es die meisten von ihnen, wenn ihre Partnerin den Druck verringert. Sie müssen natürlich herausfinden, wie es sich in diesem Fall bei Ihrem Partner verhält.

Penis lutschen

Den Penis zu lutschen kann viel Vergnügen bereiten. Aber auch nur dann, wenn es sich gut für Ihre Lippen und Ihre Zunge anfühlt und Ihr Ziel nicht eine erwünschte Wirkung ist. Es ist ein sehr erotischer Akt, bei dem Sie am Penis saugen können und gleichzeitig mit den Händen an ihm herumspielen. Die Kommunikation besteht in diesem Fall hauptsächlich daraus, was der Mann sagt. Wenn Ihr Partner zu der schweigsameren Sorte gehört, müssen Sie ihn lehren, mehr zu reden.

Obwohl es sehr erotisch und sehr vergnüglich sein kann, wenn eine Frau, anstatt es dem Mann zu machen, an seinem Glied lutscht, so ist häufig der wirkliche Grund, der dahinter steckt, der, dass die Frau die Konfrontation mit dem Penis meidet.

Das Paar ist von der Erotik des Akts abhängig, muss nicht miteinander sprechen, Fragen stellen oder dem, was es tut, viel Aufmerksamkeit schenken. Die Frauen müssen den Penis, in seiner ganzen Pracht, nicht sehen, wenn er in ihrem Mund ist. Dennoch glauben wir, dass das Penis lutschen etwas ganz Wunderbares ist. Sie können es mit in den Vorgang des Machens einbauen oder als davon unabhängigen Akt ausführen.

Ein Beispiel

Sie nimmt ihn mit ins Schlafzimmer und bittet ihn darum, seine Kleider abzulegen. Sie zieht sich gleichzeitig mit ihm aus. Sie bittet ihn, sich aufs Bett zu legen, setzt sich neben ihn und legt einen Fuß über seinen Bauch. Sie berührt die Innenseite seiner Oberschenkel, seine Hoden und alles, was sich um den Fuß des Penis herum befindet. Sie bittet ihn, sich zu entspannen, da sie sich von nun an um seinen Penis kümmern wird.

Sie streicht alle Schamhaare nach hinten zurück, hält seinen Penis etwa eine Minute lang in beiden Händen und drückt ihn ab und zu sanft, während er sich mit Blut füllt. Sie trägt Vaseline auf, zunächst am Ende des Penis und an der Unterseite, immer weiter hoch in Richtung Apex. Sie greift mit der linken Hand sanft nach seinen Hoden und beginnt, mit der rechten Hand den Penis zu streicheln, mit einer langsamen, langen Bewegung mittleren bis leichten Drucks, ausgehend am Fuß des Penis hoch zur Spitze, wobei sie den Druck verringert, wenn sie über den Kopf des Penis streicht. Sie fühlt das Vergnügen in ihren Händen, wenn sie diese rauf und runter bewegt. Sie teilt ihm mit, dass sie seinen Penis in ihrer Scheide und in ihren Händen spürt.

Sie behält stets die gleiche Bewegung bei und steigert seine Erregung kontinuierlich. Kurz vor dem Höhepunkt holt sie ihn herunter, indem sie auf seinem Apex eine leichtere, schnellere Handbewegung ausführt. Anschließend beginnt Sie das Spiel von vorne, mit langsamen, langen Bewegungen. Während sie an seinem Penis zieht und mit ihm kleine, kreisförmige Bewegungen ausführt, sagt sie ihm, dass sie mit seinem Penis macht, was ihr gefällt. Sie spielt mit ihrer linken Hand mit seinem versteckten Glied, während sie mit der rechten weiter streichelt. Er sagt ihr, dass ihn ihre nackten Oberschenkel anmachen, und sie antwortet, dass sie seinen Penis ab und zu daran reiben wird. Dann erzählt sie ihm ihre Fantasien über ihre Schenkel, was ihn noch mehr erregt.

Er bittet sie, dass sie ihn zum Kommen bringt, und sie antwortet, dass *sie* bestimmt, was passiert, und ihn spritzen lässt, wenn sie das Bedürfnis danach hat. Nun steuert sie bei ihm erneut auf einen Höhepunkt zu, holt ihn wieder zurück, beginnt erneut, wodurch sich seine Erregung immer weiter steigert. Er verliert ein paar Tropfen, sie hält ihn aber vom Samenerguss zurück, indem sie kurz davor die Handbewegung wieder verändert.

Schließlich teilt sie ihm mit, dass sie ihn jetzt spritzen lassen wird, nimmt seinen Penis in beide Hände und streichelt ihn mit großer Lust vom Ende zur Spitze hin. Die Kontraktionen werden bei ihm stärker, wenn sie die Bewegung verlangsamt und den Druck mildert. Sie macht das so lange, bis er dieses Gefühl voll ausgekostet hat.

Die Erregung steigern

Bei der Erregungssteigerung handelt es sich um eine Technik, die wir bereits mehrere Male erwähnt haben: Sie ermöglicht es, den Orgasmus zu verlängern und zu intensivieren. Sie haben bereits gelernt, wo Sie reiben und wie viel Druck Sie anwenden sollen; die Technik der Erregungssteigerung ist ein weiteres Geheimnis, das Sie anwenden können, den Orgasmus hinauszuzögern.

Es ist eine Technik, ähnlich der, die wir im Abschnitt »Die Kunst der Verführung« beschrieben haben: Sie ziehen sich zurück oder hören ganz auf, bevor die Person, die gemacht wird, aufhören will. Wenn Sie das tun, wird diese den Wunsch haben, dass Sie mit den Bewegungen fortfahren, und schließlich einen verlängerten Orgasmus haben, da Sie sie ja erneut erregen. Wir nennen diese Technik Rückzug und Neuanfang, oder, schneller und einfacher ausgedrückt, Erregungssteigerung. Diese Technik ist bei Männern und Frauen ähnlich und kann für beide Partner verwendet werden, es sei denn, wir weisen ausdrücklich darauf hin, dass sie nur für das eine Geschlecht gedacht ist.

Wenn Sie Ihren Partner ohne Unterlass berühren, wird dieser entweder einen schnellen Orgasmus haben, Ihre Berührung als unangenehm empfinden oder diese gar nicht mehr spüren. Die gleiche Handbewegung an der gleichen Stelle stumpft die Nerven ab, die Erregung erlischt. Das ist es mit Sicherheit nicht, was Sie bewirken wollen, da Ihnen daraufhin der Partner weniger vertrauen wird und wahrscheinlich keine Lust mehr hat, diese Erfahrung zu wiederholen. Hören Sie daher bei Ihrem Partner mit einer Handbewegung auf oder verändern Sie diese, kurz bevor er kommt oder nichts mehr spürt. Dadurch wird sein Erregungszustand immer größer, sein Energielevel steigt von Mal zu Mal.

Sie können bei der manuellen Erregung Ihres Partners verschiedene Techniken anwenden. Jedes Mal, wenn Sie eine rhythmische, gleich bleibende Handbewegung ändern – den Druck, die Geschwindigkeit oder den Berührungspunkt –, holen Sie den Partner runter.

Sie können aber auch absichtlich jemanden herunterholen, indem Sie festen Druck anwenden, ohne die Hände zu bewegen. Am einfachsten ist es wahrscheinlich, wenn Sie Ihre Hände ganz von seinem Körper wegnehmen. Das kann nur ein Augenblick sein, ein paar Sekunden oder sogar ein paar Minuten; die Länge müssen Sie in der jeweiligen Situation entscheiden. Anschließend kehren Sie wieder zu der gewohnten, gleichmäßigen, verlässlichen Bewegung der Hände zurück, und ihr Partner befindet sich schnell wieder auf dem Weg nach oben. Sie mögen die Bewegung nicht alle paar Sekunden ändern. Es ist Ihr Ziel, dass Ihr Partner die höchstmögliche Erregung erreicht. Eine weitere gute Möglichkeit, bei der Frau die Erregung zu steigern, ist, sie mit kurzen Bewegungen auf der Klitoris zu erregen und sie dann herunterzuholen, indem Sie zuerst mit Ihrem Finger die inneren Schamlippen entlanggleiten und ihn dann in ihre Scheide stecken, wo Sie ihn mit ihrer Körperflüssigkeit befeuchten und ihn langsam wieder zur Klitoris zurückbewegen. Der wichtigste Aspekt beim Herunterholen ist Ihre Absicht. Wenn Sie diese richtig einsetzen, können Sie Ihren Partner fast mit der gleichen Bewegung runterholen, mit der Sie ihn erregt haben.

Wenn Sie die Handbewegung ändern oder die Hände ganz vom Körper des Partners wegnehmen, kurz bevor dieser bereit ist, herunterzukommen, haben Sie die Kontrolle über seinen Orgasmus. Das gibt Ihnen auch die Gelegenheit, kleine Pausen einzulegen, was ein wesentlicher Bestandteil beim Machen ist. Manche Leute denken, sie sollten keine Pausen einlegen, da diese die Handlung unterbrechen. Das stimmt nicht. Pausen bieten eine gute Gelegenheit sich zu unterhalten und Fragen zu stellen, und diese helfen Ihnen wiederum, Ihren Partner noch stärker zu erregen. Je besser und erfahrener Sie beim Machen werden, desto besser können Sie einschätzen, wann eine Pause gemacht werden und wie lang diese sein sollte. Für eine Pause gibt es keinen falschen Zeitpunkt; es ist besser, zu oft zu unterbrechen als nicht oft genug. »Anfänger« brauchen vielleicht regelmäßige und etwas längere Unterbrechungen. Der im Machen erfahrene, fortgeschrittene Partner braucht vielleicht nicht viele und nur kurze.

Wie lange Sie warten, bis Sie Ihren Partner erneut erregen, hängt von Ihrem Gefühl ab. Hierfür gibt es keine Regel, der Sie folgen könnten. Manchmal, wenn die Frau oder der Mann schnell anspricht, reicht es vielleicht, wenn Sie nur eine winzige Pause einlegen, bevor Sie weiter machen. Sie können dieses Rauf-und-runter-Spiel mehrmals wiederholen; solange der Partner Ihre Berührung genießt, gibt es keinen Grund, die Pausen zu verlängern. Das Zeitintervall zwischen den Punkten der höchsten Erregung (die Länge und Intensität der Orgasmen zwischen den Pausen) kann die Länge von ein paar Handbewegungen oder ein paar Minuten haben, und die Pausen können ebenfalls kurz oder lang sein. Um zu wissen, wie lange Sie warten sollen, müssen Sie Ihren Partner aufmerksam beobachten und die Intensität seines Orgasmus zu jeder Zeit kennen.

Manche Frauen sind so gut im Hinauszögern, dass sie bis zum letzten Peak warten, bevor sie kommen. (Die Männer leisten im Allgemeinen nicht so lange Widerstand.) Sie können sie damit necken, dass Sie sagen, dass dieser Peak der letzte sein wird; wenn sie gut darauf reagiert, sagen Sie das beim nächsten Peak wieder. Manchmal leisten die Frauen so lange Widerstand, bis sie glauben, dass es mit dem Berühren zu Ende ist. An diesem Punkt möchten Sie sie erneut erregen, und die Intensität könnte stärker sein, als sie es jemals für möglich hielt. Dieser »Trick« hat schon bei mehreren Frauen gewirkt, die sich wirklich einen großartigen Orgasmus gewünscht haben, aber deren Angst dazu führte, dass sie weniger spürten. Wenn Sie es schaffen, eine Frau zu ihrem Vorteil auszutricksen, wird sie Ihre Kunst bewundern.

Die Kenntnis, wann Sie die Frau herunterholen und wieder erneut beginnen sollen, ist *die* Zutat für einen großartigen Orgasmus. Aber, werden Sie sich fragen, wie weiss ich, wann ich meinen Partner von der Erregung herunterholen soll? Um das herauszufinden, müssen Sie zu allererst Vertrauen zu sich haben. Glauben Sie Ihren Gefühlen, und seien Sie aufmerksam. Wenn sich Ihre Aufmerksamkeit ganz auf den Orgasmus des Partners konzentriert und Sie ihren Gefühlen gegenüber offen sind, werden Sie den richtigen Zeitpunkt wissen. Sie werden erkennen, ob sich beim Partner die Erregung steigert, oder ob er schon wieder auf dem Weg nach unten ist. Paare, die mit dem Machen beginnen, müssen sich noch sehr auf das konzentrieren, was sie tun, sodass sie vielleicht nicht genau mitbekommen, wo sich der Partner gerade befindet und mehr erregt werden sollte. Je vertrauter Ihnen das Machen wird, desto besser werden Sie einen Orgasmus erkennen. Wenn Sie sich fragen, ob Sie eine Pause einlegen sollen, dann tun Sie das, zumindest eine kurze. Es ist besser, den Partner zu früh runterzuholen als zu spät.

Während des Machens mit dem Partner zu sprechen ist eine gute Möglichkeit, den Orgasmus zu erkennen. Sagen Sie: »Ich spüre, wie sich deine Erregung steigert«, »Deine Erregung steigert sich immer noch«, »Du wirst immer erregter« oder »Die Intensität deiner Erregung steigert sich«. Wenn Sie merken, dass Ihr Partner nicht auf Ihre Worte reagiert oder nicht erregter wird, wissen Sie, dass es Zeit für eine Pause ist.

Empfindungen geben Ihnen auch Auskunft darüber, wann Sie Ihre Partnerin herunterholen sollen. Wenn Sie ihre Genitalien berühren, spüren Sie es über Ihre Finger und Hände. Wenn sich die Empfindung angenehm anfühlt und stärker wird, heißt das, dass bei Ihrer Partnerin die Erregung steigt. Wenn es sich weniger angenehm anfühlt, ist Sie bereits auf dem Weg zurück. Äußerliche Veränderungen sind ebenfalls Hinweise – so können Sie zum Beispiel am Kopf des Penis erkennen, ob ein Mann kurz davor ist, zu kommen: er wird größer und runder und dunkler. Diese **sekundäre Erektion** findet nur ein paar Sekunden vor dem Samenerguss statt.

Die Körpersprache zu verstehen ist eine der schwierigsten Bestandteile der Technik des Intensiven Verlängerten Orgasmus, die es zu erlernen gibt. Mit ein wenig Übung werden Sie damit aber bald vertraut sein.

Wenn Sie sich dabei ertappen, sich zu überlegen, ob Sie Ihre Partnerin erregen oder mit den Handbewegungen aufhören sollen, haben Sie bereits Ihre erste Gelegenheit vertan, sie zu verlassen, bevor sie Sie verlässt. Ihre Aufmerksamkeit hat sich bereits von ihrem Körper in Ihren Kopf verlagert. Das ist aber normal für jemanden, der es einem anderen »macht«, und Sie sollten deshalb nicht zu hart mit sich ins Gericht gehen. Machen Sie ein Pause und reden Sie mit ihr. Sie können Ihrer Partnerin sogar sagen, dass Sie das Gefühl hatten, dass sie sich entfernte, und sie fragen, woran sie dachte. Das ist eine gute Frage, denn es besteht eine Verbindung zwischen Ihrer nachlassenden Aufmerksamkeit und dem, was sie spürt. Gewinnen Sie die Kontrolle in so einer Situation zurück, indem Sie laut sagen, dass die Partnerin bereits nicht mehr dabei ist. Auf diese Art können Sie ihr Vertrauen zurückgewinnen. Sie dürfen Ihrer Partnerin nicht vorwerfen, dass sie eine Zeit lang nicht ganz bei der Sache war. Sie dürfen nicht versuchen, sie zu erregen, wenn sie von sich aus herunterkommt – so würden Sie sich selbst bekämpfen. Noch einmal: Nichts ist verloren, und Sie können noch alles retten, wenn Sie die Situation akzeptieren, so wie sie ist, und Ihrer Partnerin mitteilen, was Sie fühlen.

Peaking – kurz vor dem Moment aufhören, bevor der Partner das möchte – überzeugt diesen davon, dass Sie ihm seine ganze Aufmerksamkeit schenken, und macht es ihm leichter, Ihnen seinen Orgasmus zu überlassen. Wenn Sie ein fortgeschrittener »Macher« sind, wird das Peaking eine von vielen Möglichkeiten sein, bei Ihrem Partner einen intensiven Orgasmus hervorzurufen (andere Techniken sind reden, ihren Gefühlen zu trauen und diese zu vermitteln, den Körper des Partners zu beschreiben, entspannen, hinauszögern, Aufmerksamkeit und Absicht). Es sind aber nicht nur intensivere, sondern auch längere Orgasmen, die Ihr Partner dadurch erfährt – Sie können ihm helfen, zu spüren und bereits bei der ersten Berührung zu kommen, und viele Minuten oder sogar Stunden weitermachen.

Eine weitere Möglichkeit, einen Orgasmus zu verlängern, ist es, wenn Sie mit Ihrem Partner eine bestimmte Zeit vereinbaren, die Sie es ihm machen, die aber länger ist als das bisher Gewohnte. (Diese Technik ist nur dann zu gebrauchen, wenn Sie mit dem Partner vertraut sind und es ihm schon oft gemacht haben). Wenn Sie es ihm normalerweise für zehn Minuten machen, vereinbaren Sie mit ihm, dass es diesmal 15 oder 20 Minuten sein werden.

Geht das gut, können Sie es später 30 oder mehr Minuten versuchen. Sollten Sie es ihrem Partner länger machen, ist es besonders wichtig, dass Sie mit ihm kommunizieren. Vera und ich machen es uns meistens 15 Minuten. Manchmal machen wir es länger – in unseren einstündigen Vorführungen zum Beispiel –, und manchmal machen wir es nur ein paar Minuten lang. Wir empfehlen Ihnen, vor allem wenn Sie mit dem Machen erst beginnen, es kurz zu halten. Einige unserer Kursteilnehmerinnen haben ihre Partner aufgefordert, sie eine Stunde oder länger zu streicheln, zu massieren und zu reiben. Außer beide Partner sind in der Lage, während dieser Stunde gut miteinander zu kommunizieren und viele Pausen einzulegen, werden sowohl der »Macher« als auch die »Gemachte« sich einen großen Teil dieser Zeit geistig woanders befinden und nichts spüren.

Hinweise auf einen Orgasmus

Wenn eine Frau wirklich gut kommt, fühlen Sie es im Daumen, der am Scheideneingang liegt, und in Ihrem aktiven Finger. Sie hat starke Kontraktionen sowohl in ihrer Scheide als im After. Diese sind so zahlreich, dass Sie sie nicht zählen können.

Es ist möglich, dass sie ein Ziehen im Unterleib verspürt, was sich so ähnlich anfühlt, als würde eine Welle der Energie durch ihren Unterleib fließen. Die Kontraktionen kommen wellenförmig und können schwach bis ziemlich stark oder alles dazwischen sein. Diese Kontraktionen sind unfreiwillig; sie gehören zum Orgasmus und sollten nicht als Anspannung oder eine Art von Niederlage interpretiert werden. Es kann sein, muss aber nicht, dass aus der Scheide Körperflüssigkeit austritt.

Ihr aktiver Finger empfängt ihre Gefühle direkt von der Klitoris; das kann sich manchmal wie ein elektrischer Impuls anfühlen. Es ist möglich, dass sie Töne, die sich wie ein Stöhnen anhören, von sich gibt. Ihr Genitalbereich, ihr Gesicht und Ihr Nacken füllen sich mit Blut und schwellen an. Die Brustwarzen reagieren empfindlich auf Berührung, der Körper ist schweißüberströmt, Pulsschlag und Atemfrequenz steigen, Finger und Zehen spreizen sich. All das sind Hinweise auf einen Orgasmus, die zum Teil, aber auch alle bei ihr auftreten können. Männer äußern ebenfalls viele dieser körperlichen Reaktion auf einen Orgasmus, einschließlich der Kontraktionen im Penis und im Genitalbereich und dem Verlust von Samenflüssigkeit.

Den Partner herunterholen

Wir haben Ihnen viele Möglichkeiten gezeigt, wie Sie den Partner erregen und den Orgasmus verlängern können. Es ist aber genau so wichtig, dass Sie wissen, wie Sie ihn wieder herunterholen, da dieser Akt viel Vergnügen bereiten kann und Ihrem Partner dabei hilft, wieder in die Realität zurückzufinden, nachdem der sinnliche Trip vorüber ist.

Sie holen jemanden herunter mit der Absicht, das zu tun. Sie berühren ihn dabei langsamer und fester. Holen Sie eine Frau herunter, indem Sie Ihre Hand auf ihr Schambein legen und leichten Druck darauf ausüben. Holen Sie einen Mann durch einen festen Druck auf seinen Körper herunter: Bauch, Brust, Oberschenkel, Stirn, eigentlich überall, außer seinem Penis. Beginnen Sie mit einem leichten Druck und steigern Sie diesen, wenn es der Partner wünscht. Wenn Sie in Ihren Händen immer noch Kontraktionen spüren, handelt es sich dabei um einen Orgasmus, den der Partner sowohl auf dem Weg nach unten als auch auf dem Weg nach oben gehabt haben sollte. An diesem Punkt möchten Sie Ihren Partner vielleicht durch gezielte Handbewegungen erneut erregen und anschließend festen Druck ausüben, mit dem Sie ihn eine Ebene weiter nach unten holen. Sie dürfen Ihren Partner auf dem Weg nach unten ohne weiteres wiederholt erregen, obwohl das die meisten Leute nicht tun, da sie ein Vorurteil gegenüber dem »Runter« im Gegensatz zum »Rauf« haben. Einige stoppen sogar ganz und gar, wenn ihr Partner auf dem Weg zurück ist – dabei geht ihnen aber eine Menge Spaß verloren. Natürlich wird Ihrem Partner nichts Schlimmes passieren, wenn Sie aufhören, bevor er ganz unten ist. Nachdem eine Person einen Intensiven Verlängerten Orgasmus erfahren hat, ist sie in der Lage, problemlos zu funktionieren, vielleicht sogar besser als gewöhnlich. Sie fühlt sich erfrischt, sieht wunderbar aus, strahlt und fühlt sich einfach glorreich.

Wenn Sie eine Person herunterholen, die einen verspannten Orgasmus hatte – zum Beispiel ein Mann, der ejakulierte – werden Sie die Erfahrung machen, dass diese nicht möchte, dass ihre Genitalien nach dem Orgasmus berührt werden. Je entspannter der Orgasmus war, desto länger können Sie eine Person berühren.

Eine wunderbare Möglichkeit, um eine Frau herunterzuholen, bietet die **Hochzieh-Technik** (siehe Abbildung 4). Stecken Sie ihren Ring- und Mittelfinger unterhalb des Schambeins in ihre Vagina. Spreizen Sie die beiden Finger, damit Sie nicht die Harnröhre berühren und ziehen Sie sie gleichzeitig nach oben, in Richtung Bauch der Frau, während Sie mit der Handfläche Ihrer aktiven Hand auf das Schambein drücken.

Sie können diese Position für ein paar Sekunden aufrechterhalten, manche Frauen haben dabei starke Kontraktionen. Führen Sie diesen Handgriff aber nur aus, wenn es Ihre Partnerin erlaubt, dass Sie in ihre Scheide eindringen.

Nachdem Sie Ihre Partnerin auf eine funktionelle Ebene

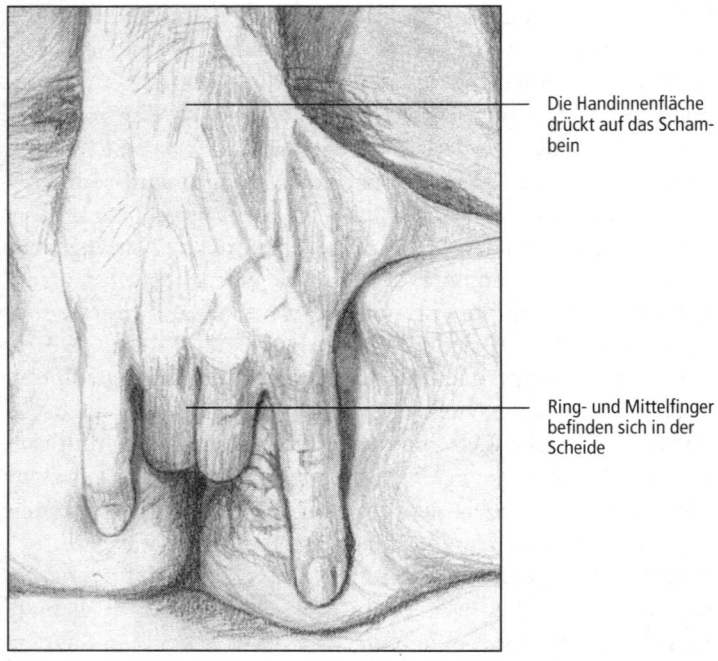

Die Handinnenfläche
drückt auf das Scham-
bein

Ring- und Mittelfinger
befinden sich in der
Scheide

Abbildung 4: Der Hochzieher

zurückgebracht haben, können Sie den Orgasmus mit einer wunderbaren Zeremonie beenden. Wir verwenden dafür gerne einen weichen Waschlappen. Beginnen Sie am Perineum, und bewegen Sie den Waschlappen bei mittlerem bis festen Druck (abhängig davon, was Ihr Partnerin bevorzugt) langsam nach oben. Führen Sie den Waschlappen an den inneren Schamlippen entlang und schließlich über die Klitoris und ihre Vorhaut.

Sie wird wahrscheinlich ein paar weitere Kontraktionen haben, vor allem, wenn Sie über die Klitoris streichen. Die Klitoris hat sich wahrscheinlich schon wieder unter ihre Vorhaut zurückgezogen und ist weniger angeschwollen. Wischen Sie das noch vorhandene Gleitmittel weg oder ejakulieren Sie. Wir haben Leute gekannt, die gerne mit einem in warmes Wasser getauchten Waschlappen beginnen und anschließend einen trockenen verwenden. Das ist nicht notwendig, kann aber auch viel Spaß machen.

Sie können auf diese Art natürlich auch einen Mann verwöhnen. Die meisten Männer, mit denen wir gesprochen haben, bevorzugen es, wenn die Frauen mit dem Waschlappen nach dem Samenerguss am Penis nur ein wenig tupfen und nicht daran reiben oder streicheln, wie wir es bei den Genitalien der Frau beschrieben haben.

Wie weit Sie jemanden, den Sie gemacht haben, herunterholen, hängt davon ab, wer es ist und was diese Person als Nächstes tun wird. Wenn es sich dabei um jemanden handelt, der anschließend in die Arbeit geht, dann ist es angebracht, diese Person ganz herunterzuholen. Manche Frau mag es, noch eine Weile oben zu bleiben, nachdem sie gemacht wurde, und wenn es die Umstände erlauben, sollten Sie ihr das auch gewähren. Beenden Sie für sich die Handlung, nachdem Sie sie mit dem Waschlappen verwöhnt haben. Manchmal möchte sie auch runterkommen, indem sie mit Ihnen Geschlechtsverkehr hat (die Zeit nach dem Machen ist für den Geschlechtsverkehr geradezu ideal), oder erst, nachdem sie es Ihnen gemacht hat. Ein weitere ausgezeichnete Möglichkeit, nach einem Orgasmus herunterzukommen, ist es, etwas zu essen – es schmeckt selten besser als nach einem tollen Orgasmus.

Wir haben Ihnen eben ein paar wichtige Techniken des Intensiven Verlängerten Orgasmus verraten. Bauen Sie davon so viele wie möglich in Ihre Übungen mit ein, und denken Sie daran, einige der Abschnitte noch einmal zu lesen, wenn es darum geht, wie Sie Ihre Hände positionieren und wie Sie ihren Partner richtig machen. Je öfter Sie es machen, umso leichter wird es Ihnen von der Hand gehen. Im nächsten Kapitel sprechen wir darüber, wie Sie Ihren Partner »trainieren«, und verraten Kommunikationstechniken, die Ihnen dabei helfen, das Machen noch lustvoller zu gestalten.

8.

Training und Kommunikation

Vera, die in Belgrad und Salzburg aufwuchs, zog nach New York, als sie sechzehn Jahre alt war, und heiratete das erste Mal mit Zwanzig (einen Schauspieler). Ihre Großmutter – die erste Rechtsanwältin in Serbien – schenkte ihr zur Hochzeit ein Buch: *Wie man einen Pudel trainiert.* Ihre Großmutter hatte fast ihr Leben lang Pudel, aber weder Vera noch ihr Ehemann hatten einen Pudel, auch keinen anderen Hund. Dennoch beinhaltete das Buch etwas, woraus Vera lernen konnte: Sei es nun ein Hund oder ein Liebhaber, den man trainieren will – man geht in beiden Fällen am besten so vor, dass man deutlich sagt, was man will. Gutes Verhalten wird belohnt, und man sollte niemals ärgerlich werden, wenn man möchte, dass er etwas Bestimmtes tut.

Ihr Training und das Ihres Partners ist ein wesentlicher Teil beim Erlernen der Technik von Intensiven Verlängerten Orgasmen. Wir haben Ihnen eben gezeigt, wie Sie es machen sollen. Nun sind Sie so weit, dass wir Ihnen einige Trainings- und Kommunikationsmittel vorstellen, die sehr wichtig für das Machen sind: Diese beinhalten das Training von Ursache und Wirkung, die Kunst, es gemacht zu bekommen, mitzuteilen, was Sie fühlen, auszudrücken, was Sie mögen, und Anweisungen direkt zu geben. Wir versorgen Sie auch mit Techniken, die Ihnen helfen, wenn Sie es einem Anfänger machen.

Die Kommunikation ist ein sehr wichtiger Teil beim Machen, da jedes Paar übereinstimmen muss – wem es gemacht wird und wer es ihm macht. Manchmal, wenn Sie genug Zeit haben, kann es Spaß machen, beides zu tun. Andererseits müssen Sie sich aber nicht jedes Mal erkenntlich zeigen. Wir kennen viele Paare, bei denen der Mann es der Frau viel öfter macht als sie ihm. Das gilt vor allem dann, wenn sie noch üben. Manchmal macht die Frau es dem Mann nie, hat aber, nachdem er es ihr eine Weile gemacht hat und sie erregt ist, Geschlechtsverkehr mit ihm. Wichtig dabei ist immer, dass es beiden Vergnügen bereitet.

Ursächliches Training

Weiter vorne im Buch haben wir Ihnen gezeigt, wie Sie Ihren Körper trainieren können. Nun sind Sie so weit, dass Sie lernen, wie Sie Ihren Partner trainieren können. In diesem Abschnitt stellen wir Ihnen einige Techniken zur Verfügung, die bei vielen unserer Kursteilnehmer zum Erfolg geführt haben. Diese beinhalten Tipps, wie Sie es schaffen, dass sich Ihr Partner sicher und in guten Händen fühlt. Ziel ist es, herauszufinden, wie und wo Ihr Partner gerne berührt wird. Die beschriebenen Techniken gelten sowohl für den Mann als auch für die Frau. (Wenn Sie nicht bereits Kapitel 3 – Ursache und Wirkung – gelesen haben, dann sollten Sie das unbedingt jetzt tun, oder es auch einfach nur noch einmal wiederholen, bevor Sie diese Techniken ausprobieren.)

Wenn Sie jemanden machen, ist es immer gut, wenn Sie dieser Person ein Gefühl der Sicherheit und Geborgenheit vermitteln. Als Macher ist es Ihr ultimatives Ziel, dass der Gemachte sein Nervensystem ohne Angst Ihnen überlässt. Sie erreichen das, indem Sie die Umgebung so gestalten, dass Ihr Partner sich entspannen kann und erkennt, dass er es mit jemandem zu tun hat, der in jeder Situation weiß, was er tun soll.

Sie erreichen das, indem Sie mitteilen, was Sie tun werden, bevor Sie es tun.

So sagen Sie zum Beispiel, bevor Sie Ihren Partner berühren oder die Hände von seinem Körper wegnehmen, was Sie als Nächstes vorhaben. Sie teilen ihm bereits im Voraus mit, dass Sie sich um alle Störungen, die auftreten könnten – wie etwa ein klingelndes Telefon oder ein Klopfen an der Tür – kümmern werden. Lassen Sie Ihren Partner wissen, dass Sie für ihn da sind und er nur entspannt da zu liegen hat und seinen Körper spüren soll. Sagen Sie ihm, dass er auf Fragen nur mit »ja« oder »nein« antworten kann und dass er, wenn er einen Wunsch hat, diesen äußern soll.

Um herauszufinden, wie Ihr Partner gerne berührt wird, müssen Sie Fragen stellen. Da Sie ihn aber durch die Fragerei ablenken könnten, sollten die Fragen einfach zu beantworten sein. Gute Fragen sind zum Beispiel:

- »Soll ich ein bisschen fester drücken?«
- »Soll ich ein wenig weiter links berühren?«
- »Möchtest du es langsamer haben?«

Stellen Sie keine Fragen, auf die mehrere Antworten möglich sind oder die eine längere Antwort erfordern, da Ihr Partner zu lange darüber nachdenken müsste. Darüber hinaus sollten Ihre Fragen so formuliert werden, dass eine »positive« Antwort zu erwarten ist. »Magst du das?« oder »Fühlt sich das gut an?« sind keine guten Fragen, da die Person darauf mit einem »Nein« antworten und Sie daraufhin verletzt reagieren könnten. Ihr Partner weiß das und sagt deshalb, aus Rücksicht auf Ihre Gefühle, nicht die Wahrheit. Von nun an ist die ganze Angelegenheit verfahren. Stellen Sie einfache Fragen, die ehrlich beantwortet werden können, damit die gemachte Person in ihren Gefühlen und Gedanken nicht gestört wird und die Fragen ehrlich beantworten kann.

Ändern Sie die Handbewegung nicht, außer Ihr Partner

stimmt zu. Handeln Sie nie abrupt, sondern gehen Sie in kleinen Schritten vor. Schließlich ist Ihnen ja daran gelegen, dass Ihr Partner Vertrauen zu Ihnen hat. Deshalb sollten Sie alles vermeiden, wodurch Sie ihn überraschen oder beunruhigen könnten. Wenn Sie ihn zum Beispiel fragen, ob Sie fester drücken sollen, und die Antwort »ja« ist, dann erhöhen Sie den Druck nur ein wenig und fragen wieder, ob Sie noch fester drücken sollen. Setzen Sie dieses Frage-und-Antwort-Spiel so lange fort, bis die Antwort darauf nein ist. An diesem Punkt angelangt, fragen Sie, ob Sie den Druck verringern sollen. Wenn Ihr Partner darauf mit »nein« antwortet, wissen Sie, dass Sie es genau richtig machen. Fragen Sie so lange, bis die Bewegung stimmt.

Wenn Sie nun wissen, welchen Druck Sie ausüben sollen, können Sie dazu übergehen, herauszufinden, wie schnell und wie lang die Bewegung sein soll, und wo genau der Partner die Berührung wünscht. Gehen Sie dabei aber auch in kleinen Schritten vor. In der Zeit, in der Sie es Ihrem Partner machen, wird sich ändern, wie er es gemacht haben will. Das bedeutet natürlich, dass Sie die Kommunikation immer aufrechterhalten müssen. Wenn Ihr Partner im Moment damit zufrieden ist, wie Sie es tun, heißt das nicht, dass er es nicht schon ein wenig später anders haben möchte.

Es kommt vor, dass Sie Ihrem Partner eine Ja-oder-Nein-Frage stellen. Und Sie merken, dass dieser nicht ganz sicher ist, ob er es möchte, dass Sie die Handbewegung ändern. Das geschieht häufiger bei jemandem, dem es noch nicht oft gemacht wurde, kann aber auch mit jedem anderen passieren. In diesem Fall machen Sie einfach mit der momentanen Bewegung weiter und stellen eine andere Frage.

Wir raten Ihnen, bereits vorher festzulegen, wie lange das Training dauern soll. Sie können sich auf zehn oder fünfzehn Minuten einigen, oder auf die Länge eines bestimmten Musikstücks. Wenn die Zeit vorüber ist, informieren Sie Ihren Partner. Sollten Sie beide eine Verlängerung wünschen, dann ist das auch in Ordnung.

Sie können am Anfang des Trainings auch Körperstellen am Partner auswählen, über die man offener spricht als über die Genitalien. Das ist eine gute Methode, um bei Personen Hemmungen zu überwinden. Indem sie ihre Empfindungen bei der Berührung weniger heikler Stellen schildern, wird es ihnen möglich sein, später auch über ihre Genitalien zu sprechen. Lassen Sie Ihren Partner den Körperteil und die Grenzen festlegen, wo er berührt werden möchte. Eine Möglichkeit ist zum Beispiel der linke innere Oberschenkel, vom Knie bis etwa drei Zentimeter unterhalb der Schamhaare. Sie stellen hier die gleichen Fragen und nehmen immer nur kleine Veränderungen vor. Denken Sie daran, Ihrem Partner zu sagen, dass Sie nun mit der Berührung beginnen werden, und auch, wenn Sie die Hände wieder wegnehmen, zusammen mit all den anderen Informationen, die ihm helfen werden, dass er sich gut behandelt fühlt.

Wenn Sie mit Ihrem Partner vertraut sind und Übung im Machen haben, werden Sie ihm nicht ständig Fragen stellen müssen. Sollten Sie aber das Gefühl haben, dass Sie ihn etwas fragen möchten, dann tun Sie das, ohne zu zögern. Obwohl Sie später, wenn Sie beide aufeinander eingestimmt sind, nicht mehr so viel fragen werden, sollten Sie trotzdem die Kommunikation nie ganz abreißen lassen. Und da Sie ja ein Künstler im Machen sind, werden Sie Ihrem Partner auch alle Zeichen der Erregung und des Orgasmus schildern, die Sie bei ihm wahrnehmen, und darüber sprechen, was Sie und ihn anturnt.

Absichtlich vereinbarte Trainingseinheiten sind die beste Möglichkeit, um herauszufinden, wie Ihr Partner berührt werden möchte. Nachdem Sie diesen Abschnitt beendet haben, fahren Sie fort mit »Wirksames Training« – wenn Sie die Anweisungen, die Sie in diesen beiden Abschnitten erhalten haben, kom-

binieren, werden Sie viel schneller den Körper des Partners
kennen lernen.

Wirksames Training

Wenn Sie die im fünften Kapitel des Buches beschriebenen
sinnlichen Übungen am eigenen Körper ausprobiert haben und
nun wissen, wo und wie Sie berührt werden möchten, dann ist
es leicht, dem Partner beizubringen, Sie so zu berühren, wie Sie
es mögen. Hier eine einfache, geradlinige Methode, die wir unseren Kursteilnehmern empfehlen. Sie klappt überall und nicht
nur im Schlafzimmer, wo Sie jemanden darin unterrichten möchten, etwas für Sie zu tun.

Sie beginnen damit, dass Sie Ihrem Partner sagen, was Sie an
ihm mögen. Als Nächstes bitten Sie Ihren Partner darum, etwas zu tun, was nicht schief gehen kann. Bitten Sie ihn zum
Beispiel, ihren linken Fuß zu massieren. Anschließend bedanken Sie sich bei ihm dafür, dass er Ihren Wunsch erfüllt hat.
Zeigen Sie ihm Ihre Anerkennung, sobald er versucht, etwas
für Sie zu tun, auch wenn er sich nicht besonders anstrengt. Sagen Sie zum Beispiel: »Deine Hände fühlen sich gut an.«

Nun beginnen Sie den aus drei Schritten bestehenden Trainingszyklus:

Schritt 1: Sie beginnen damit, indem Sie Ihrem Partner etwas
Positives sagen. (»Ich freue mich, dass du zugestimmt
hast, es mir zu machen.«)

Schritt 2: Dann bitten Sie Ihren Partner um einen bestimmten
Gefallen. (»Ich hätte es so gern, wenn du meine Klitoris berührst.«)

Schritt 3: Bedanken Sie sich beim Partner, dass er Ihnen Ihren
Wunsch erfüllt hat.

Nehmen wir mal an, dass Ihr Partner nach Schritt zwei eher an Ihrem Nabel als an Ihrer Klitoris herumreibt. Sie fahren dennoch mit Schritt drei fort und finden etwas Positives zu sagen: »Danke, dass du mich berührst. Mir gefällt es, wie du das machst.«

Gleich darauf kehren Sie zum ersten Schritt zurück und finden etwas Positives, was Sie über Ihren Partner sagen können: »Deine Berührungen fühlen sich immer so gut an.« Danach können Sie ihn fragen: »Würdest du bitte ungefähr zwanzig Zentimeter weiter unten reiben?« Sobald sich die Hand des Partners in diese Richtung bewegt, teilen Sie ihm mit, dass er auf dem richtigen Weg ist, indem Sie zum Beispiel sagen: »Das fühlt sich wirklich gut an. Du hast meine Klitoris gefunden.«

Nehmen wir mal an, dass Ihr Partner jetzt zwar die Klitoris gefunden hat, aber nur an deren Vorhaut herumreibt. Beginnen Sie mit Schritt eins: »Du führst meine Anweisungen wirklich gut aus. Das fühlt sich toll an.« Zweiter Schritt: »Zieh meine Vorhaut zurück und reib direkt auf der Klitoris.« Dritter Schritt: »So ist es ganz toll.«

Sie verwenden diese drei Schritte so lange, bis Sie Ihr Partner genau dort und genauso, wie Sie es mögen, berührt. Schritt eins: »Deine Berührung fühlt sich so toll an.« Schritt zwei: »Ich möchte, dass du etwas Vaseline auf deinen Finger tust.« Schritt drei: »Du hast genau die richtige Menge genommen. Das Gefühl ist wunderbar. Ich spüre es sogar in meinen Beinen.« Wenn Sie mit dem Training fortfahren, wird Sie Ihr Partner genauso berühren, wie Sie es mögen. Es liegt an Ihnen, dass er es lernt ...

Obwohl diese Methode sehr effektiv ist und bei jedem zum Erfolg führt, haben viele Leute Schwierigkeiten damit, sie anzuwenden. Schwierigkeiten treten immer dann auf, wenn die Leute vergessen, dem Partner zu sagen, dass er es gut macht. Geben Sie immer nur eine Anweisung auf einmal. Sagen Sie nicht in einem Atemzug, dass Sie schneller und leichter oder fester und weiter links gerieben werden möchten. Jeder einzelne Schritt ist ein eigenständiger Satz. Sagen Sie zum Beispiel nicht: »Das ist ganz toll. Aber drück nicht so fest.« Sagen Sie: »Das ist toll«, und etwas später »Kannst du ein bisschen leichter drücken?« Später: »Das ist sogar noch besser.«

Sie haben vielleicht eigene Ideen, wie Sie Ihrem Partner mitteilen, dass er seine Sache gut macht. Aber vor und nach jeder Bitte sollte mindestens ein Lob ausgesprochen werden. Je mehr ein Mensch denkt, dass er eine Sache gut macht, umso bereiter ist er, die nächste Anweisung auszuführen. Wenn Sie die Art und Weise mögen, wie Sie Ihr Partner berührt, und Sie nichts anderes haben möchten, dann lassen Sie ihn das auch wissen. Sagen Sie ihm, dass es sich großartig anfühlt, dass seine Hände genau wissen, wie Sie berührt werden wollen, dass sich sein Finger auf Ihrer Klitoris perfekt anfühlt oder dass er mit dieser kurzen, fabelhaften Bewegung fortfahren soll …

Bevor diese Übung beginnt und der Partner, der die Rolle des Verursachers übernimmt, Sie berührt, können Sie ihm mit Ihren eigenen Händen vormachen, wo Sie gerne berührt werden möchten. Vergessen Sie dabei aber nicht, den Partner vor und nach dem Unterricht zu loben, also in Schritt eins und Schritt drei. Reden Sie so lange mit ihm, bis er wirklich verstanden hat, was Sie von ihm möchten. Die Person, die etwas vermitteln möchte, trägt die Verantwortung dafür, das dies auch beim Partner ankommt.

Wenn sowohl Sie als auch Ihr Partner über das ursächliche und wirksame Training Bescheid wissen, können Sie diese Übung und die vorhergehende gleichzeitig ausführen. Für beide Übungen empfehlen wir jedoch, dass Sie dem dreistufigen Trainingszyklus folgen, mit einem »neutralen« Teil Ihres Körpers beginnen und später erst die Genitalien berühren. Auf diese Weise werden Paare damit vertraut, über Sex zu sprechen. Wenn sie später ihre Genitalien berühren, wird es ihnen leichter fallen, darüber zu sprechen.

Das dreistufige Training können Sie in vielen Lebensbereichen anwenden. Bei Ihren Kindern, Ihren Angestellten oder Ihrem Chef, wenn Sie möchten, dass er Sie besser behandelt. Lob und Anerkennung kommen im Alltag meist zu kurz. Wenn Sie also diese einfache Technik in den Umgang mit anderen einbauen, werden Sie mehr erreichen und gleichzeitig Ihren Mitmenschen eine Freude machen.

Was man sagen kann

Es jemandem wirklich gut »zu machen« setzt voraus, dass Sie sich bei Ihren Handlungen auf die Gegenwart konzentrieren. Das bedeutet, dass Sie einen klaren Kopf haben müssen, frei von allen nicht zur Situation gehörenden Gedanken. Wenn Sie darüber nachdenken, dass Sie offene Rechnungen begleichen müssen, während Sie es der Frau machen, dann sind Sie mit Ihren Gedanken ganz offensichtlich nicht bei der Sache. Auch wenn Sie darüber nachdenken, was Sie als Nächstes tun werden oder wie gut Sie es machen, sind Sie mit den Gedanken bereits ganz woanders.

Konzentrieren Sie sich beim Machen ausschließlich auf den Orgasmus Ihres Partners und Ihre momentanen Gefühle, dann werden Sie auch gut sein.

Eine Unterhaltung ist eine gute Möglichkeit, sich auf das zu konzentrieren, was man gerade tut. So lange Sie darüber reden, was Sie tun, was Sie fühlen und was Sie an Ihrem Partner bemerken, gehört Ihre Aufmerksamkeit der momentanen Situation. In manchen Zen-Klöstern müssen die Mönche ein Schweigegelöbnis ablegen, bevor man sie aufnimmt; wir verlangen von Ihnen ein Redegelöbnis.

Wenn Sie es einer Frau machen, ist es für Sie beide erregend, wenn Sie beschreiben, welche Veränderungen Sie an ihr feststellen, einschließlich die Farbe oder das Anschwellen Ihrer Genitalien.

- »Deine Schamlippen haben eine schöne, leuchtende, blutrote Farbe angenommen.«
- »Deine Schamlippen und deine Klitoris sind doppelt so groß wie am Anfang.«
- »Ich spüre, wie deine Klitoris runder und weicher wird.«
- »Deine Klitoris schaut unter der Vorhaut hervor. Sie sieht sehr schön aus und macht mich an.«
- »Ich spüre, wie deine Klitoris härter wird.«

Das sind nur Beispiele dafür, was Sie sagen könnten. Und je öfter Sie es machen, desto schneller entwickeln Sie Ihren eigenen Stil und Ihre eigenen »witzigen Sprüche«. Jedes Kompliment, das Sie ihr machen – wie schön sie ist oder wie gut sie riecht –, wird sie ebenfalls erregen.

- »Dein Gesicht strahlt und ist so wunderschön.«
- »Deine Ausstrahlung ist bezaubernd und aufregend.«
- »Es fühlt sich für meine Hände so gut an, wenn sie dich berühren.«
- »Ich fühle dich in meinem Penis, und das fühlt sich toll an.« (Aber nur, wenn es stimmt!)
- »Du machst meinen Penis hart. Woran denkst du?«
- »Deine Scheide riecht fantastisch!«

Wenn Sie eine positive Veränderung an ihr feststellen, ist es gut, wenn Sie es ihr sagen:

- »Ich sehe, wie es nass aus deiner Scheide herausläuft.«
- »Deine Kontraktionen werden immer stärker.«
- »Ich sehe, wie sich deine Muskeln im Bauch zusammen ziehen.«

Für Männer ist es nicht so wichtig, dass sie hören, wie toll ihre Penisse aussehen. Aber Sie hören es gerne, wenn man ihnen sagt, wie sehr sie ihre Partnerin erregen und wie viel Spaß es dieser macht, den Penis anzufassen.

Wenn Sie Ihre Partnerin dahingehend beeinflussen können, dass sie Ihnen sagt, wie viel Vergnügen sie empfindet, und dies so genau wie möglich beschreibt, ohne zu stark darüber nachdenken zu müssen, wird sie offener für weitere Vergnügen, die Sie ihr bereiten werden. Wenn Ihre Partnerin darüber spricht, was sie empfindet, wird auch sie mit ihren Gedanken ganz bei der Sache sein. Sie können, abwechselnd mit ihr, ebenfalls Ihre Gefühle schildern. In unserer modernen Gesellschaft werden die Gefühle oft unterdrückt und bleiben unausgesprochen. Und das gilt vor allem dann, wenn es sich um Sex handelt. Zuzugeben, was einem gefällt, bringt dem am meisten, der es tut (obwohl es auch schön ist, wenn man hört, dass man etwas gut macht). Da wir aber nur selten gelobt werden, tun wir es auch nicht oft. Auch wenn Sie derjenige sind, der gemacht wird, und es Ihrem Partner egal ist, ob Sie ihm sagen oder nicht, wie toll es ist, was er tut, sagen Sie's trotzdem, Sie werden davon profitieren, garantiert.

Anerkennen, was im Moment ist, hindert uns daran, eine gegenwärtig schöne Sache (zum Beispiel einen Orgasmus) mit etwas zu vergleichen, was in der Vergangenheit stattfand. Vergleiche binden uns an die Vergangenheit, da sie ihre Aufmerksamkeit auf das lenken, was war, und nicht auf das, was ist. Sie müssen aber in der Gegenwart bleiben, wenn Sie wirklich Vergnügen verspüren möchten. Es ist in Ordnung, wenn Sie Orgasmen vergleichen, nachdem der gegenwärtige vorbei ist. Wenn Sie das aber tun, während Sie gerade einen haben, verhindern Sie, dass das Gefühl noch intensiver werden könnte.

Wir haben die Erfahrung gemacht, dass durch Lob und direkte Anweisungen Leute immer noch ein wenig mehr erregt werden können. Sagen Sie Ihrem Partner, dass sich seine Gefühle auf Ihre Finger übertragen und dass Sie möchten, dass er noch mehr spürt. Sobald Sie merken, dass seine Erregung steigt, sagen Sie ihm, dass Sie es ebenfalls spüren. Sagen Sie ihm: »Du fühlst dich toll an.« Anschließend können Sie ihm sagen: »Versuch, ob du noch ein wenig höher kommst« oder »Das fühlt sich so gut an«.

Wenn Sie merken, dass sich Ihr Partner verkrampft, sagen Sie »Entspanne dich«, »Überlass dich ganz mir« oder »Press ein wenig, und entspanne dich dann«. Schon allein dadurch, dass Sie ihm Anweisungen geben, tragen Sie zu seiner Entspannung bei.

Zwei Anweisungen, die wir unseren Fortgeschrittenen mitgeben, die einen Orgasmus haben, sind »Füll den Raum mit deinem Orgasmus«. Sie können Ihrem Partner erklären, dass er nichts anderes tun muss, als auf die Erklärungen zu hören. Die gemachte Person muss sich nicht anstrengen, sondern nur zuhören. Der Körper reagiert für gewöhnlich durch ein intensiveres Gefühl und einem stärkeren Orgasmus. Wie wir früher im Abschnitt »Ursächliches Training« gesagt haben, ist der Erfolg größer, wenn Sie zusätzlich zu den Anweisungen Ihrem Partner mitteilen, was Sie tun werden, bevor Sie es tun.

Wenn Sie den Körper Ihres Partners massieren, sollten Sie Ausdrücke wie »Hoppla« oder »Ups« vermeiden, wenn Sie eine nicht beabsichtigte Bewegung ausgeführt haben. Geben Sie Ihrem Partner immer das Gefühl, dass Sie das genau so haben wollten, damit er sich sicher und in guten Händen fühlt. Wenn er glaubt, dass Sie wissen, was Sie tun, kann er all seine Energie in seine Gefühle und seinen Orgasmus investieren. Jeder Zweifel daran, dass der Macher weiß, was er tut, führt dazu, dass der Partner Energie vom Orgasmus auf seinen Selbstschutz umlenkt.

Wenn unsere Kursteilnehmer Schwierigkeiten haben, sich zu

konzentrieren, weil sie Probleme mit in das Schlafzimmer mitbringen, sagen wir ihnen, dass sie diese in eine Tüte packen und außerhalb des Raums stehen lassen sollen. Nachdem sie fertig sind damit, was sie im Schlafzimmer getan haben, können sie die Tüte wieder an sich nehmen, niemand wird sie in der Zwischenzeit stehlen. Wenn Sie dazu nicht in der Lage sind, müssen Sie sich, bevor Sie die Technik des Intensiven Verlängerten Orgasmus erlernen, zuerst um Ihr Problem kümmern. Sollten Sie während eines sexuellen Zusammenseins mit einem Partner merken, dass Sie nicht bei der Sache sind, machen Sie eine Pause, und reden Sie. Sie können ziemlich sicher sein, dass der Partner sich mit seinen Gedanken auch woanders befindet. Wenn Sie vor dem Partner wieder in die Gegenwart zurückkehren können, wird dieser gar nicht bemerkt haben, dass Sie abwesend waren, und es zu schätzen wissen, dass Sie es so schnell geschafft haben, ihn wieder seine Gefühle spüren zu lassen.

Sie werden in dieser Situation feststellen, wie wichtig die Kommunikation beim Machen und Erfahren großartiger Orgasmen ist. Um den größten Gewinn aus einem sinnlichen Beisammensein mit dem Partner zu ziehen, ist es wichtig, vor, während und nach dem Machen zu sprechen.

Pausen bieten Ihnen während eines sexuellen Beisammenseins eine Gelegenheit, mit Ihrem Partner zu sprechen und so immer wieder einen Kontakt herzustellen. Wie viel und worüber Sie sprechen, hängt von der Länge der Pause ab.

Es verstärkt die Erfahrung, über das Machen zu sprechen, nachdem es vorbei ist. Hier ist der Zeitpunkt, wo die Äußerung einer Anerkennung besonders wichtig ist, da Sie sich an die Gefühle wieder erinnern und diese sogar zum Teil wieder erwecken können. Es ist auch eine gute Zeit, den Orgasmus zu beurteilen und Ihre Dankbarkeit für das Erlebte auszusprechen. Sie können sich darüber austauschen, was Ihnen während des sexuellen Beisammenseins am besten gefallen hat und was Sie das nächste Mal tun können, um es noch besser zu machen.

Sie können sich alles Mögliche ausdenken, wie Sie Ihren Partner streicheln werden. Die besten Orgasmen kommen jedoch durch unkomplizierte, einfache, beständig ausgeführte Bewegungen zu Stande. Wenn Sie das Gefühl haben, dass Sie komplizierte Handbewegungen machen müssen, um den Partner zu erregen, dann liegt das wahrscheinlich an der Unsensibilität des Partners. Machen Sie sich stattdessen klar, dass die einzige Zeit, die existiert, die Gegenwart ist. Wenn Sie dem Partner mitteilen, was Sie an ihm bemerken, ihm Anerkennung aussprechen, ihn auffordern, seine Gefühle zu äußern und direkte Anweisungen geben, reicht es, einfache Handbewegungen auszuführen. Das Ergebnis wird aber nicht einfach, sondern toll sein.

Es gemacht bekommen

Es jemandem zu machen ist eine Kunst, einen Intensiven Verlängerten Orgasmus zu haben ebenfalls. Um so viel wie möglich zu spüren, müssen Sie sehr entspannt sein. Sie müssen Ihre Gefühle mitteilen und Ihr Nervensystem dem Partner überlassen.

Eine der wichtigsten Aufgaben des »Gemachten« ist es, dass er die Einzigartigkeit seines Körpers und seiner sexuellen Erfahrungen zu schätzen lernt.

Wir hatten es schon mit vielen Genitalien zu tun. Keine gleicht der anderen. Und jeder kommt anders. Zu denken, dass Sie für einen Intensiven Verlängerten Orgasmus nicht geeignet sind, weil Ihre Genitalien anders aussehen oder weil Sie anders kommen als andere, ist unsinnig und unrealistisch. Der beste Orgasmus ist der, den Sie spüren. Wenn Sie sich mit einer anderen Person vergleichen und diese zum Standard erklären, dann werden Sie mit Sicherheit unglücklich werden. Die Tatsache, dass jemand einen großen Penis oder eine große Klitoris hat, bedeutet nicht, dass er oder sie auch bessere Orgasmen hat. Wenn Ihr Penis oder Ihre Klitoris klein ist, heisst das umgekehrt auch nicht, dass Sie nicht gut kommen können. Sie schaden sich auch damit, wenn Sie einen gegenwärtigen Orgasmus mit einem vergangenen, in Ihrer Erinnerung als besonders schön verankerten Orgasmus vergleichen. Jeder Orgasmus ist anders. Damit Sie am meisten fühlen, müssen Sie Ihre Aufmerksamkeit auf die Empfindungen lenken, die Sie jetzt verspüren.

Denken Sie daran, dass die Konzentration auf die Gefühle in den Genitalien das Wichtigste ist. Es ist in Ordnung, wenn Sie während des Orgasmus klagen und stöhnen, aber das ist nicht das Wichtigste. Wir haben Frauen kennen gelernt, die sich aufgeführt haben, als hätten sie den größten Orgasmus aller Zeiten. Die Empfindungen, die sie hatten, waren jedoch minimal. Fortgeschrittene Partner beim Intensiven Verlängerten Orgasmus stöhnen, weil sie das Gefühl in der Kehle mögen, und nicht deshalb, weil Sie einen anderen davon überzeugen wollen, dass Sie einen Orgasmus haben.

Nach der Teilnahme an der Vorführung eines Intensiven Verlängerten Orgasmus haben viele unserer Kursteilnehmerinnen so reagiert, dass sie selbst gerne einen Orgasmus gehabt hätten. Sie fragen uns, wie lange es wohl dauern wird, bis Sie selbst einen haben, und wie sie es am besten anstellen sollten. Es gibt keine bestimmte Zeitvorgabe. Einige Frauen haben leichter einen Orgasmus als andere, und einige Frauen leisten mehr Widerstand als andere. Wir haben noch nie eine Frau kennen gelernt, die keinen Orgasmus hatte, wenn sie masturbierte oder es ihr gemacht wurde. Die Techniken, die wir lehren, ermöglichen es jeder Frau, einen Orgasmus zu haben, aber nur etwa 30 Prozent aller Frauen haben einen Orgasmus während des Geschlechtsverkehrs. Und noch weniger Frauen haben jedes Mal einen Orgasmus, wenn sie Sex haben.

Wenn Sie bisher keine Orgasmen haben konnte oder deren Intensität steigern möchten, ist es der erste Schritt, dass Sie die Gefühle und Empfindungen, die Sie im Moment haben, akzeptieren. Setzen Sie sich kein Ziel, und hoffen Sie nicht auf einen großen, explosionsartigen Orgasmus am Ende einer sinnlichen Erfahrung. Der nächste Schritt besteht darin, Ihren Körper kennen zu lernen. Den besten Weg, um das zu erreichen, haben wir im fünften Kapitel im Abschnitt »Sinnliche Übungen« vorgestellt. Wenn Sie einmal wissen, wie und wo Sie gerne berührt werden, können Sie Ihren Partner darin unterrichten.

Viele unserer Kursteilnehmerinnen bezweifeln, dass sie einen Intensiven Verlängerten Orgasmus haben können, und weigern sich deshalb, den verkrampften Orgasmus aufzugeben, den sie kennen. Wir hoffen, dass das Sexualleben jedes Einzelnen durch Intensive Verlängerte Orgasmen bereichert wird. Da es sich aber unterschiedlich anfühlt, ob man einen Orgasmus im entspannten oder verkrampften Zustand hat, mag eine Frau zuerst vielleicht denken, dass die Intensität des Orgasmus schwächer wurde. Wenn sie dieses Gefühl hat, raten wir ihr, nicht aufzugeben und diese neue Art des Orgasmus noch einmal zu versuchen. Wir erinnern sie daran, sich noch mehr zu entspannen und ihrem Körper zu vertrauen. Wir erinnern sie auch daran, dass sie diese neue Art zu kommen üben muss.

Sich zu entspannen ist eine der wichtigsten Voraussetzungen für einen Intensiven Verlängerten Orgasmus. Wenn Ihr Körper angespannt ist, ist der Zufluss von Blut in die Genitalien behindert, und weniger Blut und Sauerstoff gelangen in die Nerven und Muskeln, die am Orgasmus beteiligt sind. **Drücken** ist eine Technik, um zu entspannen, und sie wurde schon von vielen Frauen und sogar einigen Männern angewandt. Dabei handelt es sich im Prinzip um das Herausdrücken (Öffnen) der

Schließmuskeln, wie Sie es beim Urinieren oder Stuhlgang tun. Frauen üben diese Technik, indem sie eine kleine, saubere Plastikflasche in ihre Scheide stecken und diese herausdrücken. Sie müssen nur ein paar Sekunden lang drücken und können dann wieder entspannen. Machen Sie diese Übung am besten in der Toilette, da Sie vielleicht urinieren müssen. Manche Leute legen unter ihren Po ein großes Handtuch. Wenn Sie diese Technik des Herausdrückens einmal beherrschen, wird sich Ihr Körper automatisch entspannen, wenn Sie es tun. Immer wenn Sie verspannt sind, drücken Sie, und Sie werden sich entspannen.

Das Drücken wirkt sich auch günstig auf den Geschlechtsverkehr aus. Im Normalfall wölben sich die Scheidenwände im erregten Zustand nach außen, so dass die Scheide kürzer wird. Das kann zur Folge haben, dass der Penis an der Gebärmutter anstößt, was nicht nur unangenehm, sondern häufig auch schmerzhaft ist. Durch das Herausdrücken der Schließmuskeln wird das verhindert, weil sich dadurch die Scheidenwände zurückziehen und den Penis wieder von allen Seiten umschließen. Das fühlt sich viel angenehmer an. Die Öffnung in die Scheide erweitert sich ebenfalls, so dass der Penis davon nicht so fest umschlossen ist.

Ein weiterer wichtiger Aspekt beim Erlernen des Intensiven Verlängerten Orgasmus ist die genaue Kenntnis der Klitoris. Was immer Freud auch behauptete, jeder Orgasmus geht von der Klitoris aus. Wie wir bereits in vorhergegangenen Kapiteln wiederholt gesagt haben, ist das obere linke Quadrat der empfindlichste Teil an der Klitoris. Wenn Sie einmal mit diesem Punkt und mit der Klitoris insgesamt vertraut sind, können Sie diese mit dem Rest der Körpers verbinden, indem Sie die »Verbindungs-Übungen« aus Kapitel 5 anwenden. Auf diese Art wird es Ihnen gelingen, einen Ganzkörperorgasmus zu haben. Einige Frauen beschreiben einen Intensiven Verlängerten Orgasmus als ein Gefühl, als würde elektrischer Strom durch ihren

Kopf eintreten und über die Genitalien, Finger und Zehen wieder abfließen; andere sagen, dass der Orgasmus aus der Klitoris entspringt und sich von da aus ausbreitet, hinunter in die Beine, hoch in den Bauch und weiter.

Machen Sie sich keine Gedanken darüber, wie gut Sie dabei sind oder wie gut Sie einem Vergleich mit anderen standhalten. Das wird sich nur negativ auf Ihren Orgasmus auswirken. Je mehr Aufmerksamkeit Sie nur Ihrem Gefühl widmen, desto mehr werden Sie fühlen. Wenn Fantasien angenehm sind, dann tun Sie's. Über die Lustgefühle zu sprechen, die Sie empfinden, hilft Ihnen ebenfalls dabei, Sie auf die nächste Ebene zu bringen.

So lange Sie üben, sollten Sie jeden Orgasmus, den Sie haben, gutheißen und sich daran erinnern, dass Ihr einziges Ziel der unmittelbare Lustgewinn ist. Es ist genauso, als wäre es Ihr Ziel, in einem großen Opernhaus aufzutreten: Die einzige Möglichkeit, wie Sie das schaffen werden, heißt üben, üben, üben. Wenn Sie es sich oft selbst machen und es oft gemacht bekommen, werden Sie auf diesem Gebiet Meister werden. Wir haben einige Frauen gekannt, die, um für einen Intensiven Verlängerten Orgasmus zu trainieren, zehnmal am Tag einen Orgasmus hatten. Natürlich ist es nicht die Quantität alleine, die einen Orgasmus besser macht. Sie müssen den Wunsch haben, große Lust zu empfinden, und es muss in Ihrem Leben ei-ne wichtige Stellung einnehmen. Die Berührung, die bei einer Frau einen Intensiven Verlängerten Orgasmus bewirkt, kann bei einer anderen gar keine Reaktion auslösen. Obwohl es die gleiche Bewegung ist, können Sie eine Frau damit zum Schweben bringen, eine andere kann kaum kriechen. Der wahre Unterschied zwischen diesen Frauen ist Verlangen, Bereitschaft und Training. Wir haben andere Frauen kennen gelernt, die einen guten Orgasmus hatten, diesen aber nicht fühlen konnten. Ihre Körper haben wunderbar funktioniert, konnten sich aber nicht mit ihren Gehirnen verbinden. Nachdem sie ein wenig geübt haben, waren sie in der Lage, die beiden zu verbinden und sensationelle Lust zu verspüren.

Je höher der Stellenwert ist, den eine Frau oder ein Mann dem Vergnügen einräumen, umso mehr werden sie fühlen. Wenn aber im Gegensatz hierzu beim Machen oder Gemachtwerden der Erfolg Ihr ultimatives Ziel ist, werden Sie sich immer weiter vom Vergnügen an der Sache entfernen. Der Erfolg beim Orgasmus kommt mit der Übung, das Ziel des Übens muss aber das unmittelbare Vergnügen und nicht ein großartiger zukünftiger Orgasmus sein.

Wir kannten Kursteilnehmer, die Sex mochten und auch ohne Probleme einen Orgasmus haben konnten, sich aber schwer damit taten, die Kontrolle aufzugeben. Sie haben ihre Körper hin und her und ihre Hüften auf und ab bewegt, wenn sie erregt waren, verweigerten aber, sich dem Partner zu ergeben. Jede Art von Sex ist gut, das ist ganz klar. Aber um einen Intensiven Verlängerten Orgasmus zu erfahren, müssen Sie sich der Person ausliefern, die es Ihnen macht. Wenn Sie nicht glauben, dass diese Person ihren Job gut machen kann, dann liegt es an Ihnen, ihr zu zeigen, wie sie es am besten tun soll. Es ist wichtig, dass Sie zu jeder Zeit ruhig und entspannt sind und Sie dem Partner erlauben, es Ihnen zu machen. Jedes Mal, wenn Sie sich bewegen, zeigen Sie, dass Sie versuchen, die Kontrolle zurückzuerhalten, was das Gegenteil von Ergebensein ist. Denken Sie daran, dass Sie sich wirklich dem Partner überlassen wollen. Sie ergeben sich einer anderen Person, damit diese Ihnen Vergnügen bereitet und nicht deshalb, dass diese etwas tut, womit sie Ihnen schaden kann. Alles, was der Macher Ihnen schenken will, ist ein großartiger Orgasmus; wenn Sie die Situation aber kontrollieren wollen, kann er das nicht ausführen. In der Position der Gemachten sind Sie verletzbar. Es ist aber die einzige, in der Sie mehr Vergnügen erfahren können, als Sie sich in Ihren kühnsten Träumen vorstellen konnten.

Es einem Anfänger machen

Wenn Sie mit jemandem zusammen sind, der es noch nicht oft gemacht bekam oder der seinen Körper nicht durch Masturbation trainiert hat, werden Sie Ihr Bestes in der Kommunikation und in der Gestaltung einer Vertrauen einflößenden Umgebung geben müssen. Versuchen Sie als Erstes, so viel wie möglich darüber herauszufinden, wie und wo der Partner gerne berührt werden möchte. Nehmen Sie sich Zeit für ein langes Gespräch, bevor Sie den Körper berühren (vor allem die Genitalien). Teilen Sie genau mit, was Sie tun werden und was Sie erwarten, was sie tun und fühlen sollen.

Einige Leute, denen es noch nie gemacht wurde, haben keine Vorstellung davon, was sie zu erwarten haben. Sie machen sich vielleicht Gedanken darüber, wie ihr Körper aussieht und funktioniert. Sagen Sie ihnen, dass Sie ihren Körper attraktiv finden, dass Sie ihn gerne ansehen und dass Sie sich dessen sicher sind, dass es Ihnen gefallen wird, ihn zu berühren.

Bevor Sie Ihren Partner berühren, sollten Sie ihm mitteilen, dass Sie es ihm nur kurz machen werden – etwa fünf bis zehn Minuten lang. Danach werden Sie beide entscheiden, ob Sie weitermachen oder etwas anderes tun. Sagen Sie ihm, dass Sie nichts tun werden, was der Partner nicht möchte.

Geheimnistuerei verhindert es, dass wir uns auf das Vergnügen konzentrieren, deshalb räumen Sie alles Unbekannte aus dem Weg, bevor Sie beginnen. Sprechen Sie klar und deutlich mit Ihrem Partner. Fragen Sie ihn, ob er vor etwas Angst hat. Wenn er das bejaht, sollten Sie ihm dies auch zugestehen und nichts unversucht lassen, ihm die Angst zu nehmen. Loben Sie Ihren Partner dafür, dass er den Mut hat, etwas auszuprobieren, was er vorher noch nie getan hat.

Sehen Sie sich den Abschnitt »Ursächliches Training« weiter vorne in diesem Kapitel noch einmal an. Sie benötigen diese Informationen, da Sie Ihrem Partner Ja-Nein-Fragen stellen werden. Sagen Sie ihm, dass er nicht mit mehr als »ja« oder »nein« antworten muss. Wenn Sie es möchten, können Sie natürlich jederzeit mehr sagen; es liegt einzig und allein an Ihnen.

Wenn Sie ein Mann sind, raten wir Ihnen, beim ersten Machen die Hose anzubehalten. Das bedeutet für die Frau, dass sie sich keine Gedanken darüber machen muss, sich Ihnen erkenntlich zu zeigen, sich um Ihren Orgasmus zu kümmern oder Geschlechtsverkehr zu haben. Später können Sie sie fragen, ob es ihr lieber ist, wenn Sie die Hose anbehalten oder ausziehen. Wenn Sie es jemandem machen und dabei Ihre Hose anbehalten, sollten Sie dafür Sorge tragen, dass diese nicht zu eng und unbequem ist, da dies Sie von dem ablenken könnte, was Sie tun.

Teilen Sie Ihrem Partner immer mit, was Sie als Nächstes tun werden, und nehmen Sie alle Veränderungen in kleinen Schritten vor. Eine Person, der es das erste Mal gemacht wird – das gilt vor allem für Frauen – fühlt vielleicht nur die ersten paar Handbewegungen und ist dann mit den Gedanken woanders. Passen Sie auf, dass das nicht passiert. Legen Sie eine Pause ein, und sprechen Sie darüber, was Sie tun. Die Unterbrechung kann kürzer als eine Sekunde, aber auch länger sein, wenn es sich für Sie richtig anfühlt. Beginnen Sie von Neuem, und erregen Sie sie erneut mit zwei oder drei kurzen Handbewegungen.

Sobald Sie Ihren Partner so weit haben, dass er diese zwei Handbewegungen wirklich spürt, können Sie noch weitere hinzufügen, um die Erregung zu erhöhen. Wenn Sie die Bewegungen langsam hinzufügen, werden Sie überrascht sein, wie schnell sich die Dinge plötzlich entwickeln.

Erinnern Sie Ihre Partnerin daran, dass das Ziel nicht ein eventuell eintretender Orgasmus ist. Alles, was sie zu tun hat, ist, zu entspannen und auf ihre Gefühle zu achten. Denken Sie daran, mit dem Reiben aufzuhören, bevor sie auf dem Weg nach oben nichts mehr spürt. Bei vielen weiblichen Anfängern bedeutet dies nur jeweils zwei Bewegungen. Es kann aber auch sein, dass sie mehr als das verspürt, so achten Sie darauf.

Manche Anfänger sind sehr aufgeregt, wenn sie es das erste Mal gemacht bekommen. Zu starke Aufregung ist aber ein Feind des Orgasmus. Sie denken vielleicht, dass Aufregung leichter zu einem Orgasmus führt, aber genau das Gegenteil ist der Fall: Sie lenkt davon ab. Ruhige Teilnahme ist wilder Aufregung überlegen. Die Aufregung bleibt oft im Kopf, Nacken oder sogar im Magen stecken. Das kann das Vergnügen verringern, Sie sollten daher die Energie in ihre Genitalien umlenken.

Bitten Sie den Anfänger, tief einzuatmen und zu entspannen, um so die Aufregung auf ein niedrigeres Niveau zu bringen. Manchmal, wenn ich es mit einer Anfängerin zu tun habe, lege ich meine Hand über ihren Kopf und Nacken und bitte sie, ihre Energie nach unten zu lenken. Ich bewege meine Hand langsam über ihre Kehle, ihre Brust und ihren Bauch. Probieren Sie diese Technik mal aus: Sie werden die Wärme in den Händen spüren, die von der nach unten sich verlagernden Energie ausgeht. Wenn Sie merken, dass die Energie in einem Körperbereich hängen bleibt, dann bitten Sie, diese noch ein wenig weiter nach unten zu bringen. Sobald die Energie in den Genitalien ist, können Sie mit dem Machen fortfahren.

Bei einigen Frauen, denen es zum ersten Mal gemacht wird, war die Klitoris noch nie direkt berührt worden. Sie haben sie vielleicht durch die eigene Vorhaut berührt, reagieren aber ängstlich auf eine direkte Berührung. Wenn das der Fall ist, ist es am besten, langsam vorzugehen. Drücken Sie einen großen Tropfen Gleitmittel auf Ihren Finger, und bringen Sie diesen sanft auf ihrer freigelegten Klitoris auf. Teilen Sie ihr natürlich immer mit, was Sie tun werden. Anschließend berühren Sie das

Gleitmittel, ohne die Klitoris zu berühren. Bewegen Sie Ihren Finger auf dem Gleitmittel rauf, runter oder kreisförmig, und vermeiden Sie dabei immer noch die Klitoris. Kommen Sie ihr langsam näher und näher, bis Sie sie schließlich berühren. Führen Sie nur sanfte Bewegungen aus und stellen Sie die Fragen, die im Abschnitt »Ursächliches Training« in diesem Kapitel vorgestellt werden. Damit bringen Sie in Erfahrung, ob der Druck des Fingers zu leicht oder zu stark ist. Wenn Sie auf diese Art und Weise vorgehen, wird sie sich sicher fühlen und bald feststellen, dass es sich tatsächlich gut anfühlt, wenn ihre Klitoris direkt berührt wird.

Wenn Sie es einem Mann das erste Mal machen, ist es am besten, die gleichen Fragen zu stellen. Sobald der Mann aber einmal nackt im Bett liegt, wird er wahrscheinlich weniger Widerstand leisten als eine Frau.

Er weiß aber vielleicht auch nicht, was er tun soll, so dass Sie die Kontrolle übernehmen und ihm mitteilen müssen, dass Sie verantwortlich sind für das, was passiert und was Sie möchten, was er tut (oder nicht tut).

Haben Sie keine Angst davor, einen Neuling anzufassen. Ihr Partner wird Ihnen sagen können, ob Ihre Berührung zu zögerlich ist. Das fühlt sich unangenehm an, und es fällt schwer, sich Händen zu überlassen, die einen unsicheren Eindruck machen. Wenn Ihnen die Genitalien des anderen Geschlechts nicht vertraut sind, nehmen Sie sich die Zeit, diese vor einer Berührung genau anzusehen. Wir haben schon wiederholt gesagt, dass die Genitalien individuell verschieden sind. Sie unterscheiden sich in ihrer Form und ihrer Größe. Wenn Sie jemanden das erste Mal machen, nehmen Sie sich die Zeit, sich mit dem, was Sie vor sich haben, vertraut zu machen.

Wenn Sie es einem Neuling machen, ist es besonders wichtig, dass Sie alle guten Gefühle und Empfindungen sofort mitteilen. Je besser Sie die für den Moment spezifischen Gefühle oder Empfindungen beschreiben können, desto mehr Gesprächs-stoff haben Sie hinterher. Durch das Gespräch gelingt es Ihnen auch, dass Sie und Ihr Partner sich immer in der Gegenwart aufhalten.

Widerstand und Entspannung sind die Schlüsselworte, wenn Sie es mit einem Anfänger zu tun haben. Es ist Ihnen sicher auf-gefallen, dass wir immer wieder darauf hinweisen, wie wichtig es ist, dass Ihr Partner während der gesamten Dauer des Or-gasmus entspannt ist. Wenn er verkrampft ist oder sich zu sehr bewegt, leistet er seinen Gefühlen Widerstand. Es ist schwierig genug, direkte Kontrolle und direkten Kontakt mit einer Klito-ris aufrechtzuerhalten; wenn sich die Frau ständig bewegt, er-schwert das natürlich die Sache. Sobald sich Frauen verkramp-fen, kopieren sie in der Regel das männliche Verhalten bei einem Orgasmus. Sie müssen Ihrer Partnerin erklären, dass bei einem Intensiven Verlängerten Orgasmus der Orgasmus ein langes, wellenförmig auf- und abklingendes Gefühl ist, ein Gefühl, das dem weit überlegen ist, was sie bisher kannte. Wenn Sie bemerken, dass Ihre Partnerin die Kontrolle über-nehmen will – sie bewegt oder verkrampft ihren Körper -, las-sen Sie sie wissen, dass nun Sie bestimmen, was passiert, und alles was sie zu tun hat, ist still zu liegen, zu entspannen und Ihre Finger und Hand zu spüren.

Wenn Ihre Partnerin weiterhin Widerstand leistet, sollten Sie mit den Handbewegungen aufhören, bis sich ihr Körper entspannt. Manchmal können Sie schon vorher besprechen, dass sich bewegen, mit Armen und Beinen um sich schlagen und sich verkrampfen vorkommen können und in Ordnung sind. Denken Sie immer daran, dass wir Sie von nichts abhal-ten möchten – aber erwarten Sie nicht, dass das Gewohnte noch so viel Spaß machen wird wie vorher. Durch häufiges Machen und eigenes Training wird Ihr Partner bald die Fähig-keit erwerben, länger und intensiver erregt zu sein. Mit der

Zeit, wenn es der Partner lernt, sich Ihnen zu überlassen, werden seine Gefühle immer intensiver werden. Das ist mit ein Grund, warum Kommunikation und Vertrauen so wichtig sind.

Achten Sie darauf, dass Sie zur vereinbarten Zeit aufhören, und besprechen Sie mit dem Partner, ob Sie weitermachen werden. Wenn Sie ein erfahrener Macher sind, werden Sie in der Lage sein, kurz vor diesem Zeitpunkt aufzuhören … und Ihr Partner will wahrscheinlich mehr davon. Wenn Sie das Gefühl haben, dass er eigentlich genug hat und nur noch vortäuscht, mehr zu wollen, dann ist es besser aufzuhören. Wenn Sie es in Zukunft wieder machen und Ihr Partner sagt, dass er mehr möchte und Sie bittet, weiterzumachen, können Sie ihm sagen, dass Sie noch ein paar Mal reiben und damit aufhören werden, wenn er darauf hin nicht erregter wird. Tun Sie dann aber auch, was Sie sagen. Für gewöhnlich ist es so, dass Ihr Partner genug hat, wenn Sie diesen Eindruck haben.

Wie wir bereits vorher gesagt haben, ist es eine sehr gute Idee, sich hinterher über Ihre Gefühle und Erfahrungen zu unterhalten. Viele Leute haben Probleme damit, über Sex zu reden. Wenn Sie mit dem Thema beginnen und Ihrem Partner in aller Einzelheit schildern, was Sie während des Machens gefühlt haben, wird sich dieser leichter tun, sich ebenfalls zu offenbaren. Das ist nun der Zeitpunkt, noch einmal über das zu sprechen, was Sie Ihrem Partner schon während des Machens geschildert hatten. Bei der Schilderung von Momenten, die *wirklich* speziell waren, können Sie sogar das Gefühl haben, diese Erfahrungen noch einmal zu erleben.

9.

»Mach es wieder!«

In diesem Kapitel erfahren Sie weitere Techniken, wie Sie es jemandem machen können. Dieser Teil beinhalten Necken, Verspieltsein, Neugierde, Machtspiele und Fantasie. Wir beschreiben auch die Positionen, die auf Grund unserer Erfahrungen die besten sind, wenn Sie es einer Person machen. Wir geben Ihnen Tipps, wie Sie sogar einen »fortgeschrittenen Gemachten« – jemand, der bereits gute Orgasmen hat – noch überraschen können. Dieser Teil (»Spiele«) schließt damit, dass wir Ihnen einige spielerische Informationen darüber geben, wie Sie zusammen kommen.

So lange Sie mit dem Erlernen der fundamentalen Techniken einen Intensiven Verlängerten Orgasmus beschäftigt sind, werden Sie den Eindruck haben, dass diese dafür am wichtigsten sind. Wenn Sie sie aber einmal beherrschen, werden sie nicht mehr wichtig sein, da Sie wissen, dass es der Spaß an der Sache ist, der einen tollen Orgasmus produziert. Sie sind dann in der Lage, Ihre eigenen Tricks aus der Tasche zu zaubern, da Sie ein Künstler des Machens und des Gemachtwerdens sind.

Spaß voneweg

Ein altes amerikanisches Sprichwort sagt, dass es beim Sex wie bei der Pasta ist: Wenn er gut ist, ist er wirklich gut, wenn er nicht so gut ist, ist er immer noch ziemlich gut. Das gilt vielleicht für Männer beim Geschlechtsverkehr, wir bezweifeln jedoch, dass Frauen diesem Satz zustimmen werden. Viele Frauen haben beim Geschlechtsverkehr allein keinen Orgasmus; er kann sogar schmerzhaft für sie sein. Um Lust zu verspüren, Spaß am Sex zu haben, das Zusammmensein mit dem Partner zu genießen, bedarf es einer Zutat: Spaß. Sie können als Anfänger und Fortgeschrittener, als Macher und Gemachter Spaß am Sex haben.

Spaß zu haben bedeutet weiterhin, das Vergnügen auch schätzen und anerkennen zu können. Lachen und Kichern sind in Ordnung, Sie sollten sich jedoch bewusst sein, dass dies auch Hinweise darauf sind, dass Menschen ein Vergnügen, das sie empfinden, auf diese Weise vermeiden wollen. Wir sind ganz klar für das Lachen, und manchmal ist es sogar in Ordnung, den Orgasmus zu ignorieren, wenn das Lachen gut ist. Einige Menschen, die plötzlich einen Orgasmus erfahren, der viel stärker ist als das, was sie bisher gekannt haben, lachen oder weinen sogar, um die Intensität zu mindern.

Das **Necken** ist ein ganz wichtiger Aspekt beim Spaßhaben. Bevor Sie mit dem Streicheln ihrer Genitalien beginnen, ist es oft gut, sie zu necken. Das gilt sowohl für den Anfänger als auch für den Fortgeschrittenen. Hin und wieder kommt es vor, dass eine Frau sich wünscht, dass Sie direkt beginnen und auf das Necken verzichten, entweder weil die Zeit knapp ist oder weil sie bereits erregt ist. Das ist aber nicht der Normalfall.

Beim Necken machen Sie im Prinzip die Klitoris zum Brennpunkt. Sie dürfen alles an ihren Genitalien berühren, außer der Klitoris, und auch andere erogene Zonen, wie etwa die Innenseite ihrer Oberschenkel oder die Brustwarzen. Berühren Sie ihre Schamhaare leicht mit dem Handballen oder dem Handrücken. Drücken Sie mit den Knöcheln leicht auf den Scheideneingang. Spielen Sie mit den inneren Schamlippen. Berühren Sie die Zone oberhalb ihrer Klitoris, indem Sie vielleicht leicht auf die Vorhaut drücken, dann loslassen und es noch einmal tun.

Sie bemerken an ihr eventuell Kontraktionen oder andere Hinweise auf einen Orgasmus, während Sie sie necken. Teilen Sie ihr mit, was Sie bemerken. Lassen Sie sich Zeit. Haben Sie Spaß dabei. Sagen Sie ihr, dass Sie ihre Klitoris vielleicht gar nicht berühren werden. Das wird zur Folge haben, dass sie es unbedingt möchte.

Weiter vorne im Buch haben wir bereits darauf hingewiesen, dass Sie manchmal direkt mit der Klitoris beginnen und sogar das Auftragen eines Gleitmittels auf die Genitalien weglassen. Sie tragen einen Tropfen Gleitmittel auf Ihren Finger auf und widmen sich sofort der Klitoris. Es macht aber Spaß, mit dem Necken zu beginnen. Und das immer wieder während des Machens zu wiederholen, wann immer Sie das Gefühl haben, dass Sie möchten, dass sie Ihnen entgegenkommt. Eine weitere gute Möglichkeit, sie zu necken, ist es, wenn Sie ihr sagen, dass Sie sie nur noch ein paar Mal streicheln und dann ganz aufhören werden. Der Unterschied zwischen Necken und Quälen ist der, dass Sie beim Necken wissen, dass Sie früher oder später Ihre Belohnung erhalten werden.

Die Dauer des Neckens hängt von ihrer Reaktion und vom Spaßfaktor ab und natürlich auch davon, wie viel Zeit Ihnen zur Verfügung steht. Es ist am besten, wenn Sie sich nicht an bestimmte Regeln halten, nicht immer auf die gleiche Art und Weise necken und nicht jedes Mal die gleichen Worte wählen. Das wird auf Dauer langweilig.

Das Necken selbst, wie jede andere Technik, muss auch geübt werden. Bald wird es für Sie jedoch ganz selbstverständlich sein, und Sie werden sich nicht jedes Mal fragen: »Welchen Daumen lege ich wo hin?« Sie werden bald wissen, was Sie zu tun haben, wann Sie es tun und was Sie sagen, während Sie es tun. Auch hier ist es das Ziel, Spaß zu haben und nicht unter Druck zu stehen. Sie werden mehr und mehr spüren, je länger Sie üben, und so wird es auch bei Ihrem Partner sein. Wenn Sie den Punkt erreicht haben, wo Sie sich sicher fühlen und meisterlich mit dem Machen und Gemachtwerden umgehen, können Sie mit eigenen Experimenten beginnen.

Neugierde macht an. Sie können verspielt und neugierig sein, noch bevor Sie ein Experte sind. Neugierde ist ein Zeichen von Interesse und Aufmerksamkeit. Es können Fragen sein oder das Ausprobieren neuer Möglichkeiten, die Ihren Partner erregen. Ich mache es Vera – und jeder anderen Person – mit viel Enthusiasmus, und bin stets offen für neue Möglichkeiten, die in anderen Lustgefühle wecken. Kein Machen gleicht dem anderen. Wenn Sie nach einer Formel suchen, die immer zum Erfolg führt, werden Sie diese nicht finden. Es ist am besten, wenn Ihr Gefühl und Ihr Spaß an dem, was Sie tun, Ihr Leitfaden sind.

Positionen

Wir haben sehr ausführlich darüber geschrieben, wie man es einer Frau macht, und Sie auch informiert, wie man es einem Mann macht. Nun werden wir einige Körperpositionen beschreiben, die nach unseren Erfahrungen am günstigsten beim Machen sind. Wir nennen Ihnen alle Einzelheiten, so dass Sie diejenige Position wählen können, die für Sie am angenehmsten ist.

Immer wenn Sie es jemandem machen, sollten Sie eine Position einnehmen, die Sie über einen längeren Zeitraum einhalten können, ohne dass sie unbequem wird. Dafür brauchen Sie mehrere Kissen und Polster. Wir haben ein Dutzend Kissen unterschiedlicher Formen und Größen auf unserem Bett. Wir empfehlen Ihnen, auch ein Glas Wasser und einen Strohhalm in der Nähe zu haben, so dass Sie nicht aufstehen müssen, um diese Dinge bei Bedarf zu holen. Alle Gleitmittel, Handtücher und weitere Accessoires sollten in Reichweite sein. Wenn Sie beim Machen oder Gemachtwerden gerne Musik hören, verwenden Sie eine Anlage mit Fernbedienung.

Es ist am günstigsten, wenn Sie eine Position wählen, von der aus Sie die Genitalien Ihrer Partnerin ganz aus der Nähe betrachten und auch ihr Gesicht sehen können – so dass auch die Kommunikation möglich ist. Dies erreichen Sie sowohl in einer sitzenden als auch in einer auf der Seite liegenden Position.

In der sitzenden Position sind mehrere Stellungen möglich. Ihre Wahl ist davon abhängig, wie formell Sie bei der Sache aussehen möchten. Tadellos sehen Sie aus, wenn Sie auf einem Stuhl sitzen, vollständig bekleidet sind und Ihre Partnerin im Lot zu Ihnen an der Kante des Bettes liegt. Alternativ können Sie sich auch mit gefalteten Beinen ans Kopfende des Bettes setzen, mit Ihrer Partnerin im Lot zu Ihnen auf dem Bett liegend. In der Position, die wir bevorzugen, sitzt der Macher gegen ein Kissen gelehnt am Kopfende des Bettes und die Gemachte liegt im rechten Winkel vor ihm (siehe Abbildung 5).

Das Bein, das sich am nächsten zum Gesicht der Partnerin befindet, legen Sie über deren Bauch. So halten Sie die Partnerin fest und haben den Vorteil, dass Sie Ihren Ellbogen auf das abgewinkelte Knie legen können. Das andere Bein ist unter den Beinen der Partnerin hindurch gerade ausgestreckt. In allen Positionen sollte das Gesicht Ihrer Partnerin, wenn Sie Rechtshänder sind, rechts von Ihnen sein. Wenn Sie Linkshänder sind, sollte sich ihr Gesicht links von Ihnen befinden.

Achten Sie darauf, dass eine Frau während des Machens die Beine spreizt und ihr Kopf und die Außenseiten ihrer Oberschenkel auf Kissen ruhen. Legen Sie die Hand, die Sie für das Machen nicht benötigen, unter ihren Po, mit dem Daumen am unteren Ende des Scheideneingangs, und halten Sie Ihre aktive Hand frei, damit Sie damit die Partnerin streicheln können, wo immer Sie wollen.

Abbildung 5: Die sitzende Position

Sie können es einer Frau auch aus der auf der Seite liegenden Position heraus machen (siehe Abbildung 6). Wenn Sie Rechtshänder sind, legen Sie sich auf Ihre linke Seite; wenn Sie Linkshänder sind, auf Ihre rechte. Ihr Kopf sollte sich auf der Ihrer Partnerin gegenüberliegenden Seite befinden, in der Nähe ihrer Füße. Legen Sie zuerst ein Kissen auf die Innenseiten der Beine Ihrer Partnerin. Anschließend legen Sie sich auf Ihre Seite, mit dem nicht am Machen beteiligten Arm zwischen den Beinen ihrer Partnerin. Stützen Sie sich auf Ihren Vorderarm. Legen Sie nun Ihre Hand unter den Po der Partnerin. Eine Seite der Brust ruht auf dem Kissen, das auf den Beinen der Partnerin liegt. Mit Ihrer aktiven Hand können Sie nun Ihre Partnerin frei streicheln. Verwenden Sie weitere Kissen, wenn diese zum Komfort beitragen.

Abbildung 6: Die auf der Seite liegende Position

Die beschriebenen Positionen gehören zu den besten, die wir kennen. Sie können sowohl beim Verwöhnen einer Frau als auch eines Mannes verwendet werden. Viele unserer weiblichen Bekannten bedienen sich dieser Techniken, wenn sie es einem Mann machen. Einige Frauen sitzen auch gerne im Schneidersitz zwischen den Beinen des Mannes, seine Beine entweder unter oder auf ihren Beinen. In dieser Position hat die Frau beide Hände frei, um mit seinem Penis zu spielen. Sie kann sich auch nach vorne beugen, um den Penis des Partners in den Mund zu nehmen, wenn sie das möchte.

Es gibt eine Anzahl an Variationen zu jeder dieser Positionen; es liegt an Ihnen, sie auszuprobieren und diejenige zu finden, die für Sie am besten ist. Wenn Sie einmal die Genitalien Ihres Partners wirklich gut kennen und ein erfahrener Macher sind, können Sie neben ihm liegen und seine Genitalien streicheln, ohne diese sehen zu müssen. Das ist eine sehr schöne Position, weil Sie dabei Ihren Partner küssen und ihm in die Augen schauen können.

Sie ist besonders angenehm morgens nach dem Aufwachen oder bevor Sie einschlafen; Sie können diese Position aber nur einnehmen, wenn Sie wissen, was Sie tun, und Sie sollten nicht erwarten, dass Sie damit Ihren Partner so erregen können wie in den anderen Positionen.

Verspielt sein

Die Kommunikation ist ein Merkmal des erfahrenen Machers – Sie müssen in der Lage sein, mitzuteilen, was Sie machen und wie Sie die Erfahrung genießen. Ein weiteres Merkmal ist die Verspieltheit.

Mit Verspieltheit meinen wir, dass es das vorrangige Ziel des Machers ist, Spaß zu haben. Dazu gehört sowohl das Necken und Verführen des Partners als auch, jeden Widerstand aus dem Weg zu räumen, der auftauchen könnte. Verspielt sein bedeutet nicht, dass Sie Ihren Partner festhalten oder kitzeln oder irgendwelche unerwarteten, plötzlichen Bewegungen machen. Es bedeutet jedoch, dass Sie enthusiastisch und neugierig sind. Wenn Sie es schaffen, Ihre Neugierde und Ihren Enthusiasmus zu zeigen, wird Ihr Partner spüren, dass Sie Spaß an der Sache haben und Sie ernsthaft daran interessiert sind, ihm Vergnügen zu bereiten. Ihr Spaß an dem, was Sie tun, überträgt sich auf den Partner, sodass auch er Gefallen daran findet. Wenn Sie andererseits beim Berühren des Partners nicht den Eindruck erwecken, dass Sie daran Spaß haben, wird er »dichtmachen« und weniger fühlen. Das, was Sie an Vergnügen empfinden und ausdrücken, wird starken Einfluss auf Ihren Partner haben. Mit Vertrauen, Absicht und Aufmerksamkeit, Enthusiasmus, Neugierde und Vergnügen wird sich Ihr Partner in guten Händen und wichtig genug fühlen, sein Nervensystem Ihnen zu überlassen.

Nachfolgend ein paar Ratschläge, wie Sie das Spiel einbringen können. Sie können unterschiedlichen Druck anwenden. Sie können viel Gleitmittel auftragen und nur dieses, und nicht die Haut des Partners, mit den Fingern berühren. Sie können testen, inwieweit Sie etwas spüren, wenn Sie leichten Druck anwenden. Sie können aber auch das andere Extrem ausprobieren: Sie nehmen die Klitoris zwischen Daumen und Zeigefinger und drücken fest zu. (Bevor Sie das tun, raten wir Ihnen jedoch, Ihren Partner zu fragen, ob er das möchte, wobei Sie dem Trainingsprogramm folgen, das wir weiter vorne beschrieben haben, und fragen »Möchtest du, dass ich fester drücke?« und den Druck in kleinen Schritten erhöhen.) Sie können auch mit anderen erogenen Zonen am Körper des Partners auf diese Art spielen.

Ein Mann kann die kleinen Schamlippen der Frau zwischen seine Finger nehmen und langsam nach außen ziehen, wobei er sich anhand von Fragen immer vergewissert, dass er nicht zu fest zieht. Frauen können mit den Genitalien des Mannes gleichermaßen umgehen. Sie kann unterschiedlich fest den Penis anfassen, von sehr sanft bis hart, wobei sie ebenfalls in kleinen Schritten vorgeht und dem Trainingszyklus folgt. Sie kann langsam seinen Hodensack vom Körper wegziehen, so wie er es mit Ihren Schamlippen gemacht hat. Seien Sie kreativ, und erfinden Sie eigene Spiele zwischen Ihnen und Ihrem Partner.

Tanz auf der Klitoris

Eine weitere Technik, die viel Spaß macht und häufig angewendet wird, ist das Tanzen auf der Klitoris und der Scheide. Bei dieser Technik können Sie Ihre Kreativität spielen lassen. Ich höre häufig Musik, wenn ich mit meinen Fingern »tanze«.

Sie können viele unterschiedliche Musikrichtungen wählen, bei der Sie es machen. Wir hören dabei häufig lateinamerikanische Musik, da wir deren Rhythmus lieben. Vera hört gerne die Dire Straits, wenn ich es ihr mache. Wenn Sie »tanzen«, dann hören Sie nur auf die Musik und streicheln im Rhythmus oder Takt der Musik. Für diesen Tanz benötigen Sie keine Choreografie. Unterhalten Sie sich mit Ihrem Partner und denken Sie daran, kurze Handbewegungen auszuführen, denn viele Macher tendieren zu langen Bewegungen. Sowohl Männer als auch Frauen haben Ihren Spaß dabei, verschiedene Musikrichtungen auszuprobieren, um herauszufinden, welche ihnen am besten für ihren Orgasmus gefällt.

Machtspiele

Obwohl es Spaß macht, beim Sex spielerisch zu sein, müssen die Männer manchmal ernsthaft werden, um die Aufmerksamkeit einer Frau zu bekommen. Machtspiele – einschließlich Nötigung, Angst und Schmerz – sind Methoden, die Sie anwenden können, damit Ihre Partnerin mehr spürt. Bevor Sie jedoch eine dieser Techniken anwenden, müssen Sie mit ihr darüber sprechen. Bevor Sie jemanden schlagen, zwicken oder sonst wie Schmerz zufügen, *müssen* Sie sich dafür die Erlaubnis einholen. Sie müssen sich auch im Klaren darüber sein, was Sie tun, und wenn Sie Ihre Partnerin schlagen oder zwicken, müssen Sie es zur richtigen Zeit tun und ständigen verbalen Kontakt mit ihr aufrechterhalten. Manche Leute möchten mit dieser Art von Sexspielen nichts zu tun haben; hüten Sie sich davor, diese Techniken bei ihnen anzuwenden.

Machtspiele sind auch nicht die ersten Techniken, die Sie anwenden sollten, aber Sie sollten Sie in Ihre Spielesammlung mit aufnehmen und Sie bei den Gelegenheiten verwenden, wo Sie angebracht sind.

Nötigung ist eine Möglichkeit, die Sie anwenden können, damit Ihre Partnerin mehr fühlt. Sie ähnelt in gewisser Weise der Verführung: Wenn sie Ihnen nicht entgegenkommt, ist es am besten, sie abzuweisen. Obwohl sie in der Lage ist, einen wirklich guten Orgasmus zu haben, leistet sie etwas Widerstand und verzögert den Verlauf. Wenn Sie es ihr bereits vorher gemacht haben und wissen, dass Sie in der Lage ist, schon bei der ersten Handbewegung erregt zu sein und sie dieses Mal überhaupt keine Reaktion zeigt, dann hören Sie auf damit, sie zu streicheln und zu hoffen, dass sie irgendwann mehr fühlen wird. Es ist an der Zeit, ihr mitzuteilen, was Sie fühlen.

Sagen Sie ihr zuerst – auf nette und freundliche Art, ohne Zorn – dass sie dieses Mal vielleicht wirklich kein Interesse daran hat, Lust zu verspüren. Ihr nächster Schritt hängt davon ab, wie sie reagiert. Wenn sie Ihnen zustimmt, ist dies ein gutes Zeichen dafür, dass sie letztlich doch noch Lust verspüren könnte. Wenn sie anfängt, mit Ihnen zu diskutieren, ist dies ein sicheres Anzeichen dafür, dass Sie strengere Maßnahmen ergreifen müssen. Wir raten Ihnen, dass Sie ihr sagen, sich anzuziehen und anschließend miteinander sprechen. Es ist in Ordnung, wenn Sie mit einer erfahrenen Person strenger umgehen als mit einer, die wenig Erfahrung hat. Sie können ihr sagen, wie gerne Sie es ihr machen, Sie jedoch merken, dass sie nicht viel dabei fühlt und dass es vielleicht besser wäre, etwas anderes zu tun. Sie wird es zu schätzen wissen, dass Sie ihr die Wahrheit gesagt haben, und – wenn sie dieses Mal ihr Angebot nicht annimmt – es vielleicht beim nächsten Mal tun.

Wenn Sie bemerken, dass Ihr Machen ziemlich mühselig ist, sollten Sie ihr sagen, dass Sie sich ein leichtes Kommen von ihr wünschen und dass Sie mit dem Reiben aufhören werden, wenn Sie weiterhin den Eindruck haben, dass es zu anstrengend ist. Wir empfehlen Ihnen, es ruhig zu sagen, um nicht wie eine gemeine, rachsüchtige Person zu klingen. Sie erreichen es, wenn Sie nicht aus Ärger über die Situation heraus sprechen, sondern als ein Freund, dessen Hauptinteresse dem Vergnügen des Partners gilt.

Warum leisten Frauen manchmal Widerstand? Viele Frauen fürchten sich vor einem Orgasmus. Sie glauben, all ihre praktischen und vernünftigen Fähigkeiten zu verlieren, wenn Sie sich Ihnen ergeben. Sie machen sich zu Ihrer Sklavin, ohne eigenen Willen. Menschen mögen es nicht, wenn Sie anderen etwas schulden. Frauen wissen auch, dass viele Männer der Philosophie folgen: »Nun, wo ich dir einen Gefallen getan habe, erwarte ich auch einen von dir.«

Sie müssen ihr klar zu verstehen geben, dass Sie es für sich tun und sie Ihnen keine Gegenleistung schuldig ist. Wenn Sie ihr freundlich die Wahrheit sagen und sie vielleicht durch Anwendung von ein wenig Gewalt verführen, werden Sie feststellen, dass sie Ihnen mehr vertraut und dass Ihre Angst vor einem Orgasmus vielleicht durch die Angst, dass Sie aufhören könnten, ersetzt wird.

Angst und Schmerz sind weitere Möglichkeiten, ihre Aufmerksamkeit zu erregen. Wenn Sie leicht auf ihre Scheide oder ihren Po schlagen oder ein wenig stärker, als sie erwartet hatte, an ihren Schamhaaren ziehen, können Sie ihre Angst vor einem Orgasmus überwinden. Wenn sie sagt, dass sie nichts fühlt, können Sie versuchen, stärkeren Druck auszuüben, indem Sie sie schlagen oder zwicken oder an ihr ziehen (denken Sie daran, sie zuerst um ihre Erlaubnis dafür zu bitten). Fragen Sie sie dann, ob sie nun etwas spürt. Ihr Ziel ist es nicht, sie zu verletzen, sondern in ihr Gefühle zu wecken, was ihren Körper betrifft. Manchmal kann schon allein der Gedanke, geschlagen zu werden, dazu führen, dass sie ihre Genitalien stärker spürt und sie erregt wird. Frauen können auch unterschiedlich fest zugreifen oder schlagen, wenn sie mit den Genitalien eines Mannes spielen.

Zusätzlich zum Schlagen oder »Verhauen« anderer erogener Zonen können Sie das auch mit der Klitoris, dem empfindlichsten Körperteil, tun. Das dürfen Sie aber nur bei völliger Zustimmung der Partnerin machen. Sie können die Klitoris mit zwei oder mehreren Fingern schlagen. Dazu führen Sie einen kurzen Faustschlag aus und stechen mit den Fingern in die Klitoris. Finden Sie heraus, welchen Druck sie am liebsten hat. Wir schlagen in unseren Kursen nur selten eine Frau. Wenn wir es trotzdem tun, dann nur mit einem Schlag auf die Klitoris. Gleich anschließend erregen wir die Frau mit kurzen, regelmäßigen Handbewegungen. Nicht alle Frauen mögen es, wenn man sie schlägt, daher ist diese Methode nicht für jede geeignet.

Manche Leute mögen es, mit einer Peitsche geschlagen zu werden. Peitschen erhalten Sie in den Sexshops. Wenn Sie und Ihr Partner dieser Praxis anhängen, sollten Sie ein spezielles Codewort vereinbaren, mit dem Sie Ihren Partner wissen lassen, wenn Sie genug haben. Wir werden uns an dieser Stelle aber nicht näher mit Sado-Maso beschäftigen, da wir das Schlagen nur anwenden, um die Aufmerksamkeit unseres Partners zu erregen und um ihn dazu zu bringen, seinen Körper mehr zu spüren. Obwohl schlagen und auspeitschen Spaß machen kann, ist es am besten, sich nicht davon abhängig zu machen und damit jedes Mal einen Orgasmus zu ersetzen oder zu initiieren. Es handelt sich dabei um Techniken der Erotik, und wie wir bereits an anderer Stelle in diesem Buch gesagt haben, kann die Erotik zwar ein Gewürz, aber nicht das Essen selbst sein.

Fantasie

Jeder Kopf enthält eigene Anschauungen und Gedanken. Fast jeder besitzt Vorstellungskraft. Jeder, so wird angenommen, hat Träume, während der Nacht, aber auch am Tag. Wir alle haben auch eigene Fantasien, sexuelle und andere. Diese Fähigkeit, uns unsere eigene Fantasien zu kreieren, nennen wir den »sechsten Sinn«.

Viele Dinge können zu einer sinnlichen Erfahrung beitragen, und wir sind der Meinung, dass sie alle ihre Berechtigung haben, so lange sie niemand anderen verletzen. Hierzu gehören Dinge, die angenehm auf unsere fünf Sinne einwirken: schöne Musik, wunderbare Düfte, fabelhafter Geschmack, sensationelle Gefühle und atemberaubende Bilder. Hinzu kommen Dinge, die unserem sechsten Sinn gefallen, wie etwa Fantasien, die Sie und Ihren Partner erregen.

Unser Körper macht keinen Unterschied zwischen reellen und imaginären Bildern. Wenn wir uns einbilden, dass sich im Keller ein Einbrecher aufhält, reagiert unser Körper darauf mit dem gleichen Adrenalinstoß wie im tatsächlichen Fall – auch wenn es nur der Wind ist, der den Krach verursacht. Wir haben einen Freund, dessen Vater vom Arzt verboten wurde, Fußballspiele anzusehen, da er sich jedes Mal so aufregt, dass sein Herz in Gefahr ist. Obwohl er am Spiel gar nicht selbst teilnimmt, reagiert sein Körper so, als wäre er tatsächlich dabei. Sexuelle Fantasien können den gleichen Effekt haben und sich stimulierend auf ein langweiliges Sexleben auswirken oder ein gutes noch besser machen.

Die einzige Gefahr könnte darin bestehen, dass uns nur noch unsere Gedanken und nichts anderes mehr erregt. Dann wird aus der Fantasie eine Perversion, was bedeutet, dass etwas ausschließlich wird. Wenn Sie nur in der Missionarsstellung mit dem Mann oben im Dunkeln kommen können, so würden wir das als Perversion bezeichnen. Aber viele Menschen können glücklicherweise in vielen anderen Positionen einen Orgasmus haben; durch das Hinzufügen von Fantasie zu dieser Mischung wird der Spaß noch größer. Unsere Vorstellungskraft ist außerordentlich stark. Sie kann unserem Leben jede Menge Würze und Spaß hinzufügen, wenn wir dies nur zulassen.

Männer und Frauen unterscheiden sich für gewöhnlich in ihren Fantasien. Das ist kein in Stein gehauenes Gesetz; unseren Erfahrungen zu Folge haben Männer aber kürzere, weniger ausgefeilte Fantasien. Sie drehen sich für gewöhnlich um bestimmte sinnliche Abenteuer, die er entweder bereits selbst erlebt hat oder von denen er sich vorstellen kann, sie mit Menschen zu haben, die er kennt oder gesehen hat. Die Fantasien der Männer sind für gewöhnlich sehr visuell und können von Bild zu Bild springen.

Häufig beinhalten sie nur einzelne weibliche Körperteile, wie etwa Oberschenkel, Scheide oder Brüste. Er fantasiert vielleicht davon, dass er sexuell dominiert wird: Seine Freundin, die kaum etwas anhat und hohe Absätze trägt, fesselt ihn an ein Bett und macht mit ihm, was sie will. Er kann sich aber auch vorstellen, dass sie sein Opfer ist, ohne eigenen Willen. Wir haben mehr als einen Kursteilnehmer kennen gelernt, der in seinen Fantasien seine Freundin beobachtete, wie sie es mit einem anderen Mann tat. Wir kannten Männer, die sich vorstellten, Sex mit mehr als einer Frau gleichzeitig zu haben.

Wir haben auch Frauen kennen gelernt, die davon geträumt haben, Sex mit vielen Männern zu haben, die gleichzeitig in all ihre Körperöffnungen eindrangen. Wir hatten auch weibliche Kursteilnehmer, die in ihren Fantasien Männer sexuell beherrschten oder umgekehrt, sexuell beherrscht oder sogar vergewaltigt wurden. Der größte Unterschied zwischen den Fantasien von Männern und Frauen besteht darin, dass die Frauen mehr beteiligt sind. Das ist auch die Erklärung dafür, warum Männer sich Magazine anschauen und Frauen Liebesromane lesen. In den Fantasien der Frauen kommen oft viele Dialoge, ausgefallene Kleidung und eine Handlung vor. Oft gibt es, wenn überhaupt, nur am Ende einen Geschlechtsakt. Frauen stellen sich oft Personen vor, die sie nie getroffen haben, wie Robert Redford oder Brad Pitt, oder irgend ein wildes Tier;

Männer andererseits fantasieren von Personen, die sie kennen, früher kannten oder eben erst gesehen haben. Einige Männer sehen in ihren Fantasien natürlich auch Berühmtheiten wie Pamela Anderson oder Jennifer Lopez. Wir haben Frauen getroffen, die nur kurze visuelle Fantasien haben, und Männer, deren Fantasien im Durchschnitt länger waren als die ihrer Geschlechtsgenossen.

Alle Fantasien sind wunderbar; es gibt keine richtigen und falschen. Sie können darin so überheblich und abgehoben sein, wie es Ihnen gefällt. Tun Sie's, so lange es zu Ihrer Erfahrung beiträgt. Wenn ich masturbiere, fantasiere ich fast immer. Manche Leute fantasieren nicht so oft; auch das ist in Ordnung. Solange Sie damit niemanden verletzen oder Ihre Fantasien sich nicht nur noch auf eine Sache beziehen, ist alles in Ordnung, was Sie sich vorstellen. Sie können sich auch Geschlechtsverkehr mit einer Person des gleichen Geschlechts vorstellen, wenn Sie das erregt. Es gibt kein Gesetz, das Fantasien verbietet, und jede Einschränkung, die wir uns selbst oder anderen auferlegen, unterdrückt unsere Kreativität.

Sie können Ihren Partner an Ihren Fantasien teilnehmen lassen und nur mit denjenigen spielen, die Sie verwenden möchten. Wenn Sie es zum Beispiel Ihrem Partner machen, können Sie diesem eine seiner Lieblingsfantasien erzählen und so das sexuelle Erleben intensivieren. Manche möchten ihre Fantasien ausleben, andere diese jedoch als solche behalten.

Sie können darüber mit Ihrem Partner sprechen, um herauszufinden, ob es sein Wunsch ist, dass Sie mit ihm seine Fantasien in die Tat umsetzen.

Wir kannten einen Mann, der sich in seinen Fantasien von seiner Freundin fesseln und auspeitschen ließ. Als er ihr davon erzählte und den Wunsch äußerte, sie möge ihm diesen Gefallen tun, hat sie das zuerst strikt abgelehnt, sich dann aber die Sache überlegt und entschieden, dass sie ihn an seinem Geburtstag damit überraschen würde. Sie kleidete sich wie eine Domina, in Leder und hohen Absätzen. Es machte ihr viel Spaß, sich auf diese Rolle vorzubereiten und auch, ihn damit zu überraschen. Beide haben dieses Spiel sehr genossen. Es ist nicht etwas, was sie beide jedes Mal, wenn sie Sex haben, tun möchten, aber die Erinnerung daran ist eine Fantasie, die sie immer wieder aufleben lassen können.

Beim Sex mit Ihrem Partner können Sie den Spaß erhöhen, wenn Sie ihm von Ihren Fantasien über jemanden oder von etwas erzählen, außer Ihr Partner hat Schwierigkeiten damit. Ihre Fantasien bedeuten nicht, dass Sie tatsächlich mit dieser anderen Person zusammen sein möchten, und Ihr Partner wird wahrscheinlich von der Vorstellung und Ihrer Ehrlichkeit erregt werden. Sie werden sich wahrscheinlich auch besser fühlen, da Sie keine Schuldgefühle oder ein schlechtes Gewissen haben müssen, wenn Sie sich geoutet haben. Manche haben vielleicht Schwierigkeiten damit, wenn Sie während des sexuellen Beisammenseins über eine andere Person sprechen. In diesem Fall ist es sicher besser, wenn Sie das unterlassen.

Wir kannten ein Paar, das sexuellen Dingen sehr aufgeschlossen gegenüber stand. Der Ehemann konnte über fast jede seiner Fantasien sprechen, außer jene, die eine Bekannte betrafen, die seine Frau nicht leiden konnte und auf die sie eifersüchtig war. Er hat seine Lektion erhalten: Seine Frau bekam im Bett einen Wutanfall, als er den Namen der anderen Frau erwähnte. Dieser Fehler ist ihm nie wieder passiert.

Die Fantasie ist etwas, womit Sie Ihr Sexualleben bereichern können. Es ist eine Form der Erotik, die Würze, die Ihr sexuelles Erlebnis verfeinert, aber niemals das »Hauptgericht«, das Sie sättigt. Sie werden in Schwierigkeiten geraten, wenn Sie sich auf Fantasien verlassen, um sich zu vergnügen. Es bedarf keiner Fantasien, um ein gutes Sexualleben zu haben; wenn Sie ihm diese jedoch hinzufügen, könnte es noch besser werden.

Bitten

Manchmal, wenn Sie es jemandem machen, werden Sie gebeten, damit fortzufahren, obwohl Sie das Gefühl haben, dass es bereits genug ist. In diesen Situationen sollten Sie Ihrem Urteilsvermögen trauen.

Ihnen bietet sich die ausgezeichnete Gelegenheit, dem anderen mitzuteilen, was Sie empfinden, und dem Partner die Möglichkeit, Sie darum zu bitten, nicht aufzuhören. Dieses Spiel kann viel Spaß machen und Ihr Sexualleben bereichern. Wir kennen Paare, die sehr viel Spaß damit haben.

Die Bitten werden für gewöhnlich in höflicher und nicht in unterwürfiger Form vorgetragen. Hier ein paar Sätze, die wir gehört haben: »Würde der Herr (die Dame) vielleicht die Gütigkeit haben, mich noch ein wenig länger zu streicheln?« und »Bitte, hör nicht auf«. Dies gibt dem Partner zum einen die Gelegenheit, Ihnen mitzuteilen, dass Sie ihm Vergnügen bereiten, und zum anderen, dass er sich Ihnen überlässt. Wir möchten Sie hier nochmal daran erinnern, dass Sie sich einer anderen Person zu Ihrem eigenen Vorteil überlassen und nicht, um beherrscht zu werden. Für einige Paare gehört das Rollenspiel zum Repertoire: Unterwerfung und Herrschaft (oben oder unten). Dagegen ist nichts einzuwenden, so lange sich die Spieler über die Verteilung der Rollen einig sind und die Kommunikation aufrechterhalten. Da wir uns auf diesem Gebiet nicht als Experten bezeichnen würden, raten wir Ihnen, sich einschlägige Literatur darüber zu besorgen.

Wenn Sie das Gefühl haben, dass sich die Bitten Ihres Partners nicht ehrlich anhören, lassen Sie ihn das natürlich wissen. Sollten Sie oder Ihr Partner Bedenken gegen diese Art des Spiels haben – aus moralischen oder geschlechtsspezifischen Gründen –, sind Sie nicht dazu verpflichtet, da Sie auch ohne das einen guten Orgasmus haben können.

Für Fortgeschrittene

Viele Frauen sind der Lage, großartige Orgasmen zu haben. Die meisten von ihnen haben ihren Körper trainiert, dass er großes Vergnügen empfinden kann. Wie viel Training dafür notwendig ist, ist individuell von Frau zu Frau unterschiedlich. Wir haben Frauen gekannt, die sofort, nachdem sie von verlängerten Orgasmen gehört haben, in der Lage waren, selbst einen zu haben, ohne lange dafür üben zu müssen. Aber die meisten Menschen brauchen mehr Zeit, um ihre Körper so zu trainieren, dass er dieses Ausmaß an Lust empfinden kann. Wir verwenden den Ausdruck »Machen für Fortgeschrittene« für das Machen von jemandem, der bereits lange, intensive Orgasmen haben kann.

Frauen, die wie Vera ihre Körper durch Training so verändert haben, dass diese sehr viel Vergnügen empfinden können, schaffen es sogar, ohne dass sie sie berühren, stark erregt zu werden. Sie können schon allein dadurch kommen, dass Sie ihre Genitalien anblasen oder stärkeren Druck darauf ausüben und einen Orgasmus und starke Kontraktionen haben, wenn man sie irgendwo um die Klitoris herum berührt.

Sie sind auch in der Lage, ihnen sofort zu sagen, ob Sie ihren Punkt berühren, können aber auch gut kommen, wenn Sie nicht ganz richtig liegen. Ihre Orgasmen werden länger und intensiver, wenn Sie ihren Punkt berühren und wissen, wie Sie ihre Erregung steigern können. Es bereitet viel Spaß und ist sehr einfach, es Fortgeschrittenen zu machen, da diese bereitwillig ihrem Partner mitteilen, was sie fühlen, und freiwillig von den besonderen Vergnügen, die ihnen Ihr Machen beschert, berichten. Weil sie über so viel Erfahrung verfügen, können sie Ihnen sagen, was Sie mögen, und Ihnen dabei helfen, Ihre Wünsche zu erfüllen.

Sie müssen sich natürlich darauf konzentrieren, was Sie tun, und darauf achten, wann Sie Pausen einlegen und wann Sie Ihre Partnerin erneut erregen. Das Machen für Fortgeschrittene ist nichts anderes als das, was wir in diesem Buch bisher beschrieben haben. Die Grundlagen sind dieselben: Sie schenken Ihre ganze Aufmerksamkeit der Partnerin und achten zu jedem Zeitpunkt darauf, wie es ihr ergeht. Sie folgen ganz Ihrem Gefühl. Der Unterschied bei einer fortgeschrittenen Partnerin liegt darin, dass die Pausen für gewöhnlich kürzer und die Phasen der Erregung länger sind und sie im Bruchteil einer Sekunde für noch mehr Vergnügen bereit ist.

Manchmal passiert es, dass Frauen, die leicht erregbar sind, faul werden. Wenn Sie das bemerken, sollten Sie zuerst in aller Freundlichkeit darauf hinweisen. Für gewöhnlich ist sie dankbar für Ihre Aufmerksamkeit und Ihren Hinweis, dass sie faul ist oder nicht so gut kommt, wie sie es eigentlich kann, und wird daraufhin in Zukunft umso schneller kommen. Es liegt doch letztendlich auch an Ihnen, dem Macher, was passiert. Wenn Sie faul sind und es erlauben, dass sie sich mit einem mittelmäßigen Orgasmus zufrieden gibt, können Sie nicht erwarten, dass sie auf Ihre Berührung zukünftig mit einem tollen Orgasmus reagiert. Natürlich sind auch hin und wieder mittelmäßige Orgasmen erlaubt – denken Sie aber daran, sie darauf hinzuweisen und aufmerksam zu verfolgen, was vor sich geht.

Ihre Absicht ist ein wichtiger Faktor beim Machen Ihrer Partnerin. Absicht kann wie folgt definiert werden: »Zielgerichtetes Handeln und völlige Aufmerksamkeit, um einen Effekt im Universum zu bewirken«. In diesem Fall haben Sie die Absicht, das Energieniveau einer Person zu erhöhen oder zu erniedrigen, abhängig davon, was Sie in Ihrem eigenen Körper fühlen. Wenn Ihre Absicht stark ist, können Sie fast mit jeder Handbewegung eine Person erregen und mit der gleichen Bewegung wieder herunterholen. Der einzige Unterschied dabei ist Ihre Absicht. Eine gute Möglichkeit, um Ihre Absicht zu vermitteln,

ist es, wenn Sie direkte verbale Anweisungen geben, was bei sexuell trainierten Frauen sehr wirksam ist.

Mit Ihrer vollen Absicht und ganzen Aufmerksamkeit wird
Ihre fortgeschrittene Partnerin – im schlimmsten Fall – eine
wunderbare Zeit und einen großartigen Orgasmus haben. Im
besten Fall könnte es der tollste Orgasmus ihres Lebens sein.

Gleichzeitiger Orgasmus

Wenn Sie und Ihr Partner gleichzeitig kommen möchten, müssen Sie zuerst im Machen gut werden. In der **Gleichzeitig-Kom-
men-Position** machen Sie es sich gegenseitig zur gleichen Zeit.
Bevor wir Ihnen diese Position beschreiben, möchten wir Sie
daran erinnern, dass die Kommunikation hier von herausra-
gender Bedeutung ist. Wenn es daran hapert, werden Sie noch
lange von dem Gespenst des Zusammen-Kommens geplagt werden. Sie können es jedoch mit präziser und der Sache dienen-
den Kommunikation verjagen, und wenn es einmal weg ist,
wird das gleichzeitige Kommen eine der ekstatischsten Erfahrungen werden, die Sie haben können.

Die Position des Gleichzeitig-Kommens ist vor allem bei den
Frauen angebracht, die Interesse daran haben, den am meisten
Vergnügen bereitenden Umgang mit den Genitalien des Mannes zu erlernen. Die am meisten Vergnügen bereitende Art, mit
irgendetwas umzugehen – einschließlich der Genitalien –, ist
über den Orgasmus. Diese Position gibt ihr die Möglichkeit,
genau das zu tun.

Die Frau liegt auf ihrem Rücken, der Mann auf seiner Seite
(auf seiner rechten, wenn er Linkshänder ist, auf seiner linken,
wenn Rechtshänder), richtungsverkehrt zur Frau. Sein Kopf
befindet sich in der Nähe der Genitalien der Frau, und umgekehrt. Auf diese Weise kann er ihre Genitalien berühren und
sehen, und sie die seinen. Sie sollten in dieser Position jede

Menge Kissen bereithalten, auf die sie ihren Körper aufstützen und so in einer bequemen, entspannten Position verweilen können. Legen Sie ein paar große Kissen zur Unterstützung hinter sich und ein kleineres unter Ihren Arm.

Am besten fangen Sie damit an, die Frau zuerst zu streicheln. Der Mann liegt auf seiner linken Seite, mit seinem linken Arm (wenn er Rechtshänder ist) zwischen ihren Beinen, wobei er auf seinem Unterarm ruht. Sie liegt auf dem Rücken. Sein Oberkörper ruht bequem auf einem Kissen, das auf ihrem linken Oberschenkel liegt. Nun kann er seine rechte Hand dafür hernehmen, ihre Genitalien zu streicheln, so wie wir es bei der normalen Position beim Machen beschrieben haben. Er kann sie necken, ein Gleitmittel auf ihre Genitalien auftragen und mit dem Streicheln beginnen, wobei er sie immer darüber informiert, was er gerade macht. Wenn sie an dem Punkt angelangt sind, wo er gleichmäßige, wiederholte, angenehme Handbewegungen bei ihr ausführt und sie erregt ist, kann er sich entspannen, zurücklehnen und mit der Handbewegung fortfahren. Sie kann sich nun auf die Seite legen und dem Partner Vergnügen bereiten, während er es bei ihr tut. Nachdem sie etwas Gleitmittel, das bereit liegt, auf seinem Penis aufgetragen hat, beginnt sie, damit zu spielen.

Wenn sie es möchte, kann sie den Kopf des Penis in den Mund nehmen, wobei sie darauf achtet, dass sie ihre weichen Lippen nicht unterhalb der Krone des Penis platziert und mit dem Streicheln fortfährt. Sie sollte beim Lutschen am Penis ihren Kopf nicht hin und her bewegen, sondern nur mit ihrem Mund die Bewegungen ausführen. Und denken Sie immer daran, dass die Kommunikation nicht abreißen darf, was nicht so einfach ist, mit einem Penis im Mund, deshalb empfehlen wir diese Position auch nur unseren fortgeschrittenen Kursteilnehmern. Es ist selbstverständlich der Mann, der hauptsächlich sprechen soll, wenn sie mit ihrem Mund anderweitig beschäftigt ist.

Der Wettkampf um Aufmerksamkeit und Selbstsucht sind der Grund dafür, wenn die »Gespenster des Zusammen-Kommens« auftauchen. Wenn Sie denken, dass sich Ihr Partner mehr mit Ihren Genitalien beschäftigen sollte oder wenn Sie sich fragen, ob Sie Ihre eigenen fühlen oder sich mehr auf die Ihres Partners konzentrieren sollen, bewegen Sie sich mehr auf der gedanklichen als auf der gefühlsmäßigen Ebene. Das ist der Zeitpunkt, wo Sie unbedingt miteinander sprechen oder vielleicht sogar eine kleine Pause einlegen sollten. Sie möchten während des gegenseitigen Machens das Gefühl haben, dass es sich um einen beständigen Austausch von Aufmerksamkeit handelt, und nicht den Wunsch verspüren, dass Sie mehr Aufmerksamkeit brauchen. Die »Gespenster des Zusammen-Kommens« sind gezähmt, wenn Sie uneingeschränkt genießen, was Sie tun, und sich dabei davon leiten lassen, was sich für Sie am besten anfühlt, und im ständigen Gespräch mit Ihrem Partner sind. Sie verwenden hier die gleichen Techniken, die wir beim normalen Machen beschrieben haben: Erregen Sie Ihren Partner immer wieder bis kurz vor dem Kommen, machen Sie Pausen, und sprechen Sie viel miteinander.

Wenn Sie diese Position richtig einnehmen, zirkuliert durch Ihren Körper Energie auf eine Weise die analog zur Energie eines *Cyclotrons* ist. Je mehr Sie das, was geschieht, bejahen und zu schätzen wissen, umso stärker können Sie Ihre Erregung steigern. Bevor Sie mit dieser Übung beginnen, können Sie zusammen deren Dauer bestimmen. Denken Sie stets daran, dass Sie eine andere Person zum eigenem Vergnügen berühren und nicht, um damit eine Wirkung zu erzielen.

Nachfolgend ein Beispiel dafür, wie ein gleichzeitiger Orgasmus erreicht werden kann. Ein Mann und eine Frau entscheiden sich dafür, die Standardposition einzunehmen. Sie besprechen, wie sie auf dem Bett liegen werden, und legen sich alle notwendigen Kissen zurecht. Der Mann benötigt ein paar große

Kissen, die er hinter sich legt, um seinen Rücken zu stützen. Darüber hinaus möchte er ein mittelgroßes Kissen, das er auf die Oberschenkel der Frau legt, und ein kleines als Stütze für seinen aktiven Arm. Die Frau legt ein Kissen unter die Außenseite ihres Schenkels und ein großes griffbereit, mit dem sie ihren Rücken stützen kann, wenn sie sich auf ihre Seite dreht. Schließlich legt sie noch ein Kissen unter ihren Kopf. Jeder von ihnen hat Vaseline und einen Waschlappen in der Nähe liegen. Das Paar stimmt überein, dass es 25 Minuten diese Position einnehmen und dann erneut entscheiden wird, ob es weitermachen oder etwas anderes tun möchte. Es stellt den Wecker auf 25 Minuten ein.

Die Frau liegt zunächst auf ihrem Rücken und der Mann auf seiner linken Seite, wobei ein großes Kissen seinen Rücken stützt. Er platziert seine linke Hand unter die Pobacken der Frau und seinen Oberarm zwischen ihre Beine und legt sich seitlich auf ein Kissen, das ihren Oberschenkel bedeckt. Mit seinem rechten Arm kann er nach dem Gleitmittel greifen; sein rechter Ellbogen liegt auf einem kleinen Kissen auf ihrem Bauch.

Nachdem er sie durch ein leichtes Ziehen an ihren Schamhaaren und an anderen Teilen ihrer Scheide ein wenig geneckt hat, teilt er ihr mit, dass er etwas Gleitmittel auf ihrer Klitoris auftragen wird. Er verteilt etwas Gleitmittel auf ihrem Damm und den inneren Schamlippen, anschließend direkt auf der Klitoris und beginnt damit, sie durch Streicheln zu erregen. Sie genießt diese Behandlung sehr und teilt ihm auch mit, was sie fühlt. Er wiederum schildert ihr alle Anzeichen für einen Orgasmus, die er bei ihr entdeckt, und sagt ihr, wie wunderbar sich ihre Genitalien anfühlen und riechen. Er holt sie herunter, indem er das Streicheln ganz kurz unterbricht, und erregt sie erneut. Den Wechsel zwischen Erregung und Herunterholen führt er ein paar Mal durch, was sie sichtlich heiß macht.

Sie trägt etwas Gleitmittel auf ihre Hände auf und legt sich auf die Seite. Während sie sich die Kissen so zurechtlegt, dass dies für sie bequem ist, teilt sie ihm mit, dass sie nun das Gleitmittel bei ihm auftragen wird. Er streichelt sie währenddessen immer weiter und sagt ihr, wie wunderbar sich ihre Hände auf seinem Penis anfühlen. Sie teilt ihm mit, dass sie seinen Penis erst etwas halten wird, bevor sie mit dem Streicheln beginnt, wie sie fühlt, wie er anschwillt, und wie toll das Gefühl in ihrer Scheide ist. Sie werden beide immer erregter und steuern auf den Höhepunkt zu, wobei sie dem anderen ständig ihre Gefühle schildern. Sie hören gleichzeitig damit auf, beim anderen die Erregung zu steigern, und erzählen sich, wie viel Spaß ihnen das Ganze macht, und beschließen gemeinsam, wann sie mit dem Streicheln weitermachen werden. Sie wiederholen diesen Vorgang ein paar Mal, wobei sie von Mal zu Mal erregter werden.

Nun liegt er auf seinem Rücken, wobei er weiter ihre Klitoris streichelt. Ihr Orgasmus erregt ihn noch mehr, was auch umgekehrt der Fall ist. Sie teilt ihm mit, dass er beim nächsten Mal ejakulieren wird und er nichts tun kann, sie dabei zu stoppen. Sie steigert seine Erregung kontinuierlich, wobei sie aber auch immer ihre Scheide spürt. Schließlich hat er einen Samenerguss; sein Penis ist purpurrot und rund, und er ejakuliert in ihre Hände. Sofort verringert sie die Stärke des Griff und verlangsamt die Bewegung, wodurch sich der Orgasmus verlängert. Nachdem er eine kurze Zeit die Ekstase nachklingen ließ, rollt er sich auf seine Seite und wendet bei ihr die Hochzieh-Technik an, bis ihre Kontraktionen nachlassen. Sie reinigen sich gegenseitig mit einem Waschlappen, gerade als der Wecker klingelt.

Sie können, um gemeinsam zu kommen, die oben beschriebene Position variieren. Eine Position, die wir manchmal verwenden, nennen wir Schimpanse. Der Mann sitzt in der normalen Machen-Position über der Frau. Nachdem sie erregt ist, trägt sie auf seinem Penis etwas Gleitmittel auf und streichelt diesen mit den Händen oder reibt ihn gegen ihren Oberschenkel, ohne dass sie dabei ihren Körper bewegen muss. Beide können so einen sehr angenehmen Orgasmus zusammen haben. Natürlich muss auch in dieser Position die Kommunikation immer aufrechterhalten werden.

Sie haben, an dieser Stelle des Buches angekommen, schon viel gelernt. Sie wissen Bescheid über die grundlegenden und fortgeschrittenen Techniken eines verlängerten Orgasmus und die Fähigkeiten und die Kommunikation, die notwendig sind, dieses Vergnügen an sich selbst zu erfahren und anderen zu bescheren. Aber, wie das alte Sprichwort schon sagt, »muss alles, was steigt, auch wieder herunterkommen«. Nun ist es an der Zeit, dass Sie wieder herunterkommen. Im verbleibenden Teil des Buches stellen wir Ihnen jede Menge an Informationen über die menschliche Sexualität und die sexuelle Gesundheit zur Verfügung, die Ihnen dabei helfen, wieder herunterzukommen. Das Herunterkommen ist nichts Schlechtes; es ist nur die entgegengesetzte Richtung des Hochkommens. Wenn Sie wieder höher kommen möchten, können Sie immer zurückblättern und die vorhergegangenen Seiten nachlesen oder diese ihrem Partner vorlesen, wenn Sie das nicht sowieso schon getan haben. Nun ist es an der Zeit, den Abstieg zu genießen.

Teil IV:

Herunterkommen

10.

Hitzezyklen

Der Zoologe George B. Schaller beschreibt in seinem Buch *Der letzte Panda* die Hitzezyklen dieser Bären, welche in Chinas Hügeln leben. Sie fressen fast ausschließlich Bambus – Blätter, Stängel oder junge Triebe –, je nach Jahreszeit. Da Bambus nicht sehr nahrhaft ist, müssen sie davon eine riesige Menge zu sich nehmen, wenn sie nicht verhungern wollen. Pandas haben für nichts anderes Zeit als für Fressen und Schlafen und können auch keinen Winterschlaf halten, da sie von Bambus keine Fettschicht aufbauen können. Es handelt sich bei Pandas um Einzelgänger, die nicht als Paare oder in Gruppen leben. Jeder Panda lebt in seinem eigenen, ziemlich weitläufigen Territorium, da jeder für sich eine große Menge an Bambus benötigt.

Weibliche Pandas sind nur einmal im Jahr paarungsbereit. Das ist auch der einzige Zeitpunkt, an dem ein Männchen sein eigenes Territorium verlassen wird, um das des Weibchens aufzusuchen. Es ist sehr wahrscheinlich, dass er im Territorium des Weibchens Konkurrenten antrifft. Die Männchen können sich auf einen Kampf einlassen oder zumindest versuchen, dem Konkurrenten Furcht einzuflößen, um sich mit dem Weibchen paaren zu dürfen. Das Pandaweibchen ist ein paar Tage lang empfangsbereit und erlaubt oft mehr als einem Männchen, es zu besteigen. Einigen der Freier wird sie sich auch verweigern. Nach der Paarung (oder der Zurückweisung) kehren die Männchen in ihre Territorien zurück. Das Weibchen ist nicht mehr brünstig und wird es auch für ein Jahr nicht mehr sein.

Wenn es geschwängert wurde, wird es an Männchen für mindestens zwei Jahre kein Interesse mehr haben.[14]

Viele gehen davon aus, dass Menschen (anders als Pandas) keine Hitzezyklen kennen. Das stimmt nicht, da diese für alle Säugetiere charakteristisch sind. Auch wir Menschen gehören zu den Säugetieren und werden ebenfalls von den Jahreszeiten und den natürlichen Körperzyklen beeinflusst.

Dieses Kapitel enthält Informationen über verschiedene Arten der menschlichen Hitzezyklen, einschließlich des Menstruations- und des jährlichen Hitzezyklus. Wir sprechen auch über zwei Arten von Hitze, welche nicht innerhalb eines einzigen Zyklus auftreten: die Hitze, die aus der Situation heraus entsteht, und die willentliche, welche jederzeit möglich ist. Willentlich in Hitze zu geraten ist typisch für die weibliche Spezies Mensch. Die Frau kann entscheiden, wo und wann immer sie Sex haben möchte; hierfür benötigt sie keine spezielle Zeit oder speziellen Ort. Willentlich in Hitze zu geraten besiegt alle anderen Formen, einschließlich des Menstruationszyklus. Das Kapitel schließt mit einer Erklärung dafür, warum die Entwicklung bei den Frauen zu willentlicher Hitze geführt hat, und befasst sich mit der Frage, wie wir Menschen im Vergleich zu unseren nächsten Verwandten (speziell zu den Bonobos) abschneiden.

Der Menstruationszyklus

Bei den meisten Mädchen stellt sich die Periode zwischen dem zehnten und dreizehnten Lebensjahr ein. Neueste Untersuchungen deuten darauf hin, dass der Beginn der Periode immer früher eintritt, was die Wissenschaftler auf etwas in der Umwelt zurückführen, ohne allerdings den genauen Grund dafür zu kennen. Durch Stress kann der Beginn der Periode ebenfalls früher einsetzen. Einige Frauen, die wir kennen, haben als Folge von Stress sehr früh ihre Periode bekommen; so zum Beispiel ein Mädchen, die als Kind in ein Konzentrationslager der Nazis kam und mit neun Jahren seine erste Periode hatte.

Der Wechsel wird manchmal als das Geschenk des Lebens, das er verspricht, gefeiert, manchmal aber auch als »Fluch« verspottet. Eine Bekannte von uns bekam mit zehn Jahren ihre erste Blutung. Sie reagierte sehr verstört darauf, da sie nicht wusste, was mit ihr passierte. Sie nahm ein kaltes Bad, woraufhin die Blutung aufhörte, aber sofort wieder einsetzte, sobald sie die Badewanne verließ. Sie hat ein paar Mal gebadet, bevor sie den Mut hatte, ihrer Mutter zu sagen, was bei ihr geschah. Obwohl dieser Vorfall schon einige Jahre zurückliegt, unterliegen auch heute noch viele Mädchen dem Trauma der ersten Blutung. Wenn die Eltern mit diesem Thema natürlich und positiv umgehen könnten und mit den Mädchen darüber sprechen würden, bevor es tatsächlich so weit ist, bliebe ihnen viel Verwirrung und Angst erspart.

Die Zeit zwischen den einzelnen Perioden liegt etwa zwischen 28 und 32 Tagen. Die meisten Frauen erleben im Monat zwei unterschiedliche Spitzen der sexuellen Bereitschaft oder Hitze. Eine beim Eisprung, welcher mit einer vermehrten Östrogenproduktion einhergeht. Eine Frau hat während dieser Zeit besonders viel Lust auf den Geschlechtsverkehr. Viele Frauen sprechen davon, sich während des Eisprungs besonders wohl zu fühlen und besonders klar denken zu können. Der Zeitraum, in dem eine Frau schwanger werden kann, ist ziemlich kurz – wahrscheinlich weniger als 72 Stunden. Es ist jedoch nicht immer einfach festzustellen, wann eine Frau ihren Eisprung hat und in Hitze ist. (Andere Säugetiere senden hierfür wesentlich deutlichere Signale aus.) Durch das Messen der Körpertemperatur kann festgestellt werden, wann die Frau am empfänglichsten dazu ist; der genaue Zeitpunkt ist dennoch schwierig zu erkennen.

Viele Frauen verspüren eine zweite Spitze während der Tage

kurz vor dem Beginn der Blutung. Obwohl zu diesem Zeitpunkt der Östrogenspiegel niedrig ist, werden durch das Abfallen des Progesteronspiegels mehr hormonelle Rezeptoren an den Zellen frei, an denen sich das Testosteron festmacht. Testosteron ist das männliche Sexualhormon, kommt aber auch bei Frauen in geringeren Mengen vor. Diese zweite Hitzephase ist leichter zu erkennen, da sich eine Frau vor der Periode immer etwas aufgeschwemmt fühlt. Es ist auch möglich, dass sie einen moschusähnlichen Geruch verströmt. Ihre Pupillen sind etwas stumpfer, und die Haut unter ihren Augen kann (wie oft während einer Schwangerschaft) stärker pigmentiert sein. Sie kann einen Heißhunger auf klebriges oder salziges, fettes Essen verspüren. Oft reagiert sie während dieser Zeit sehr ungeduldig. Es gibt sogar einen Namen für all diese Symptome: prämenstruelles Syndrom.

Obwohl eine Frau während dieser Zeit vielleicht keine Lust auf den Geschlechtsverkehr verspürt, ist es eine gute Zeit, sie von dem Druck, den sie verspürt, zu erleichtern und ihr Vergnügen zu bereiten. (Die Zeit vor der Periode ist auch die sicherste, wenn es um die Verhütung einer Schwangerschaft geht.) Die beste Möglichkeit, sie von dem Druck zu befreien, ist ein intensiver Orgasmus. Und der beste, effektivste Weg, ihr diesen Orgasmus zu geben, ist es, durch das »Machen« Kontrolle über ihr Nervensystem zu erlangen. Ihre überschüssige Energie während dieser Zeit ist der Brennstoff für einen großartigen Orgasmus. Die während dieser Zeit empfundene »Aufschwemmung« kann als Indikator für einen potenziellen Orgasmus an Stelle potenzieller Schmerzen betrachtet werden. Viele Frauen haben in den Tagen vor der Periode ihre intensivsten Orgasmen. Der Mann muss jedoch alle die ihm zur Verfügung stehenden Mittel der Verführung anwenden, wenn er die Frau in der Zeit vor ihrer Periode dazu bringen möchte, es sich von ihm machen zu lassen, da sie gerade dann auch am reizbarsten ist. Wir kannten viele Frauen, die in den Tagen vor der Periode starke Krämpfe im Unterleib hatten, die aber durch einen liebevollen Umgang mit ihren Genitalien – so wie wir es bei der Technik des Machens beschrieben haben – wie durch ein Wunder verschwanden.

Körperliche Aktivitäten – andere als Sex – können Frauen während der Hitzephasen ebenfalls besänftigen, bereiten aber nicht so viel Vergnügen. Durch Laufen, Aerobic oder das Heben von Gewichten kann sie überschüssige Energie loswerden. Massage wirkt ebenfalls besänftigend, vor allem, wenn sie auf das tiefer liegende Gewebe ausgeübt wird. Jede Art der Zuneigung, vor allem aber das Zuhören, verschafft ihr in gewissem Maß Erleichterung.

Wenn Sie eine Frau während dieser Zeit machen, raten wir Ihnen, mehr Zeit darauf zu verwenden, sie durch festen Druck und Aufmerksamkeit herunterzuholen. Denken Sie aber daran, dass es gut möglich sein kann, dass sie ein paar Stunden, nachdem Sie sie von ihrem sexuellen Druck befreit haben, diesen wieder verspürt und erneut beruhigt werden will.

Nach ein paar Tagen der Regelblutung verringert sich dieser intensive Druck. An den Tagen nach ihrer Periode und ein paar Tage nach dem Eisprung verspürt die Frau am wenigsten Lust. Das bedeutet jedoch nicht, dass sie während dieser Zeiten keinen großartigen Sex und großartige Orgasmen haben kann.

Jährlicher Hitzezyklus

Die Menschen sind Warmblüter, die auf Veränderungen in ihrer Umgebung reagieren, wie etwa Temperatur-, Luftfeuchtigkeits- oder andere klimatische Schwankungen. Wir versuchen, diese Schwankungen auszugleichen, indem wir zu Hause und auch unsere Autos im Winter heizen und im Sommer kühlen. Obwohl wir uns bemühen, die Umwelt unseren Bedürfnissen anzupassen, haben die jahreszeitlichen Schwankungen immer noch Einfluss auf uns. Wir nennen diese Reaktion auf den Zyklus des Jahreszeitenwechsels den »jährlichen Hitzezyklus«.

Wie schon der Menstruationszyklus, so besteht auch der jährliche Hitzezyklus aus zwei Höhen und zwei Tiefen: Die Höhen liegen im Frühling und im Herbst, die Tiefen im Sommer und im Winter. Ob das von der Temperatur, dem Winkel der Sonneneinstrahlung oder von beidem abhängig ist, ist nicht bekannt. Dass es jedoch so ist, ist in agrarwirtschaftlichen Gesellschaften eindeutig nachvollziehbar. Die arbeitsreichste Zeit des Jahres, wenn am meisten Energie zur Verfügung steht, liegt im Frühjahr. Die Bauern bearbeiten und bepflanzen die Erde. Das zweithöchste Energieniveau erreichen wir im Herbst, wenn wir ernten, was uns die Erde bietet. Während der zwei niedrigen Perioden, Winter und Sommer, ist weniger Energie erforderlich. Die Hauptarbeit besteht darin, im Winter die Geräte wieder in Ordnung zu bringen und im Sommer die Pflanzen zu gießen und ihnen beim Wachsen zuzusehen.

Winter, vor allem die zweite Hälfte des Dezembers und der Januar, sind in der nördlichen Hemisphäre die Zeit des Jahres mit dem niedrigsten Energieniveau. Viele Tiere befinden sich im Winterschlaf oder kämpfen ums Überleben. Sobald sich das Frühjahr bemerkbar macht, schmilzt das Eis, und die Tiere kommen aus ihren Quartieren. Es ist auch diejenige Zeit des Jahres, in der sich viele Tiere paaren und Nachwuchs zeugen.

Obwohl wir uns nicht in den Winterschlaf verkriechen, befinden wir uns in den Wintermonaten auf dem niedrigsten Energielevel. Sobald uns die ersten Frühlingssonnenstrahlen küssen, steigt dieses sprunghaft an. Menschen haben nun genug Energie für den Frühjahrsputz, für den Beginn eines Krieges und für Aufstände aller Art. Die uns umgebenden, erwachenden Aktivitäten der Natur stecken uns an. Wir sagen sogar von Leuten, die von dieser Energie besonders betroffen sind, dass sie sich im »Frühlingsrausch« befinden. Sobald die heißen Sommertage Einzug halten, hat unser Körper viel weniger Energie parat für Sex und Kämpfe; dies gilt vor allem für die »Hundstage« im Juli und August. Sobald es wieder kühler wird, steigt unser Energielevel an, die Kinder kehren in die Schule zurück und die Erwachsenen nehmen ihre Arbeit wieder auf. Um die Weihnachtszeit und um Neujahr herum befinden wir uns wieder auf einem niedrigen Energieniveau. Das ist vielleicht der Grund dafür, dass es vielen so schwer fällt, in der Silvesternacht genug Energie für eine Party aufzubringen!

Dieser Zyklus wiederholt sich Jahr für Jahr. In der südlichen Hemisphäre liegen die Zyklen natürlich genau anders herum: Frühling und Herbst stellen jedoch auch hier die Höhepunkte dar.

Sogar in Kalifornien, wo wir leben und wo wir das ganze Jahr über freundliches Wetter genießen können, unterliegen wir den gleichen Hitzezyklen, mit einem Überschuss an Energie im Frühling und Herbst.

Situationsbedingte Hitze

Männliche Säugetiere kennen keinen östralen Zyklus oder geraten in Hitze, dennoch scheinen sie einen Einfluss auf das weibliche Geschlecht auszuüben. Bei vielen Primaten, die in Gruppen zusammenleben, löst die Ankunft eines neuen Männchens in der Gemeinschaft bei den Weibchen Hitze aus. Dem Neuen wird viel Aufmerksamkeit zuteil.

Ähnlich verhält es sich bei den Menschen. Wir haben beobachtet, dass die Ankunft eines unbekannten männlichen Wesens in einer Gruppe von Frauen Aufmerksamkeit erregt und diese darum konkurrieren, ihn besser kennen zu lernen. Vielleicht nähern sie sich ihm sogar mit sexuellen Absichten, und er mag sich wie ein Hengst vorkommen. Nach ein paar Monaten jedoch verlieren die Frauen ihr Interesse an ihm, oder eine von ihnen tut sich fest mit ihm zusammen. Wenn er neu in der Gruppe ist, denkt er, dass er gestorben sei und sich nun im Himmel befindet. Bald kehrt jedoch die Realität zurück, die Frauen kümmern sich nicht mehr um ihn, und er fragt sich, was er falsch gemacht hat.

Frauen, die zusammenleben oder viel Zeit zusammen verbringen, neigen dazu, auch gleichzeitig in die Hitze zu kommen. Wir kannten eine Gruppe von Frauen, die im gleichen Haus lebte; sie waren sich sehr verbunden und verbrachten viel Zeit miteinander. Sie hatten alle zur gleichen Zeit ihre Periode. Wenn sich eine neue Frau der Gruppe anschloss, hat sich ihr Zyklus verändert und sich dem der anderen Frauen angepasst. Etliche wissenschaftliche Untersuchungen haben sich bereits mit diesem Phänomen beschäftigt, und es wurden die unterschiedlichsten Resultate bekannt gegeben. Es scheint, dass die gemeinsame Regelblutung von der Beziehung abhängt, die die Frauen untereinander haben. Wenn sich die Frauen nicht gut verstehen, haben sie entweder keinen Einfluss auf den Zyklus der anderen oder bestimmen, dass die andere nicht zur gleichen Zeit menstruiert. Es wurde auch gesagt, dass Frauen, die sich mehr in der Gesellschaft von Männern aufhalten, ihre Blutungen regelmäßiger haben als diejenigen, die allein oder in Gesellschaft mit Frauen leben. Es wird spekuliert, dass der Schweiß des Mannes eine Substanz enthält, die diese Wirkung produziert. In diesen Untersuchungen wurde nachgewiesen, dass sich der Menstruationszyklus innerhalb kurzer Zeit von unregelmäßig in regelmäßig veränderte, wenn die Frauen mit männlichem Schweiß in Berührung kamen.

Willentliche Hitze

Anders als die meisten Säugetiere können Frauen zu jeder Zeit Sex haben. Sie müssen nicht auf einen Eisprung oder auf die Zeit vor der Periode warten, und es muss auch nicht Frühling sein. Frauen müssen nur den Wunsch nach Sex verspüren. Die Männer haben nicht wirklich diese Möglichkeit. Sie würden fast immer »ja« sagen, aber ihr Wunsch hat nicht den Effekt, dass die Frauen in ihrem Leben dem automatisch zustimmen. Wenn ein Mann auf Sex besteht und die Frau dazu zwingt, nennen wir das Vergewaltigung. Das heisst aber nicht, dass ihm nicht immer die Möglichkeit offen steht, mit der Frau zu flirten und zu versuchen, sie dazu zu verführen, dass sie nach ihm Verlangen verspürt.

Ein Mann kann sich nicht zu einer Frau hingezogen fühlen. Wenn diese aber scharf auf ihn ist, wird er das bald auch auf sie sein. Es handelt sich bei diesem Verhalten um ein Geschenk unserer weiblichen Vorfahren, welche den Männern im Tausch für Waren und Dienstleistungen Sex anboten, um zu überleben und ihre Gene an uns weiter zu geben.

Die Fähigkeit der Frau, willentlich Verlangen nach Sex zu verspüren, ermöglicht ihr diesen zu jeder Zeit. Nichts Interessantes im Fernsehen, kein Verlangen nach Essen, keine Lust aufs Lesen: Wie wäre es mit ein wenig Sex? Das Machen ist die perfekte Antwort auf das willentliche Verlangen, denn jeder Moment ist der richtige Moment, um zu machen oder gemacht zu werden. Sie muss auch keine Sorgen haben, schwanger zu werden oder sich eine Geschlechtskrankheit einzuhandeln. Sie muss auch nicht unbedingt geil auf einen Mann sein, sondern nur den Wunsch nach etwas Spaß für sich selbst verspüren. Sie darf ruhig zugeben, dass sie im Moment etwas lustlos ist; dann weiß der Partner wenigstens, womit er es zu tun hat. Seine Anerkennung, Wertschätzung, Neugierde und sein Interesse an ihr werden in ihr das Verlangen wecken. Wir haben schon wunderbare Zeiten miteinander erlebt, nachdem der andere zugegeben hatte, dass er nicht besonders viel Lust verspürte.

Wechseljahre

Alle Frauen kommen in die Wechseljahre, und es können die besten Jahre ihres Lebens sein, in sexueller und anderer Hinsicht. Frauen leben, anders als die meisten Tierweibchen, noch 30 bis 50 Jahre, nachdem sie ihre Fruchtbarkeit verloren haben. Um das fünfzigste Lebensjahr herum erleben sie eine weitere bedeutende Hormonveränderung. Ihre Gebärmutter produziert keine Follikel und die daraus entstehenden Eizellen mehr. Selbstverständlich hört dann auch die Regelblutung auf.

Natalie Angier stützt sich in ihrem Buch *Frau: Eine neue Biografie des weiblichen Körpers* auf die Forschungen von Kristen Hawkes, welche behauptet, dass die Frauen die Fähigkeit, noch lange über ihre fruchtbare Zeit hinaus zu leben, entwickelt haben, um den jüngeren Mitgliedern in ihrer Gruppe nützlich sein zu können. Gruppen, die auch aus älteren weiblichen Mitgliedern bestanden, haben besser überlebt als diejenigen, in denen diese gefehlt haben. Das hat im Lauf der Zeit dazu geführt, dass die Menschen immer älter wurden. Die Langlebigkeitsgene werden natürlich nicht nur an ein Geschlecht weitergegeben. Da auch die männlichen Wesen die Hälfte ihrer Gene von den Müttern erben, leben sie ebenfalls länger. Diese Theorie wurde in den Fünfzigerjahren verbreitet und war unter der Bezeichnung »Großmutters Hypothese« bekannt. Sie war in den letzten Jahrzehnten nicht mehr populär, heute wird sie jedoch wieder von einigen Wissenschaftlern vertreten.

In unserer Gesellschaft, die die Jugend verherrlicht, haben es ältere Frauen nicht leicht. Der Wert einer Frau wird nach ihrer Attraktivität eingestuft, weshalb den älteren Frauen keine große Beachtung zuteil wird. Männer achten dagegen weniger darauf, wie sie aussehen, da sie nach ihrer Produktivität und nicht nach ihrem Aussehen beurteilt werden. Deshalb sind die Wechseljahre für viele Frauen eine sehr schwierige Zeit. Viele von Veras weiblichen Verwandten wurden während dieser Zeit verrückt, ein paar haben sogar Selbstmord begangen. Vera hatte keine Vorstellung davon, was sie während der Menopause zu erwarten hat. Sie hat für sich entschieden, ihrem Orgasmus und ihrem Vergnügen viel Aufmerksamkeit zu widmen. Sie beschloss, täglich lange Orgasmen zu haben, und hat die Wechseljahre ohne Probleme hinter sich gelassen. Das ist nun schon fast 15 Jahre her, und Vera empfiehlt jeder Frau viele Orgasmen, wenn sie die Wechseljahre angenehm erleben möchte. Die Erfahrungen einer Person sind natürlich nicht aussagekräftig, und wir haben keine Beweise dafür, dass eine Frau, die regelmäßig Orgasmen hat, kaum Probleme während der Wechseljahre haben wird. Wir glauben jedoch, dass regelmäßige, intensive Orgasmen die Wechseljahre angenehmer und vergnüglicher machen.

Während der Wechseljahre sinkt der Östrogenspiegel, da die Eierstöcke nicht mehr so funktionstüchtig sind. Andere Zellen und Gewebe produzieren aber immer noch ein wenig Östrogen. Der Verlust des Östrogens scheint keinen Einfluss auf die Funktion der Klitoris zu haben: Sie reagiert nach wir vor auf Stimulanz und kann großes Vergnügen verspüren. Nichtsdestoweniger nehmen viele Frauen während und nach den Wechseljahren aus unterschiedlichen Gründen Hormone ein. Vera hat sich gegen die Einnahme von Hormonen entschieden, was jedoch nicht heißt, dass sie anderen Frauen davon abrät. Die Entscheidung für oder gegen Hormone liegt bei jeder Frau selbst. Wir empfehlen Ihnen, sich zu Beginn der Wechseljahre über eine Hormontherapie zu informieren.

Es gibt viele Für und Wider in puncto Hormontherapie, und

die neuesten Errungenschaften in der Medizin ermöglichen eine große Auswahl an Hormonen, unter denen sich eine Frau das-jenige aussuchen kann, auf das sie am besten anspricht. Man-che Frauen entscheiden sich vielleicht dafür, sofort mit der Hormoneinnahme zu beginnen, andere, wie Vera, warten da-mit oder nehmen nie welche ein.[15]

Manche Frauen hören mit dem Sex auf, wenn sie älter wer-den. Das muss aber nicht so sein. Sie benötigen keine funktio-nierenden Eierstöcke, um gute Orgasmen zu haben. Wir ken-nen eine Anzahl von Frauen, die die Wechseljahre hinter sich haben und deren Orgasmen immer besser werden. Ihre Kinder haben das Haus verlassen und sie haben mehr Zeit für sich. Die Wechseljahre bieten eine gute Gelegenheit, sich mehr mit Ihrem Körper zu beschäftigen und mehr Vergnügen zu empfin-den als jemals zuvor. Je positiver und aufmerksamer Sie Ihren Körper betrachten und je mehr Sie lernen, sich so zu lieben, wie Sie sind, umso mehr Sexappeal werden Sie haben und umso at-traktiver werden Sie auch andere finden!

Sexdealer

In diesem Abschnitt beschäftigen wir uns mit dem Unterschied zwischen Menschen und unseren primitiven Verwandten aus dem Tierreich und speziell mit der Fähigkeit des willentlichen Sex. Wir werden auch einige anthropologische Ähnlichkeiten und Unterschiede zwischen uns und anderen Primaten unter die Lupe nehmen und erklären, warum der Eisprung beim Men-schen nicht sichtbar ist. Wir haben diese Informationen in die-ses Buch mit aufgenommen, damit Sie besser verstehen, warum Sie willentlich Lust auf Sex bekommen und wie und warum es sich bei uns Menschen so entwickelt hat. Wir glauben, je besser wir unsere nächsten Verwandten und die sexuellen Ähnlich-keiten und Unterschiede zwischen uns verstehen, umso besser verstehen wir den Platz, den wir in der Natur einnehmen und unser Vermögen, Vergnügen zu empfinden.

Helen Fishers Ausführungen in *The Sex Contract* zu Folge haben die Frauen die Fähigkeit, willentlich Sex zu haben, entwickelt, als sie die Bäume verließen und lernten, auf zwei statt auf vier Beinen zu laufen. Wenn eine Frau paarungsbereit ist und auf zwei Beinen steht, ist dies weniger ersichtlich, als wenn sie sich auf vier Beinen bewegt, da ihre Genitalien verdeckt sind. Gleichzeitig wurden die Köpfe der Neugeborenen größer, da sich unser Gehirn und unser Gehirnvolumen kontinuierlich entwickelten.[16]

Analog mit der Vergrößerung des Kopfumfangs bei den Neugeborenen verringerte sich der Hüftumfang der Frauen, da dieser Knochenbau einer aufgerichteten Körperhaltung dienlicher ist. Gleichzeitig sank aber die Dauer der Schwangerschaft, so dass die Babys zum Zeitpunkt der Geburt immer hilfloser wurden. Da die Frauen sich um diese hilflosen Kinder mehr kümmern mussten, bedeutete das, dass sie nicht mehr wie früher auf die Jagd gehen oder Nahrung sammeln konnten – es ist schwierig, den ganzen Tag ein Baby mit sich herumzutragen, wenn man auf zwei Füßen geht und es im Arm halten muss. Anders als bei den Primaten klammern sich die Menschenkinder nicht an ihrer Mutter fest. Die Frauen mussten notgedrungen in der Nähe des Lagerplatzes bleiben.

Fisher führt aus, dass unsere frühen weiblichen Vorfahren sich darum bemühen mussten, jemanden zu finden, der ihnen bei der Aufzucht der Kinder und der Nahrungssuche für sich und ihren Nachwuchs behilflich war. Sie haben Sex für Nahrung, Unterstützung und Schutz angeboten. Frauen, die am häufigsten Sex anbieten konnten, stand am meisten Nahrung für sich und die Kinder zur Verfügung. Sie überlebten und pflanzten sich fort. Sie gehörten zu den Stärksten und gaben diese Merkmale an ihre Kinder weiter. Genau dieses Verhalten, das

Überleben der Fittesten über einen langen Zeitraum hinweg, führte dazu, dass die Frauen die Fähigkeit entwickelt haben, jederzeit Sex zu haben, sogar während der Schwangerschaft und während der Aufzucht ihrer Kinder. Somit war ihre und die Versorgung ihrer Kinder gewährleistet. Es handelt sich hierbei natürlich nur um eine Theorie, die wahrscheinlich nie bewiesen werden kann. Einige Anthropologen behaupten sogar, dass die Fleischmenge, die die Jäger mit nach Hause brachten, sehr gering war, so dass es den Frauen gar nichts gebracht hätte, Sex im Austausch für Nahrung anzubieten. Auch wenn das so stimmen würde, kann nicht geleugnet werden, dass der Zusammenschluss einer Frau mit einem Mann oder mehreren Männern für ihre und die Sicherheit ihrer Kinder vorteilhaft war.

Wir konnten während unserer Forschungen über das Sexualverhalten der Frauen beobachten, dass Frauen unter 30 (manchmal auch ein wenig älter) sich eher wie »Dealer« oder »Puscher« als Konsumenten von Sex verhalten. Das bedeutet, dass sie Sex nicht zum eigenen Vergnügen praktizieren, sondern es im Austausch für Waren und Dienstleistungen von ihren Liebhabern tun. Oder auch für eine emotionale Belohnung, wie Liebe oder ein Gefühl von Sicherheit. Das heutige Verhalten vieler Paare simuliert diesen Essen-für-Sex-Austausch, welches vielleicht auf unsere früheren Vorfahren zurückgeht, und ist vielleicht die Erklärung dafür, warum Männer Frauen für gewöhnlich zum Essen einladen. Sie denken vielleicht, dass sie, wenn sie genug Geld für die Frau ausgeben, mit Sex belohnt werden. Wir haben natürlich auch Frauen kennen gelernt, die sich anders verhielten – die schon als Twens Sex ausschließlich zum eigenen Vergnügen hatten und lernen wollten, wie sie einen verlängerten Orgasmus erreichen.

Dieser Austausch Essen für Sex ist in der heutigen Zeit nicht mehr angebracht. Die moderne Frau ist von keiner Person mehr vollkommen abhängig, um sich und ein Kind am Leben

zu erhalten. Es gibt mehr allein erziehende Mütter, die erfolgreich Kinder groß ziehen, als jemals zuvor (obwohl diese dabei
auch häufig von ihren Müttern oder Freunden unterstützt werden). Eine Freundin von uns wurde absichtlich schwanger, ohne
den Vater des Kindes jemals davon in Kenntnis gesetzt zu haben; sie hat das Kind allein zu einem liebenswerten Mann erzogen. Sie wurde dabei jedoch sehr von ihrer Mutter und ihren
Verwandten unterstützt. Erst in den letzten 25 Jahren des zwanzigsten Jahrhunderts haben Frauen bewusst beschlossen, Kinder ohne den Vater großzuziehen. Zuvor war dies nur der Fall
gewesen, wenn die Frau entweder Witwe oder vom Ehemann
verlassen worden war. Es gibt auch Familien, in denen der Vater
die Kinder allein erzieht. Meist kommt dies jedoch nur dann
vor, wenn die Mutter tot ist oder die Familie verlassen hat.

Für Männer ist es nicht ersichtlich, wann eine Frau ihre
fruchtbaren Tage hat. Es gibt bei ihr keine auffälligen äußeren
Anzeichen, wie es bei vielen Tieren der Fall ist. Warum ist es
nicht nur für den Mann, sondern auch für die Frau nicht eindeutig erkennbar, wenn sie geschwängert werden kann? Darüber diskutieren die Wissenschaftler. Die meisten weiblichen
Tiere nehmen den Penis des Männchens nur während der Tage, in der sie schwanger werden können, in ihrer Scheide auf. Es
sind Hormone, die bei den Weibchen die Läufigkeit auslösen.
Sie werden in dieser Zeit auf die Männchen aufmerksam und
von ihnen auch bemerkt. Bei vielen Tieren, einschließlich der
Affen und Menschenaffen (unseren nächsten Verwandten), ist
die Paarungsbereitschaft bereits äußerlich zu erkennen. (Bei
vielen weiblichen Primaten sind die Genitalien angeschwollen
und stark durchblutet, ein deutliches Zeichen für die Männchen.) Weibliche Primaten können während des Zyklus die
Einführung eines Penis akzeptieren; sie zeigen jedoch nur Interesse, wenn sie deutlich erkennbar in Hitze sind.

Da die Männer nie mit Sicherheit sagen können, wann eine

Frau fruchtbar ist, können sie auch nicht eindeutig wissen, ob sie der leibliche Vater des Nachwuchses sind. Umgekehrt gilt das Gleiche: Es ist auch nicht sicher, dass das Kind *nicht* von ihnen ist. Die Vaterschaft ist für den Mann wichtiger als für andere Primaten, da bei den Menschen der männliche Teil für gewöhnlich mehr an der Erziehung der Kinder beteiligt ist, als es bei den Tiermännchen üblich ist. Viele Tiermännchen wollen nur ihren Samen im Weibchen loswerden; das ist alles, was sie interessiert. Ein Mann beteiligt sich für gewöhnlich an der Erziehung der Kinder. Bei so viel Zeit- und Arbeitsaufwand sind nur wenige Männer bereit, sich um die Kinder anderer Väter zu kümmern. (Wir sprechen hier aus der Perspektive unserer Gene und wollen damit nicht sagen, dass einige Männer nicht Stief- oder Adoptivväter sein wollen.)

Die Menschen haben die längste Zeit in ihrer Geschichte als Jäger und Sammler gelebt. In dieser Gesellschaft war es nicht unüblich, dass mehr als ein Mann einer Frau bei der Aufzucht des Kindes behilflich war. Der Mann wusste, dass er der Vater des Kindes sein könnte, darum war es selbstverständlich, dass er der Frau behilflich war, auch wenn diese mehr als einen Liebhaber hatte. Die Unkenntnis über den leiblichen Vater des Kindes hat auch verhütet, dass ein Mann ein Kind aus Eifersucht tötete, da es ja auch sein eigenes hätte sein können.

Schimpansen und weitere Affengeschichten

Die Veranlagung, uns willentlich für Sex zu entscheiden, liegt vielleicht in unseren Genen. Menschen und der Zwergschimpanse – auf dem Stammbaum der Evolution zusammen mit dem gewöhnlichen Schimpansen unser nächster Verwandter – sind die einzigen Lebewesen, von denen bekannt ist, dass sie sich willentlich für Sex entscheiden können. Alle drei Arten der Primaten hatten vor etwa acht Millionen Jahren einen gemeinsamen Vorfahren. Die Gene des Menschen stimmen auch zu 98,3 Prozent mit denen anderer Primaten überein.

Wie wir weiter vorne im Buch bereits angemerkt hatten, sind wir der Überzeugung, dass die Lust ein Normalzustand ist. Wenn wir das Verhalten von Bonobos betrachten, erkennen wir die Möglichkeit im Menschen, seine Lust zuzulassen. Zwergschimpansen praktizieren Sex noch häufiger als der Mensch; sie brauchen dafür keinen bestimmten Grund. Sex gehört zu ihrem Affenalltag: Sie haben Sex, um Auseinandersetzungen zu schlichten und Entscheidungen zu treffen, wie etwa darum, wer zuerst fressen darf. Sie praktizieren sowohl den Geschlechtsverkehr zwischen Weibchen als auch zwischen Männchen und Weibchen. Sie haben dabei Kontakt über die Genitalien, den Mund und die Genitalien sowie die Hand und Genitalien. Man hat Zwergschimpansen dabei beobachtet, wie sie sich auf die Lippen küssen, oralen Sex praktizieren oder so etwas wie einen französischen Kuss austauschten. Die Weibchen haben eine sehr große Klitoris (die Menschen haben nicht die größten unter den Primaten), welche sehr gut sichtbar ist. Zwergschimpansen machen kein Geheimnis daraus, wenn sie sexuell erregt sind.

Anders als bei anderen Primaten, wo die größeren Männchen zuerst ans Fressen dürfen, sind es bei den Zwergschimpansen die Weibchen. Sie bestimmen, was in der Gruppe passiert. Und wenn ein Männchen Schwierigkeiten macht, tun sich die Weibchen zusammen und machen ihm das Leben schwer.[17] Wie die Menschen, so können auch Zwergschimpansen aufrecht gehen (sich allerdings auch auf allen Vieren gut fortbewegen).

Einige Primaten, wie die Gorillas, leben in Gruppen, wo sich ausschließlich ein Männchen mit den Weibchen in seinem Harem paart. Er tut das nur, wenn sie in Hitze sind. Andere Primaten, wie der gewöhnliche Schimpanse, leben in hierarchisch geordneten Gruppen, wo mehr als nur ein Männchen sich mit den Weibchen paaren dürfen. Aber auch hier kommt es nur zu einer Paarung, wenn die Weibchen in Hitze sind. Einige Primaten suchen sich einen festen Partner, ähnlich wie wir Menschen. Sie sind im Vergleich zu uns aber viel treuer. Zu diesen Tieren gehört zum Beispiel der Gibbon, der mit seiner Partnerin ein von anderen Artgenossen isoliertes Leben führt. Natalie Angier schreibt in ihrem bereits genannten Buch, dass Rhesusaffen sogar dann mit einem Weibchen aus ihrer Gruppe Sex haben, wenn es nicht in Hitze ist, sie das aber nur tun, wenn das Paar allein ist. Wenn andere Mitglieder der Gruppe in der Nähe sind, gibt es Sex nur, wenn das Weibchen in Hitze ist.[18]

Die Größe der Hoden von Primaten ist unterschiedlich, je nachdem, wie sich die einzelnen Arten entwickelt haben. Schimpansen, die kleiner als Menschen sind, haben größere Genitalien als diese, da sie sich bei der Paarung gegen viele Konkurrenten durchsetzen müssen. Um sicher zu sein, dass er und nicht ein anderer Schimpanse die jungen Weibchen schwängert, braucht er viel Sperma; deshalb haben Schimpansen große Hoden. Obwohl männliche Gorillas größer als Männer sind, sind ihre Genitalen viel kleiner als die menschlichen. Für einen Gorilla, der es zum Führer in einem Harems gebracht hat, gibt es in sexueller Hinsicht wenig Konkurrenz; daher benötigt er auch nicht viel Sperma, um die Reproduktion zu gewährleisten. Natürlich wird der Chef eines Harems immer wieder von anderen Gorillas, die ihn vom Thron stoßen möchten, zum Kampf aufgefordert. So lange er aber das Oberhaupt ist, werden sich die Gorillaweibchen nur mit ihm paaren. Der Mann hat im Vergleich mit anderen Primaten mittlere bis große Hoden. Das ist wahrscheinlich darauf zurückzuführen, dass Männer, obwohl sie in der Regel in festen Beziehungen leben, es häufig nicht lassen können, auch mit anderen Frauen Sex zu haben, und eine Vaterschaft daher fraglich sein könnte.[19]

In diesem Kapitel haben wir die Ähnlichkeit der Menschen mit anderen Säugetieren, vor allem den Primaten, beschrieben und nachvollzogen, wie es auf Grund der Evolution zu Unterschieden kam. Obwohl wir viele Charakteristiken und Gene mit den Primaten teilen, sind wir unter ihnen die einzigen, bei denen das Gehirn ein großen Frontallappen entwickelt hat.

Wir sind die einzigen Tiere, die in der Lage sind, kreativ zu sein – sei es in der Wissenschaft oder der Kunst – und unsere Errungenschaft in Büchern, durch Unterricht oder jetzt den Computer an andere weiter zu geben. Wir sind auch die einzigen Tiere, die wissen, wie ein Intensiver Verlängerter Orgasmus möglich ist. Keiner der anderen Primaten, die Zwergschimpansen inbegriffen, hat die Fähigkeit, zu lernen, wie man bei anderen einen Verlängerten Orgasmus erreicht. Im Vergleich zu anderen Kulturen sind wir jedoch auch die einzige, in der bekannt ist, wie es gemacht wird.

11.

Bewusste Wahl

Viele Menschen sind Opfer ihrer Erziehung und Emotionen. Sie verstehen nicht, dass sie die Wahl haben, zu bestimmen, wie ihr Leben verlaufen soll. Und die Macht haben, es in eine bestimmte Richtung zu lenken. In diesem Kapitel zeigen wir, wie Menschen immer und immer wieder Fehler wiederholen, und erklären aber auch, was sie tun können, damit sich ihr Leben zum Positiven verändert. Eine positive Einstellung ist sehr hilfreich, wenn Sie lernen wollen, wie Sie selbst einen Intensiven Verlängerten Orgasmus haben und bei anderen bewirken können. Wir beschreiben auch einige Möglichkeiten, die Menschen zur Verfügung stehen, wenn sie sich von einem Verlierer zu einem Sieger verwandeln möchten.

Der weiße Ritter

Es war einst ein hübsches, junges Mädchen,
das sehnsüchtig auf ihren weißen Ritter wartete.
Sie hat sich alle in Frage kommenden Männer angesehen,
aber an jedem etwas auszusetzen gehabt.
Der Müller war zu dick, der Metzger zu grob.
Einige waren zu blass, andere wiederum zu rot.
Einige waren zu arm oder zu kauzig.
Täglich hat sie auf ihrem Balkon gewartet,
immer in der Hoffnung, dass der Richtige auftauchen
     würde.

In der Ferne nahm sie eine Staubwolke wahr, und
ihr Herz fing schneller zu schlagen an.
Die Gestalt kam näher und nahm Form an.
Könnte dies das Ende ihrer einsamen Tage bedeuten?
Es war ein Ritter, wie es einen weißeren nicht gibt,
hoch auf dem Ross, in nobler Haltung.
Er hielt bei ihr an und stieg vom Pferd.
Er sagte, er sei gekommen, um ihre Wünsche zu erfüllen.
Sie sagte: »Das ist prima. Lass mich mal überlegen.
Würdest du für mich einen Drachen töten?«
»Das ist meine Pflicht«, erwiderte der Ritter,
der schon viele Drachen getötet hatte.
Er stieg auf sein Pferd und ritt davon,
um furchtlos einen Drachen zu töten.
Er schnitt die Ohren und den Schwanz des Drachen ab
und machte diese dem Mädchen zum Geschenk.
Sie sagte: »Das ist prima. Lass mich mal überlegen.
Würdest du für mich einen größeren Drachen töten?«
»Das ist meine Pflicht«, erwiderte der Ritter,
und hoffte, dass er sie dadurch gewinnen könnte.
Der Drache war riesig, er spuckte Feuer.
Dieser Ritter war jedoch tapfer und stark.
Er durchbohrte den Bauch des Drachen mit seinem
    Schwert.
Der Drache starb, ohne einen weiteren Atemzug zu tun.
Und wieder brachte er den Schwanz und die Ohren zurück
und hoffte, vom Mädchen mit Freudenschreien empfangen
    zu werden.
Nichts dergleichen passierte, denn sie wollte mehr,
einen noch größeren Drachen sollte er für sie töten.
Sofort stieg der Ritter wieder auf sein Pferd und machte
sich auf den Weg zur Höhle, wo die Drachen schliefen.
Es entbrannte ein Kampf, der im Nachhinein in Liedern

verewigt wurde, wie der Drache schließlich bezwungen
wurde.
Der Drache, der sich auf den Ritter stürzen wollte,
übersah das Messer in dessen Hand.
Der Ritter tötete den Drachen mit großem Geschick.
Aber das Mädchen war immer noch nicht zufrieden und
wollte einen weiteren Beweis.
Der Ritter hatte genug davon, er wollte keinen weiteren
Test bestehen und verschwand in Richtung Westen.
Sie drehte sich enttäuscht um und dachte für sich:
Es war nicht mein weißer Ritter, nicht besser als alle ande-
ren zuvor.

Viele Frauen (aber auch viele Männer) leiden an diesem, wie
wir es nennen, »Weißer-Ritter-Syndrom«. Jede Person, die sie
treffen, entspricht nicht ganz ihren Vorstellungen. Manchmal
wissen sie sofort, dass der andere nicht das ist, was sie sich
wünschen. Mit anderen gehen sie mehrmals aus oder leben sogar eine Zeit lang zusammen, bevor sie feststellen, dass er nicht
der Richtige ist. Alle, die an diesem Weißer-Ritter-Syndrom leiden, glauben, dass die Guten bereits vergeben sind.

Es ist aber in Wahrheit so, dass diese bereits »vergebenen«
weißen Ritter nicht immer weiße Ritter waren. Sie waren Frö-
sche, so wie alle anderen Männer auch, bis sie eine Frau trafen,
die intelligent genug war, das Potenzial in ihnen zu erkennen
und sie lehrte, wie sie behandelt werden möchte.

Wie haben es die Frauen angestellt, dass aus diesen Fröschen
Ritter wurden? Sie haben sie auf freundliche Art erzogen, was
heißt, dass sie ihnen ohne Wut die Wahrheit sagen. Sie geben
den Männern auch das Gefühl, Helden zu sein, und äußern klar
und präzise ihre Wünsche so oft und so lange, bis die Männer
verstehen, was von ihnen erwartet wird und dies dann auch erfüllen.

In der Sage konnte sich der Ritter zu keiner Zeit wie ein Held fühlen; er war nur ein Metzger. Wenn das Mädchen seine Leistung anerkannt und ihn gelobt hätte, ihn zu einem Helden gemacht hätte, hätte er für sie freiwillig und gern noch weitere Drachen getötet.

Wir kennen eine Frau, die seit zehn Jahren nach ihrem weißen Ritter Ausschau hält. Einer war zu arm. Der andere hatte zu viel Geld und Aufmerksamkeit für seine Autos aufgewendet. Ein anderer war zu alt. Wieder ein anderer zu hässlich. Einer von ihnen stand auf Pornovideos. Ein anderer Freund war in seinen politischen Ansichten zu konservativ; der andere zu liberal. Einer hatte einen komischen Akzent, ein anderer Warzen im Gesicht (ein echter Frosch!). Einer war zu religiös, ein anderer trank zu viel. Die Liste kann beliebig verlängert werden.

Wir sind nicht der Meinung, dass jeder in einer Beziehung leben muss; wenn Sie jedoch sagen, dass es das ist, was Sie sich wünschen, dann ist die einzige Möglichkeit, dass Sie eine wunderbare, erfüllende Beziehung schaffen können, einen Frosch zu finden und ihn durch Liebe und Aufmerksamkeit zu Ihrem Ritter zu machen. Es ist keine schlechte Idee, sich ein wenig umzusehen – Sie müssen nicht den ersten Frosch heiraten, der angehüpft kommt, obwohl wir etliche »Erste-Liebe-Ehen« kennen, die Bestand haben und gut funktionieren. Wenn Sie entscheiden, dass Sie in einer Beziehung leben möchten, werden Sie schnell ein Gespür dafür entwickeln, was zur Auswahl steht. Nun können Sie die Person auswählen, von der Sie glauben, dass Sie mit dieser ein Leben lang zusammen sein können. Wenn Sie dem Trainingszyklus folgen – den Partner anerkennen und loben und unbeirrbar Ihren Wünschen folgen –, werden auch Sie in der Lage sein, aus einem Frosch einen weißen Ritter zu machen.

Eifersucht

Obwohl Sie vielleicht den Prinzen oder die Prinzessin gefunden haben, heißt das nicht, dass Sie von nun an bis ans Ende Ihrer Tage glücklich zusammen leben werden. Eifersucht kann eine Menge Probleme verursachen.

Die meisten Menschen stufen die Eifersucht als eine negative Emotion ein. Weiter vorne im Buch haben wir erklärt, warum Emotionen entweder als positiv oder negativ empfunden werden. Das hängt von dem Grad der Verantwortung ab, die wir für die Situation übernehmen, die Auslöser für die Emotion ist. Die meisten Menschen finden, dass sie über die Eifersucht keine Kontrolle haben. Dies ist aber nicht immer der Fall. In diesem Abschnitt betrachten wir unterschiedliche Arten der Eifersucht und erklären Ihnen, wie Sie sie unserer Meinung nach am besten in den Griff bekommen.

Eifersucht setzt sich aus drei Teilen zusammen: Neid, Ausgeschlossensein und Erregung. Wenn Sie die Gefühle Neid und Ausgeschlossensein eliminieren können, bleibt nur noch die Erregung. Neid verspüren Sie, wenn jemand etwas hat, was Sie gerne hätten, und Sie dieser Gedanke verrückt macht. Es kann alles Mögliche sein, worauf Sie neidisch sind: auf das größere Auto, das Ihr Nachbar fährt, oder auf Ihren Partner, der mit jemand anders flirtet. Wenn Sie Neid verspüren, sind Sie nicht im Einklang mit der Welt, wie sie ist. Den Ist-Zustand nicht zu akzeptieren ist ein todsicherer Weg, unglücklich zu sein, zu einem »Verlierer« zu werden; es ist eine Form, »aus der Kontrolle« zu geraten. Am einfachsten ist es, die Kontrolle wieder zu erlangen, wenn Sie mit der Welt übereinstimmen, wie sie ist. Akzeptieren Sie die Welt, so wie sie ist, und gestehen Sie sich ein, dass es in Ordnung ist, sich Dinge zu wünschen, und dass Sie sich deswegen keine Vorwürfe machen müssen.

Und wie verhält es sich mit dem Ausgeschlossensein? In unserer Gesellschaft beruhen Beziehungen auf sexueller Treue zu einem Partner. Wir lernen von klein auf, dass wir immer nur mit einer Person zusammen sein und auch nur für diese Gefühle empfinden sollen. Viele Beziehungen gehen in die Brüche oder werden zumindest in ihren Fundamenten erschüttert, wenn ein Partner sich nicht an diese Übereinkunft hält. Der andere Partner reagiert eifersüchtig, und der Kampf beginnt. Ein Mensch kann aber auch eifersüchtig reagieren, ohne dass ein offensichtlicher Grund vorliegt. Es reicht schon, wenn der Partner für jemand anderen Interesse zeigt, das muss gar nichts mit Sex zu tun haben. Die meisten Menschen, die in einer festen Beziehung leben und Sex auch mit anderen Personen haben, verschweigen dies dem festen Partner, da sie nicht für das, was sie tun, bestraft werden oder die Affäre nicht beenden möchten.

Wenn Sie einen derart wichtigen Bereich Ihres Lebens dem Partner vorenthalten, lieben Sie ihn weniger. Sie entfernen sich von ihm. Je mehr Sie verschweigen, umso größer wird die Distanz zwischen Ihnen. Ihre Lügen und Ihre Heimlichtuerei vermindern den Respekt für den Partner, vor allem, wenn dieser die Lügen glaubt. (Die meisten Frauen wissen oder spüren instinktiv, wenn ihr Partner sie belügt; oft aber möchten sie die Wahrheit gar nicht wissen und erhalten die Beziehung aus Angst vor dem Alleinsein aufrecht.)

Um das Gefühl des Ausgeschlossenseins zu bewältigen, müssen Sie sich aktiv am Geschehen beteiligen. Wir kennen eine Frau, deren Ehemann mit einer anderen eine Beziehung unterhielt. Es begann nicht gleich mit Sex zwischen ihnen; sie flirteten und neckten sich. Die Frau spürte instinktiv, dass ihr Mann mit dieser Frau etwas hatte, auch ihre Freunde bestätigten es ihr. Sie war zutiefst verletzt und sehr eifersüchtig. Sie beschloss, die andere Frau kennen zu lernen, sie trafen sich zum Frühstück in einem Restaurant. Zu ihrer Überraschung musste sie feststellen, dass die andere sogar recht nett war. Sie hatten sogar eine Menge gemeinsam.

Die beiden Frauen freundeten sich an, und die Ehefrau vereinbarte einen Termin für ihren Ehemann, an dem er mit der anderen Sex haben könnte. Wie sich jedoch herausstellte, hatte er gar nicht viel Spaß an diesem »arrangierten« Sex, und die Affäre ging zu Ende. Die zwei Frauen blieben Freundinnen.

Nicht alle Szenarien enden natürlich so glücklich. Dennoch raten wir Ihnen, sich aktiv am Geschehen zu beteiligen, von dem Sie sich ausgeschlossen fühlen. Es ist nur ehrlich, wenn Sie sich eingestehen, dass Sie eifersüchtig sind. Manche Leute würden nie zugeben, dass sie eifersüchtig sind, nicht einmal sich selbst gegenüber. Entweder lügen sie oder sind völlig gefühllos. Möchten Sie einen Partner, der nie seine Eifersucht zeigt, egal was Sie tun? Das würde Sie wahrscheinlich dazu veranlassen, ihn immer mehr zu provozieren, damit er endlich reagiert. Indem Sie zugeben, ohne böse oder vergeltungssüchtig zu sein, dass Sie eifersüchtig sind, zeigen Sie Ihre Liebe. Das allein wird die Situation, die Anlass für die Eifersucht ist, nicht einfach verschwinden lassen. Aber Sie zeigen Ihre wahren Gefühle und Ihre Liebe.

Woody Allen sagte einmal: »Gott schenkte dem Mann ein Hirn und einen Penis, aber nur so viel Blut, dass er nie beide zur selben Zeit benutzen kann.« Das heißt jedoch nicht, dass die Männer keine Schuld trifft, wenn sie fremdgehen. Jeder trägt die Verantwortung für sein eigenes Leben. Männer gehen für gewöhnlich auf der Suche nach Lust fremd, wenn sie diese zu Hause nicht mehr bekommen. Frauen hingegen tun es, wenn sie sich vernächlässigt fühlen und ihnen ein anderer Mann seine romantische Liebe anbietet. In vielen Kulturen ist es ganz normal, dass Männer Ehefrauen und Geliebte gleichzeitig haben. Unsere Kultur betrachtet den außerehelichen Sex eher mit Abneigung; es liegt also an Ihnen, in Ihrer Beziehung die Kommunikation aufrechtzuerhalten und für genug Spaß zu sorgen. Wenn die Menschen Angst davor haben, ihre verborgensten Gedanken und Wünsche mit ihrem Partnern zu teilen, weil sie befürchten, bestraft zu werden, sind sie entweder zu einer langweiligen Beziehung verdammt, oder zu einer, in der sie vom Partner betrogen werden.

Was übrig bleibt, wenn Sie sich von den Gefühlen Neid und Ausgeschlossensein befreit haben, ist die Erregung, die sexuelle Energie, die in großartige Orgasmen umgelenkt werden kann. Dieses Übermaß an Energie ist für viele Leute nicht mehr angenehm und kaum zu ertragen. Das ist auch der Grund dafür, warum viele Leute dann versuchen, die Energie auf ein angenehmeres Niveau herunterzubringen, bevor sie Sex haben. Wenn Sie diese Energie an ihrem höchsten Punkt in sexuelle Energie umwandeln können, wird Sie das Ergebnis verblüffen. Sie haben es geschafft, die in der Eifersucht steckende Energie in eine positive Emotion umzuwandeln.

Viele Menschen fühlen sich als Opfer. Sie übernehmen nicht die Verantwortung dafür, ein Leben zu führen, wie sie es sich wünschen. Lieber warten sie darauf, dass der weiße Ritter auftaucht und ihr Leben verzaubert; sie überlassen die Verantwortung für ihr Leben äußeren Kräften. Sie verhalten sich so, dass sie zwangsläufig zum Verlierer werden. Menschen werden auch Opfer, wenn sie mit der Eifersucht konfrontiert werden. Sie werden leiden, wenn sie nicht die Verantwortung auch dafür übernehmen. Wenn Sie für Ihr Leben und alle Ihre Emotionen die Verantwortung übernehmen, werden Sie selbst Ihr Leben gestalten. Und zwar so, wie Sie es mögen und schätzen.

12.

Sicherer Sex

Da jede sexuelle Aktivität, einschließlich der Techniken des Intensiven Verlängerten Orgasmus, Sie mit sexuell übertragbaren Krankheiten in Berührung bringen kann, haben wir uns entschlossen, dieses Kapitel dem Buch hinzuzufügen. Wir setzen uns mit dem Thema, wie Sie sich und Ihren Partner vor durch Sex übertragbaren Krankheiten schützen können, auseinander. Wir werden darüber sprechen, worum es sich bei HIV und AIDS handelt, und erklären, wie Sie sich vor HIV schützen können, ohne dass dabei das Vergnügen zu kurz kommt. Ferner haben wir weitere durch Sex übertragbare Krankheiten mit in dieses Kapitel aufgenommen und erläutern, wie Verletzungen der Genitalien beim Geschlechtsverkehr vermieden werden können.

HIV und AIDS

Als Vera und ich in den späten Sechzigerjahren mit den Forschungen zum Thema Sex begannen, waren HIV und AIDS noch unbekannt. Natürlich gab es andere durch Sex übertragbare Krankheiten, wie Gonorrhö und Syphilis, aber niemand machte sich große Gedanken über das Thema Sicherer Sex, da diese Krankheiten heilbar waren. Viele Menschen (vor allem in Kalifornien) hatten häufig Sex und mit vielen unterschiedlichen Partnern. Mit dem Erscheinen von HIV und AIDS in den Achtzigerjahren hat sich das entscheidend verändert.

Heutzutage gibt es keine absolut sichere Form von Sex, außer Masturbation, Telefonsex und Cybersex. Von Gesundheitsämtern und auch in Kursen zum Thema Sex wird empfohlen, dass Männer Kondome verwenden, wenn sie Geschlechtsverkehr mit jemandem haben, mit dem sie nicht in monogamer Gemeinschaft zusammenleben. Zusätzlich werden noch spezielle Teile zum Überstülpen über Zähne und Zunge beim oralen Geschlechtsverkehr empfohlen. Natürlich ist die Verwendung von Kondomen und anderer dem Schutz vor Geschlechtskrankheiten dienender Mittel sicherer, als gar nichts in dieser Hinsicht zu unternehmen. Sie sollten sich jedoch immer darüber im Klaren sein, dass Sie sich auch damit auf ein russisches Roulette einlassen, da diese brechen oder undicht sein können. Und das kommt – wenn auch nur in seltenen Fällen – durchaus mal vor. Wenn Sie eine Sexform praktizieren, bei der es zum Austausch von Schleim oder anderer Körperflüssigkeiten kommt (wie Sperma oder vaginaler Ausfluss), raten wir Ihnen dringendst, jede Vorsichtsmaßnahme zu ergreifen, die Sie vor HIV und anderen sexuell übertragbaren Krankheiten schützen kann.

Wir weisen neben der Gefahr beim Vaginalsex vor allem auch auf die Gefahr beim Analsex hin, da es dabei sehr leicht zu Schürfwunden und Blutungen kommen kann. Es wird vermutet, dass der ungeschützte anale Geschlechtsverkehr in den Achtzigerjahren für die hohe Anzahl an HIV erkrankter Homosexueller verantwortlich war. Sogar das Küssen kann ein gewisses Risiko in sich bergen (obwohl sehr wenige, wenn überhaupt Fälle der HIV-Übertragung durch das Küssen bekannt sind): wenn zum Beispiel beide Partner Zahnfleischbluten haben. Seien Sie vorsichtig – es handelt sich um Ihr Leben.

Der Einzug von AIDS dämpfte die sexuelle Euphorie und Freizügigkeit der Sechziger- und Siebzigerjahre, wobei wir bereits vorher schon einen Rückgang feststellen konnten, da auch die Einstellung der Gesellschaft gegenüber Sex Zyklen unterliegt: von Unterdrückung hin zu freiem Umgang und wieder retour. (So war die Einstellung zu Sex im 18. Jahrhundert zum Beispiel ziemlich liberal, wohingegen in der viktorianischen Ära alles unterdrückt wurde, was mit Sex zu tun hatte – es wurden sogar Tisch- und Stuhlbeine verhüllt, damit die Männer nicht in Versuchung gerieten, bei deren Anblick an Sex zu denken!) Auf Grund dieser natürlichen Zyklen wird unsere Gesellschaft in den kommenden Jahren wahrscheinlich wieder offener mit Sex umgehen.

Es ist unsere Hoffnung, dass für verantwortlich handelnde Menschen das »Machen« die hauptsächlich praktizierte Sexform wird. Das »Machen«, und hier vor allem die kunstvolle Stimulation der Klitoris, ist eine der sichersten Sexpraktiken (dass es eine der befriedigendsten ist, haben wir ja schon oft genug betont). Niemand kann dadurch schwanger werden, und es besteht kaum die Möglichkeit, sich dadurch eine Geschlechtskrankheit einzuholen.

Weitere sexuell übertragbare Krankheiten

Am häufigsten werden sexuell übertragbare Krankheiten durch den Geschlechtsverkehr weitergegeben. Hierzu gehören die von Bakterien verursachten Krankheiten wie Gonorrhö, Syphilis oder Chlamydien (die häufigste Geschlechtskrankheit). Genitalwarzen und Herpes sowie HIV sind Virusinfektionen. Trichomoniasis, eine Vaginalinfektion, kann durch Geschlechtsverkehr, aber auch durch das Benutzen eines gemeinsamen Handtuchs auf eine andere Person übertragen werden. Candida, eine Hefeinfektion, kann man ebenfalls durch Geschlechtsverkehr bekommen. Viele dieser Krankheiten äußern sich bei den Frauen durch das Auftreten ähnlicher Symptome: vermehrter Ausfluss, übler Geruch und sogar Blutungen. Bei den Männern

schwellen die Hoden an oder sie verspüren ein Brennen beim
Urinieren. Es kommt jedoch häufig vor, dass sexuell übertragbare Krankheiten vor allem bei Männern über einen längeren
Zeitraum hinweg keinerlei Symptome zeigen, daher nicht behandelt werden und viel Schaden anrichten können. Wenn Sie
ein Single sind und häufiger die Sexpartner gewechselt haben,
empfehlen wir Ihnen, einen Arzt aufzusuchen, um sich auf an-
steckende Krankheiten untersuchen zu lassen. Bitten Sie auch
Ihre zukünftigen Sexpartner darum, sich diesem Test zu unterziehen, bevor Sie sich mit Ihnen auf sexuelle Aktivitäten einlassen, bei denen es zu einem Austausch von Körperflüssigkeiten
kommt. Zwischenzeitlich können Sie jede Menge Spaß mit Latex und vor allen Dingen mit dem Machen haben.

Latex

Die Wahrscheinlichkeit, dass Sie HIV oder andere sexuell übertragbare Krankheiten über Ihre Hände weitergeben, ist sehr,
sehr gering. Um aber auch diese winzige Möglichkeit auszuschließen, sollten Sie beim Machen einer Person, die noch
nicht auf HIV getestet wurde – vor allem aber bei denjenigen,
die in den letzten Jahren mit unterschiedlichen Personen sexuellen Kontakt hatten – Latex-Handschuhe tragen. Es ist nämlich nicht auszuschließen, dass der »Macher« eine Schnittwun-
de am Finger hat, die mit den Körperflüssigkeiten des »Gemachten« in Berührung kommt.

Es gibt aber außer dem Austausch von Körperflüssigkeiten
noch weitere Möglichkeiten, wie HIV und andere sexuell übertragbare Krankheiten verbreitet werden, wie etwa Bluttransfu-
sionen und der gemeinsame Gebrauch von Spritzen. Und vergessen Sie nicht, dass Leute leider lügen, wenn es um Ihr Sexleben geht. Wenn Sie jemanden nicht wirklich kennen und ihm
vertrauen, sollten Sie immer die Möglichkeit in Betracht zie-

hen, dass Sie angelogen werden könnten oder dass diese Person ebenfalls von Ex-Partnern angelogen wurde. So lange Sie Ihrem Partner nicht absolut vertrauen können, bietet Latex den besten Schutz. Wenn es sich um die Gesundheit handelt, können Sie nie vorsichtig genug sein.

Wir raten Ihnen zu dünnen Handschuhen, wie sie in Arztpraxen verwendet werden und die Sie in jeder Drogerie kaufen können. Wir haben viele unterschiedliche Marken ausprobiert; Sie können das auch machen, bis Sie diejenige gefunden haben, die sich am angenehmsten anfühlt. Achten Sie beim Überziehen der Handschuhe darauf, dass Sie glatt an den Händen anliegen und sich keine Luftblasen gebildet haben.

Beim Machen des Partners mit Handschuhen sollten Sie auf alle Fälle ein Gleitmittel verwenden. Achten Sie darauf, dass es wasserlöslich ist, und vermeiden Sie Gleitmittel auf Ölbasis, da diese das Material zersetzen. Das gilt natürlich auch für Kondome, nicht nur für Handschuhe.

Wir haben festgestellt, dass man, sobald man einen Handschuh gefunden hat, der sehr gut sitzt, beim Machen keinen Unterschied zwischen einer nackten und einer behandschuhten Hand feststellen kann. Die Person, die gemacht wird, bevorzugt vielleicht sogar Latex, da keine rauen Stellen an den Fingern und keine Fingernägel spürbar sind. (Jemand, der wirklich ein Experte im Machen werden möchte, achtet darauf, dass die Nägel immer kurz geschnitten und die Hände weich sind, unabhängig davon, ob Handschuhe verwendet werden oder nicht.) Wenn Sie bei einem Partner, den Sie eben erst kennen gelernt haben, Latex-Handschuhe verwenden, zeigt das diesem, dass Sie sehr verantwortbewusst handeln, und er wird Ihnen leichter sein Vertrauen schenken. Sie zeigen ihm, dass Sie ihn und sich selbst mit Respekt behandeln. Während der Zeit, als AIDS in allen Medien und jeder besorgt war, er könne sich anstecken, haben wir sogar zwei Paar Handschuhe übergestreift. Sobald wir ein Paar auszogen, hatten wir das Gefühl, unsere Hände seien nackt.

Verletzungen an den Genitalien

Unsere Genitalien bestehen aus einem sehr festen und beständigen Gewebe. Bei Verwendung eines geeigneten Gleitmittels können sie stundenlang gestreichelt und gerieben werden, ohne dass eine Verletzung entsteht. Wenn es dennoch zu einer Verletzung kommt, geschieht dies meist aus Unachtsamkeit (und vielleicht aus versteckter Wut). Ein wund geriebener Penis oder Risse in der Scheide sind der Beweis dafür.

Wir haben festgestellt, dass Frauen dann Infektionen bekamen – in den Genitalien oder in der Harnröhre –, wenn Sie sich auf Sex einließen, ohne wirklich große Lust dazu zu haben, und deshalb die Scheide auch zu trocken war. Zu Abschürfungen kommt es, wenn entweder die körpereigene Feuchtigkeit oder ein aufgetragenes Gleitmittel nicht ausreichen. Einige Männer verhalten sich wie Machos und verweigern den Gebrauch von Gleitmitteln, da Sie denken, dass die eigene Körperflüssigkeit ausreichen sollte und jeder Gebrauch von Gleitmitteln ein Eingeständnis des Versagens ist. Das ist ein wirklich dummes Gedankenmuster, womit man sich nur Probleme einhandelt. Wenn Sie Genitalien über einen längeren Zeitraum hinweg reiben und streicheln, ist es notwendig, dass diese feucht gehalten werden.

Nach den Wechseljahren wird bei den meisten Frauen bei einer sexuellen Erregung der Scheideneingang nicht mehr so schnell und intensiv feucht. Deshalb empfehlen wir den Partnern dieser Frauen besonders, ein Gleitmittel auf ihren Penis aufzutragen, bevor sie ihn in die Scheide stecken.

Es gibt eine Vielzahl an Gleitmitteln. Probieren Sie sie durch, bis Sie dasjenige gefunden haben, das sich gut anfühlt und das sie gut vertragen. Das Auftragen von wasserlöslichem Gleitmittel auf die Genitalien kann viel Spaß machen. Da es aber nach längerer Zeit der Beanspruchung etwas klebrig werden kann, können Sie dem bereits aufgetragenen Gleitmittel ein paar Tropfen Wasser zufügen, und sofort fühlt es sich wieder geschmeidig an. Wir haben daher immer ein Glas Wasser in der Nähe, in welches wir unsere Fingerspitzen tauchen, wenn das Gleitmittel zu klebrig wird. Durch diese Methode sparen Sie nicht nur Geld; es fühlt sich auch angenehmer an als eine dicke Schicht von Gleitmittel. Wenn Sie auf den Penis des Mannes ein wasserlösliches Gleitmittel aufgetragen haben, können Sie auch eine Sprühflasche mit Wasser verwenden, um das Gleitmittel immer wieder geschmeidig zu machen.

Wie Sie gesehen haben, gibt es viele Krankheiten, mit denen Sie beim Sex in Kontakt kommen könnten. Wenn Sie jedoch verantwortlich handeln und die richtigen Vorsichtsmaßnahmen ergreifen, können Sie das Risiko einer Infektion für sich und Ihren Partner senken. Das beweist diesem, dass Sie einen anständigen Charakter haben. Und es hilft ihm, Ihnen zu vertrauen, sich Ihren Berührungen ohne Bedenken hinzugeben und so Intensive Verlängerte Orgasmen zu haben.

Zusammenfassung

Wir haben nun alles gesagt, was uns zum Thema Intensive Verlängerte Orgasmen bekannt ist, und laden Sie dazu ein, die Informationen, die wir Ihnen in diesem Buch zu Verfügung stellen zu verwenden, um Ihr Leben mit Vergnügen anzureichern. Bevor wir Sie jedoch alleine lassen, möchten wir Ihnen noch unsere Gedanken darüber mitteilen, was Sie unternehmen können, um das zu erreichen, was Sie sich wirklich wünschen – ein Leben voller Vergnügen und Freude.

Das Schlechte lässt sich nicht immer vermeiden

Es gibt keine Möglichkeit, wie sich das Schlechte ganz und gar vermeiden lässt. Sobald wir etwas als schlecht einstufen, erlangt dies bereits eine gewisse Macht über uns. Es ist ähnlich dem Versuch, nicht an rosa Elefanten zu denken. Ihre Welt setzt sich aus den Dingen zusammen, denen Sie Aufmerksamkeit schenken.

Wenn Sie Ihre Aufmerksamkeit dem Vorgang widmen, wie sich das Schlechte vermeiden lässt, werden Sie unweigerlich zum Verlierer. Eine Fußballmannschaft, die durch ein aggressives Spiel im Vorsprung ist und sich dann, um das Ergebnis zu halten, in die Defensive begibt, handelt sich Probleme ein. Sie versucht, das Schlechte zu vermeiden, und schon das Wort *versuchen* deutet auf ein mögliches Versagen hin. Wenn sie sich ganz und gar auf das Verlieren konzentriert, ist das Beste, worauf sie hoffen kann, ein Unentschieden am Ende des Spiels. Wir möchten zur Veranschaulichung noch eine weitere Analogie verwenden: Wenn der Kapitän von *Star Trek* befiehlt, dass alle zur Verfügung stehende Energie für die Verteidigung aufgewendet wird, besteht keine Möglichkeit, die Feinde zu besiegen. Das Einzige, worauf die Mannschaft hoffen kann, ist ein Unentschieden.

Wenn wir auf unserer sinnlichen Erfahrungssuche das Schlechte zu vermeiden suchen, dann ist das, was wir wirklich dabei vermeiden, die Erfahrung. Erfahrung beinhaltet das Gute, aber auch das Schlechte. Viele Leute schrecken aus Angst, dass sie zurückgewiesen werden, davor zurück, um das zu bitten, was sie gerne hätten. Als Folge bleiben sie entweder allein, oder sie bekommen nicht die Chance, etwas zu tun, was ihnen vielleicht viel Spaß gemacht hätte. Was sie sich dabei allerdings nicht eingehandelt haben, ist eine Zurückweisung. Die Wahl, die wir haben, ist daher nicht wirklich zwischen Gut und Böse, sondern zwischen Gefühlen und Abstumpfung.

Spielen Sie mit

Wenn Sie zu den Siegern gehören möchten, dann ist es am besten, das Gute für Ihr Leben anzustreben. Haben Sie den Mut, und machen Sie das Angebot. Und tun Sie anschließend alles, was Spaß bereitet, um Ihr Ziel zu erreichen. Wenn Sie im Lotto gewinnen wollen, müssen Sie mitspielen. Wenn Sie sich ein wunderbares Leben wünschen, ein Leben voller Erfahrungen, müssen Sie sich auf das Spiel des Lebens einlassen.

Wie bei jedem anderen Spiel auch, können Sie dabei verlieren. Es ist jedoch, wie viele Weise bestätigt haben, der Weg (oder »wie Sie das Spiel spielen«), der zählt. Sie können aus jedem Verlust oder jeder Niederlage etwas lernen und diese Erfahrung beim nächsten Mal verwenden.

Wenn Sie zu Hause bleiben und nie ein Angebot abgeben, werden Sie wahrscheinlich nie abgelehnt werden, aber wahrscheinlich auch nie gewinnen. Verwenden Sie Ihre neu erworbenen Verführungskünste, um jeden Widerstand und alle Hürden auf angenehme Art zu überwinden. Sie können es lernen, jeden Widerstand, der sich Ihnen in den Weg stellt, als Herausforderung zu begreifen, die es gilt, spielerisch zu überwinden. Bei Spielen handelt es sich um Probleme, die uns Freude machen, und Probleme sind Spiele, welche wir am liebsten nicht spielen würden. Probleme existieren, weil Menschen sich weigern, die Lösung zu sehen, auch wenn diese für jeden Außenstehenden offensichtlich ist. Viele Menschen sind von ihren Problemen abhängig. Wir haben in unseren Kursen die Erfahrung gemacht, dass es besser ist, einem Teilnehmer, der an einem Problem festhält statt es zu entfernen, ein neues, angenehmeres Problem zu bieten, auf das er sich konzentrieren kann.

Spontanes absichtliches Vergnügen

Unsere Gesellschaft zwingt uns zu glauben, dass unsere sinnlichen Erfahrungen, unsere Lust, aus einem spontanen Gefühl heraus geschehen und nicht geplant sein sollten. Wir glauben hingegen, dass Vergnügen und Spaß im Leben häufig nicht eingetreten wären, wenn wir sie nicht geplant hätten. Je mehr Sie sie planen, umso häufiger werden sie eintreten.

Wenn Sie, wie viele unserer Freunde, kleine Kinder haben und auf das Spaßgenie aus der Flasche warten, werden Sie lange warten müssen. Wir empfehlen Ihnen vielmehr, bestimmte Zeiten einzuplanen, an denen Sie sich absichtlich an einem bestimmten, ungestörten Ort für vergnügliche, sinnliche Zusammenkünfte einfinden. Das gilt aber auch für Leute ohne kleine Kinder. Je mehr Zeit Sie dafür einplanen, bei sich selbst und bei Ihrem Partner herauszufinden, wie und wo Sie berührt werden wollen, um unendliches Vergnügen zu empfinden, umso mehr spontanes Vergnügen werden Sie erfahren.

Tun Sie's!

Wir hoffen, dass Sie die Informationen, die Ihnen dieses Buch bietet, auch verwenden werden, um sich anzuturnen. Wir hoffen auch, dass Sie sie verwenden werden, um jemanden (einen neuen Freund oder eine andere Person, die Sie bereits kennen) zu finden, mit der Sie Spaß haben können. Der Sie erzählen können, was Ihnen Vergnügen bereitet und umgekehrt. Machen Sie, wenn möglich, regelmäßig die sinnlichen Übungen!

Ihr Leben kann reicher, frischer und interessanter werden, wenn Sie mehr über Ihren Körper lernen. Fragen Sie Ihren Partner nach seinen sinnlichen Gefühlen und Gedanken, und verheimlichen Sie auch Ihre nicht. So bereiten Sie den Weg für eine wunderbare Beziehung, die mehr Intimität beinhaltet, als Sie jemals kannten oder für möglich hielten. Wir sind überzeugt, dass, sobald Sie Ihr volles sinnliches Potenzial erkannt und bessere Orgasmen haben, alle anderen Aspekte Ihres Lebens ebenfalls günstig davon beeinflusst werden. Sie werden freundlicher und großzügiger. Sie werden mehr Freude an Ihrem Alltag finden. Sie werden vielleicht länger leben, ganz zu schweigen davon, dass Sie gesünder leben. Sie werden vielleicht sogar bewusster Ihre Spiritualität erleben. Die Wahl liegt einzig und allein bei Ihnen. Wir fordern Sie auf, Ihre Chance zu ergreifen!

Anhang A

Häufig gestellte Fragen und Antworten

Wir haben festgestellt, dass bestimmte Fragen in unseren Kursen immer wieder auftauchen. Daher haben wir die am häufigsten gestellten Fragen und Antworten, die Ihnen sicherlich beim Erlernen Intensiver Verlängerter Orgasmen behilflich sein werden, zusammengefasst.

Frage: Wie kann ich meine Freundin direkt an der Klitoris berühren, wenn diese einfach zu empfindlich reagiert?

Antwort: Viele Frauen haben noch nie ihre Klitoris berührt, geschweige denn, jemand anders hat das getan. Wir haben viele Frauen kennen gelernt, die dachten, dass ihre Klitoris zu empfindlich ist, um direkt berührt zu werden. Aber alle haben im Lauf unserer Kurse gelernt, es zu mögen, wenn ihre Klitoris berührt und gestreichelt wird.

Es kann einer Frau, deren Klitoris noch nie direkt berührt wurde, Angst einflößen, wenn es jemand direkt tut. Wenn Sie die Klitoris berühren, müssen Sie das selbstsicher tun und mit der Frau kommunizieren.

Die Klitoris wird von einer Hautfalte bedeckt. Die Haut ist manchmal dick, manchmal dünn. Wir haben sogar Frauen kennen gelernt, bei denen die Hautfalte so fest mit der Klitoris verwachsen war, dass man sie nicht nach hinten ziehen konnte, um die Klitoris freizulegen. Das kommt allerdings sehr selten vor, und sogar diese Frauen waren in der Lage, intensive Orgasmen zu haben, wenn man direkt auf der Hautfalte über der Klitoris rieb.

Bevor Sie eine Frau das erste Mal berühren, bereiten Sie sie darauf vor, was Sie tun werden. Tragen Sie zunächst einen Tropfen Gleitmittel auf ihrer Klitoris auf. Dann ziehen Sie die Hautfalte entweder mit Ihrer freien Hand oder dem Daumen Ihrer aktiven Hand zurück. Wir schlagen vor, dass Sie zunächst nur das Gleitmittel und nicht ihre Haut berühren. Das kann jede Menge Spaß bereiten, und wenn Sie spielerisch und gezielt dabei vorgehen, wird sie sich bald sicher genug fühlen und Ihnen erlauben, dass Sie mehr Druck auf ihre Haut ausüben.

Beginnen Sie mit einem sanften Druck, so dass Ihre Partnerin, sofern sie den Wunsch verspürt, Sie bitten kann, diesen zu verstärken. Wenn die Berührung zu heftig ist, wird Ihre Partnerin wahrscheinlich zurückweichen und ihre Energie zu ihrer Verteidigung verwenden. Das Ziel ist es, dass sich die Berührung zu jeder Zeit gut anfühlt. Sie haben es nicht eilig damit, zu Ende zu kommen.

Frage: Was kann ich tun, damit mir mein Ehemann mehr Aufmerksamkeit schenkt?

Antwort: Um auf jemanden anziehend zu wirken, müssen Sie attraktiv sein. Um von jemanden bewundert zu werden, müssen Sie bewundernswert sein. Männer sind erfolgssüchtig. Sie lieben es, zu gewinnen. Sie lieben es, die Wünsche der Frauen zu erfüllen. Die beste Möglichkeit, einen Mann zu bekommen und zu behalten, ist es, wenn er mit Ihnen gewinnt. Sie einfachste Art, wie er zum Sieger wird, ist es, wenn Sie glücklich sind und er sich dafür verantwortlich fühlt. Sobald er sich bei Ihnen wie ein Sieger fühlt, wird er danach süchtig werden und Sie mit Aufmerksamkeit überhäufen.

Dieser Rat ist für manche Frauen schwieriger zu befolgen, als es den Anschein hat, da sie allgemein Männern gegenüber Wut verspüren. Sie müssen sich im Grunde dafür entscheiden, was Ihnen wichtiger ist: Glück oder Wut. Wenn ein Mann das Gefühl hat, dass er sich bei Ihnen nie wie ein Sieger fühlen kann, oder wenn er sich wie ein Verlierer fühlt, reagiert er teilnahmslos. Diese Teilnahmslosigkeit drückt sich dadurch aus, dass er Ihnen seine Aufmerksamkeit entzieht und Ihnen nicht zuhört.

Um seine Aufmerksamkeit zu gewinnen, müssen Sie viel netter werden, was bedeutet, viel glücklicher, was wiederum bedeutet, von Ihrer Wut loszulassen. Männer können sich ziemlich dumm anstellen; gehen Sie daher nicht davon aus, dass er bereits das erste Mal versteht, was Sie von ihm möchten. Es ist gut möglich, dass Sie das, was Sie ihm beibringen wollen, ein paar Mal wiederholen müssen. Dabei gehen Sie am besten so vor, dass Sie es immer wieder auf die gleiche Art sagen, bis er es kapiert hat.

Wenn Sie Ihren Wunsch auf unterschiedliche Art äußern, werden Sie ihn damit wahrscheinlich nur verwirren. Loben Sie ihn, sobald er verstanden hat; er wird sich daraufhin wie ein Sieger fühlen, und Sie haben den Anfang gemacht, Ihren Mann zu trainieren.

Frage: Wie kann ich es verhindern, dass meine Partnerin den Höhepunkt überschreitet und danach nicht mehr berührt werden will?

Antwort: Diese Frage wurde von einem Mann gestellt, könnte aber ebenso gut von einer Frau sein. Im Wörterbuch wird der *Orgasmus* als Klimax der sexuellen Spannung dargestellt. Diese Definition ist unzureichend, da sie nur den üblichen Verlauf des Samenergusses des Mannes beim Orgasmus beschreibt: Anspannung, Anspannung, Anspannung und dann Ejakulation. Sie müssen sich und Ihren Partner umerziehen und neu konditionieren – Entspannung und nicht Anspannung ist gefragt. Erinnern Sie sie jedes Mal daran, sich zu entspannen. Sagen Sie ihr, dass sie drücken soll, so als wolle sie Wasser lassen. Wenn sich Menschen verspannen, ziehen sie die Schließmuskulatur meist zusammen. Anschließend fahren Sie fort, sie zu streicheln, und zwar genau so lange, bis Sie merken, dass sie bei der nächsten oder übernächsten Streichelbewegung den Höhepunkt erreichen wird. Kurz davor holen Sie sie runter, indem Sie die Bewegung ändern oder kurz stoppen. Wenn sie ein wenig heruntergekommen ist, können Sie sie wieder erneut streicheln. Das angenehme Gefühl, das sie dabei empfindet, ist ein richtiger Orgasmus, und so lange Sie mit dem Wechselspiel Erregen-Zurückholen fortsetzen und sie sich dabei nicht verspannt, wird sie in der Lage sein, ihre Berührung auszuhalten. Der Grad der Erregung vor dem Höhepunkt wird von Mal zu Mal zunehmen, sodass letztendlich der Orgasmus viel intensiver sein wird, als was sie je empfand. Lesen Sie im siebten Kapitel nach, wie diese Technik funktioniert.

Frage: Was kann ich tun, damit mein Mann mehr mit mir spricht?

Antwort: Diese Frage ist ähnlich der auf Seite 244, wo eine Frau wissen möchte, was sie tun kann, damit sie ihr Mann aufmerksamer behandelt. Die Männer sind im Allgemeinen mundfauler als Frauen. Wenn Sie sich gut unterhalten möchten, dann ist es vielleicht besser, sich mit einer Freundin zu verabreden; wenn Sie sich jedoch von ihm wünschen, dass er mehr mit Ihnen spricht, müssen Sie ihn großzügig belohnen, wenn er es tut. Machen Sie ihm keine Vorwürfe, dass er den starken, schweigsamen Typ spielt, darauf wurde er konditoniert. Kehren Sie das Ganze um, rekonditionieren Sie ihn, indem Sie ihn viel loben und positiv bestärken. Ein Mann, der sich bei Ihnen wie ein Sieger fühlt, wird alles tun, wonach Sie fragen, sogar mehr reden.

Frage: Was wollen die Frauen?

Antwort: Dafür gibt es keine Einheitslösung, jede Frau ist anders. Aber jede möchte das Wichtigste im Leben ihres Mannes sein. Sie wünscht sich zuallererst seine Aufmerksamkeit. Sie möchte geliebt und umsorgt werden. Nach der Aufmerksamkeit (wozu Sex gehört) möchte sie, dass die alltäglichen Dinge im Leben erledigt werden, und dann möchte sie noch die angenehmen Dinge, welche (abhängig von den Frauen) gemeinsame Unternehmungen, Sport, Luxusgüter, oder Schmuck sein könnten. Einige Frauen, die darunter leiden, dass ihnen ihr Mann nicht genug Aufmerksamkeit schenkt, geben sich mit Schmuck und anderem Flitter zufrieden; sie werden jedoch niemals so glücklich sein wie ihre Geschlechtsgenossinnen, denen der Mann Aufmerksamkeit schenkt. Frauen bemerken, was man ihnen vorenthält, und darum wünschen sie sich gerade diese Sache. Eine kluge Frau ist eine, die sich viel wünscht und die dem Mann das Gefühl gibt, dass er ihr das geben möchte und noch mehr.

˙ Frauen drücken sich nicht immer korrekt aus, wenn sie ihre Wünsche äußern. Oft sind sie zu bescheiden. So spricht sie vielleicht von einem Fernseher mit einer Diagonalen von 60 cm, wo sie in Wahrheit lieber einen mit 90 cm hätte. Es ist auch möglich, dass Sie vorgibt, mit Ihnen auswärts essen zu gehen, in Wahrheit aber lieber zu Hause Sex mit Ihnen hätte, dann entweder das Essen selbst kochen oder bestellen und es mit Ihnen im Bett verzehren würde. Sie wissen, wenn Sie ihre Wünsche getroffen haben: Ihr Gesicht und ihre Augen leuchten auf, wenn Sie ihr die Idee präsentieren. Wir haben einen eigenen Namen für diese Technik: »Ihr ein Menü präsentieren.« Beobachten Sie ihr Gesicht, wenn Sie verschiedene Restaurants vorschlagen. Wie wäre es mit japanischem, chinesischem oder italienischem Essen? Wie würde es ihr gefallen, wenn er sie vor dem Essen noch macht?

Das alles bedeutet natürlich nicht, dass Frauen nicht selbst Dinge für sich erledigen können. Es heisst auch nicht, dass die Beziehungen zwischen Frauen und Männern, bei denen all ihre Wünsche und Bedürfnisse vom Mann befriedigt werden, glücklich und zufrieden sind. Es bedeutet, dass beide Seiten gewinnen. Eine Frau mag sich vielleicht etwas wünschen, das zu bekommen der Mann nie für möglich hält. Wenn er aber ihren starken Wunsch verspüren kann, wird er auch die Energie aufbringen, der es bedarf, den Wunsch zu erfüllen. Er wird überrascht und mit sich zufrieden sein, wenn er etwas tut, von dem er nie dachte, dass er es tun könnte.

Frage: Wie kann ich mehr Freude an seinem Penis haben?

Antwort: Als Erstes müssen Sie Freude an Ihrer Scheide haben. Sie erreichen das durch Übungen und indem es Ihnen gemacht wird. Spielen Sie mit seinem Penis nur, wenn Sie das möchten, und nicht, weil Sie denken, Sie sollten das tun oder aus einem Schuldgefühl heraus.

Sein Penis kann ein wirklich vergnügliches Spielzeug sein. Wenn er mit Vergnügen berührt wird, reagiert er enthusiastisch und verbeugt sich vor Ihrer Weiblichkeit. Berühren Sie ihn so, dass Ihre Hand, Ihr Mund, Ihre Scheide Vergnügen verspüren. Sie können auch in einzelnen Trainingsübungen den Penis visuell entdecken. Lesen Sie dafür zuerst die Information im achten Kapitel über das ursächliche Training, wobei Sie sich auf die Techniken konzentrieren, wie Sie Ihrem Partner helfen, sich zu entspannen und loszulassen. Anschließend nehmen Sie den Penis in Ihre Hände und betrachten ihn sich von allen Seiten und riechen und schlecken daran.

Als nächsten Schritt wollen Sie entdecken, wie der Penis auf unterschiedlich festen Druck und unterschiedlich schnell ausgeführte Bewegungen reagiert. Fragen Sie den Partner immer, wie es sich anfühlt. Denken Sie daran, ihn zu fragen, bevor Sie fester drücken, und steigern oder verringern Sie den Druck oder die Bewegungen immer nur in kleinen Schritten. Wenn der Penis angeschwollen ist, hält er mehr Druck aus. Es macht vielleicht mehr Spaß, mit dem Penis zu spielen, kurz bevor Sie kommen oder bereits gekommen sind. Lesen Sie im neunten Kapitel im Abschnitt »Gleichzeitiger Orgasmus« nach.

Wenn Sie ihn machen, manuell oder oral, sollten Sie immer daran denken, dass es nur ein Ziel gibt: dass sich jeder Moment, jede Bewegung großartig anfühlt. Lassen Sie sich nicht von seinem Wunsch nach einer Ejakulation unter Druck setzen. Die wird er sowieso haben, wenn das Vergnügen groß genug ist. Und Geschlechtsverkehr haben sollten Sie wirklich nur, wenn Ihnen danach ist. Wenn Sie fleißig beim Üben Intensiver Verlängerter Orgasmen waren, werden Sie in der Lage sein, einen Orgasmus nach Belieben zu haben. Während Sie seinen Penis verwöhnen, werden Sie Ihre Scheide spüren und Ihren eigenen Orgasmus haben und ihm auch einen bescheren.

Frage: Sollten wir übers Geschäft reden, wenn wir dabei sind?

Antwort: Das würden wir nicht empfehlen. Es ist besser, hinterher (aber nicht unmittelbar danach) darüber zu sprechen. Dann sollten Sie beide hoffentlich wieder heruntergekommen sein und klarer denken können als zuvor.

Nach einem tollen Orgasmus sieht alles viel schöner aus, das Essen schmeckt besser und die Welt viel freundlicher als sonst.

Frage: Warum haben Sie gesagt, dass bei manchen Männern der Penis nicht von allein steif wird?

Antwort: Wir gehören zu der Familie der Säugtiere. Damit es zwischen den Säugetieren zu Sex kommt, muss das Weibchen in Hitze kommen, worauf das Männchen versucht, sich mit ihr zu vereinigen, wofür er natürlich einen steifen Penis braucht. In Erregung kann man sich einen Penis als einen mit Blut gefüllten Sack vorstellen. So wie die Speichelproduktion die physische Antwort auf den Geruch von Essen ist, ist ein harter Penis die Antwort auf eine Frau, die läufig ist.

Natürlich können sowohl Menschen als auch Tiere so konditioniert werden, dass es bei ihnen zu einer physischen Reaktion kommt, auch wenn das die Reaktion auslösende Signal gar nicht vorhanden ist. Jeder kennt den Versuch mit Pawlows Hunden, die beim Ertönen einer Glocke vermehrt Speichel produzierten. Nicht jedes Mal, wenn ein Glied hart ist, muss eine Frau in Hitze in der Nähe sein (auch wenn es häufig so ist). Wir haben von vielen Männern Beschwerden darüber gehört, dass sie nicht immer im Stande sind, einen harten Penis zu bekommen, und dieser dummerweise aber hart wird, wenn sie es nicht wollen. Die Frauen haben die Macht, einen Mann anzuturnen, wann immer sie wollen. Männer können manchmal durch das Masturbieren oder den Geschlechtsverkehr mit Homosexuellen einen harten Penis haben und manchmal, wenn sie mit einer Frau zusammen sind.

Wenn wir sagen, dass bei den Männern der Penis nicht hart wird, meinen wir damit natürlich, dass es hauptsächlich an der Frau liegt, ob das geschieht. Was der Mann aus diesen Worten lernen sollte, ist dies, dass er sich keine Sorgen darüber machen sollte, ob er hart wird, und dass die Frau ihn hart machen kann, wenn sie Gebrauch dafür hat – und das jederzeit. Er sollte daran nicht sich oder seiner Partnerin die Schuld geben, sondern lieber etwas anderes mit ihr tun, wofür er keinen steifen Penis braucht und das ebenfalls Spaß macht. Es gibt natürlich Männer, die aus gesundheitlichen Gründen keine Erektion bekommen können. Diesen empfehlen wir, Ärzte um Rat zu bitten.

Frage: Ist es in Ordnung, wenn mich mein Freund macht, obwohl er nicht angeturnt ist?

Antwort: Ja. Er muss jedoch das Gefühl haben, dass er Sie anfassen und Ihnen Vergnügen bereiten möchte. Ein steifer Penis ist dafür nicht erforderlich. Um einen großartigen Orgasmus zu haben, müssen Sie beide – Sie und der Partner – Ihre ganze Aufmerksamkeit sich selbst widmen. Das heißt nicht, dass er nicht angeturnt sein sollte; wir sagen nur, dass es nicht notwendig ist. Wenn ich es während unserer einstündigen Vorführung Vera mache, ist mein Penis nicht immer, manchmal sogar die ganze Stunde lang, nicht hart. Das bedeutet nicht, dass ich nicht viel Spaß dabei habe, sie zu machen. Es heißt einfach nur, dass unsere Gedanken sich während dieser Zeit nicht auf meinen steifen Penis richten. Wir haben in unseren Kursen einige Männer, die aus physiologischen Gründen impotent waren, gelernt, wie sie ihre Partnerinnen machen können. Sie haben sich wieder wie potente Männer gefühlt, die ihre Partnerinnen voll und ganz zufrieden stellen konnten; manchmal sogar besser als zu der Zeit, als sie noch jung und gesund waren. Wenn Sie sich Gedanken darüber machen, ob er angeturnt ist oder nicht, konzentrieren Sie sich nicht auf Ihr Kommen, und der Orgasmus wird nicht so gut sein, wie er könnte. Wenn Sie hingegen entspannt sind und den Sex in vollen Zügen genießen, sollten Sie nicht verwundert sein, wenn sein Penis plötzlich hart wird.

Frage: Warum brauche ich so lange, bis ich komme?

Antwort: Sie befinden sich mit Ihren Gedanken irgendwo in der Zukunft, bei irgendeinem potenziellen Orgasmus, den Sie erreichen möchten und bisher noch nicht geschafft haben. Das ist der Grund, warum wir in unseren Masturbationsübungen im fünften Kapitel darauf bestanden, dass sie diese nicht im Hinblick auf zukünftige Orgasmen machen, sondern wegen des Vergnügens, das Sie bei jeder Handbewegung spüren. Die meisten Menschen sind so konditioniert, dass ein Orgasmus wie die typische männliche Ejakulation aussehen muss. Das ist ein sehr enger Blickwinkel und ein sexuelles Vorurteil, das Sie revidieren können. Der Orgasmus ist ein natürlicher Vorgang, den Sie noch nicht erlebt haben müssen, um es fühlen zu können. Um einen Orgasmus zu erfahren, müssen Sie nur das Vergnügen spüren und begreifen, dass Sie bereits bei der ersten Handbewegung kommen. Tatsächlich ist es sogar so, dass Sie nicht einmal gestreichelt werden müssen, um einen Orgasmus zu haben. Fast alle von uns kennen feuchte Träume. Alles was Sie tun müssen, ist, dass sich Ihre Genitalien besser anfühlen als irgendein anderer Teil Ihres Körpers. Im Prinzip handelt es sich darum, dass Sie Ihre Einstellung zum Orgasmus verändern. Viele Leute waren einmal an Ihrer Stelle und haben heute Intensive Verlängerte Orgasmen.

Frage: Warum komme ich so schnell, wenn ich mit meiner Freundin verkehre, und was kann ich dagegen tun?

Antwort: Es gibt mehrere Gründe, warum Männer vorzeitig ejakulieren. Sie sind vielleicht jung und unerfahren, machen sich Gedanken über ihre Leistungsfähigkeit. Oder sind zu scharf darauf, oder Ihre Freundin will vielleicht nur ein klein wenig von ihnen. Es gibt aber etwas, was Sie dagegen unternehmen können.

Wenn Sie es sich angewöhnen, sie vor dem Geschlechtsverkehr zu machen, wird dies viel von dem selbst auferlegten Druck, wie gut Sie während des Geschlechtsverkehrs sind, wegnehmen. Beim Geschlechtsverkehr können Sie in diesem Fall gar nicht zu früh kommen, da sie bereits einen Orgasmus über einen längeren Zeitraum hatte. Wann immer Sie kommen, ist es in Ordnung, und da der Druck von Ihnen genommen wurde, ist es gut möglich, dass Sie nun gar nicht mehr so schnell wie früher kommen. Wir schlagen nicht vor, dass Sie das tun, was Woody Allen empfiehlt: sich vorzustellen, dass aus Willy Mays

Aufschnitt gemacht wird, oder über sehr deprimierende Dinge nachzudenken, die sicher eine Ejakulation verhindern. Sie können, wenn Sie sehr erregt sind, vor dem Geschlechtsverkehr masturbieren, da der zweite Samenerguss langsamer sein wird. Wir empfehlen aber aufs Wärmste, dass Sie vor dem Geschlechtsverkehr die Klitoris Ihrer Partnerin reiben, da das Anschwellen der Genitalien der Frau genau so wichtig ist wie der des Mannes. Sie wird daraufhin den Geschlechtsverkehr viel mehr genießen und möchte vielleicht gar nicht, dass er so schnell vorüber ist.

Frage: Was kann ich tun, einen Mann zu bekommen, der mich so behandelt, wie ich es mir wünsche?

Antwort: Diese Frage wurde früher schon einmal gestellt. Wie schaffe ich es, dass sich mein Ehemann mir gegenüber aufmerksamer verhält. Ganz einfach: Sie müssen netter zu ihm sein als sonst jemand!

Sie müssen attraktiv sein und ihn anmachen. Männer sind es nicht gewohnt, bei Frauen der Siegertyp zu sein; wenn daher eine Frau schließlich einen Mann gefunden hat, den Sie »in Ordnung« findet, möchte er mehr Zeit mit ihr verbringen.

Sie möchten ihn nicht jagen oder hinter Gitter bringen müssen, damit er Sie begehrt. Sie müssen so unwiderstehlich sein, dass er Ihnen nicht widerstehen kann und hinter Ihnen her ist. Sexappeal hat wenig mit dem tatsächlichen Aussehen einer Person zu tun. Aber jede Menge damit, wie Sie sich selbst fühlen und wie sehr Sie von sich selbst angeturnt sind. Die Übung mit dem Spiegel im fünften Kapitel ist eine ausgezeichnete Möglichkeit, wie Sie sich selbst anturnen.

Wenn Sie ihn nun angeturnt haben und ihn wissen lassen, dass Sie von ihm etwas wollen, dann ist es eine gute Idee, mit solchen Aufgaben zu beginnen, die er auch erfüllen kann. Männer sind großartig, wenn es um das Erreichen eines Ziels geht, aber lausig, wenn es darum geht, ein Ziel auszuwählen. Sie können dabei behilflich sein, Dinge zu tun und zu erreichen, die er nie für möglich hielt. Dadurch, dass er von Ihnen angeturnt ist und dass Sie ihn unterstützen, wird er diese Ziele erreichen. Das ist eine Möglichkeit für Männer, Ehre zu erlangen und ein Held zu werden. Manchmal zweifeln Frauen an ihrer Attraktivität und schrecken davor zurück, Männer um Dinge zu bitten, da sie das Gefühl haben, dass Männer nichts für sie machen möchten. Es ist jedoch bemerkenswert, wie viel Männer auf die Beine stellen können, wenn Sie nur ein wenig Unterstützung bekommen. Wenn sie gewinnen, werden sie Ihnen für immer gehören.

Wir kannten einen Mann, der recht attraktiv war, jedoch bezweifelte, dass er einen anspruchsvollen Beruf ausüben könnte. Er arbeitete in einer großen Bank, in der er für die Angestellten eine Art Bürobote war, der die unterschiedlichsten Dienste verrichtete. Seine Frau war nicht besonders gut aussehend, mochte sich jedoch selbst und hatte großes Vertrauen zu ihrem Mann. Sie überredete Ihren Mann, eine Ausbildung als Versicherungsagent zu beginnen. Er schaffte das Examen ohne große Probleme und fing in seiner alten Firma ganz unten auf der Erfolgsleiter an. Innerhalb von fünf Jahren war er Vizepräsident der Firma und verdiente eine Menge Geld. Sie haben zwei Kinder, ein großes Haus, ein Kindermädchen und führen nach wie vor eine gute Ehe. Sie sind ein sehr glückliches Paar, wozu die Frau einen Hauptbeitrag geleistet hat.

Frage: Ist die Größe des Gliedes wichtig?

Antwort: Vielleicht für sein Selbstwertgefühl, aber es hat keinen Einfluss darauf, wie viel der Lover während des Geschlechtsverkehrs fühlt. Wenn die Genitalien der Frauen angeschwollen sind und sich nach außen öffnen, fühlt sich schon ein kleiner Gegenstand ziemlich groß in ihr an. Während unserer Vor-

führung, nachdem ich Veras Genitalien für eine Weile gestreichelt habe, führe ich nur die Spitze meines Daumens in ihre
Scheide ein. Das Gefühl, das sich in ihr daraufhin ausbreitet,
reicht fast bis zu ihrem Nabel hoch. Dieses Beispiel beweist,
dass die Größe des Penis bei einer Frau, die angeturnt und angeschwollen ist, nicht wichtig ist.

Bedenken Sie auch, dass Penisse irgendwo zwischen zwei Extremen liegen: Sie sind in Ruhe klein, haben aber einen großen
Ausdehnungskoeffizienten, so dass sie während der Erektion
eine ganz beachtliche Größe erreichen können. Andererseits
gibt es jene, die sich nach dem Anschwellen vom Normalzustand kaum unterscheiden. Der Penis des Mannes kann im Ruhezustand sehr klein sein, sich beim Anschwellen aber zu einem riesigen Organ entwickeln. Größe und Form des Penis
sind auch davon abhängig, mit welchem Typ Frau es der Mann
zu tun hat, wie viel vom Penis sie für diesen speziellen sexuellen Akt benötigt.

Manche Männer reagieren sehr empfindlich, was die Größe
ihres Penis betrifft. Wenn sie glauben, dass ihre Penisse zu klein
sind, schämen sie sich dafür und benehmen sich den Frauen gegenüber schüchtern und werden vielleicht sogar neurotisch.
Wir möchten an dieser Stelle wiederholen, dass die Hand ein
viel effizienteres Mittel als der Penis ist, wenn es darum geht,
einen Intensiven Verlängerten Orgasmus zu erzeugen. Eine
kleine Hand kann ebenfalls von Vorteil sein, da damit der sen-
sitive Punkt auf der Klitoris leichter berührt und damit gespielt
werden kann.

Andererseits kann die Vagina auch einen Penis aufnehmen,
der größer als normal ist. In diesem Fall empfehlen wir, dass
Sie auf den Penis vor dem Einführen ein Gleitmittel auftragen,
und zwar auch dann, wenn die Frau dies bereits bei sich getan
hat. Es kann bei einem großen Penis schon bei einer kleinen
trockenen Stelle zu einer Schürfwunde kommen. Einige Leute

denken, dass es »falsch« ist, beim Geschlechtsverkehr ein Gleitmittel zu verwenden; wir nicht. Wenn eine Frau älter wird, erzeugt ihr Körper nicht mehr selbst ausreichend Flüssigkeit, um die Scheide zu befeuchten. Das gilt vor allem für die Zeit nach den Wechseljahren. Es ist immer wichtig, dass sowohl die Genitalien des Mannes als auch die der Frau vor dem Geschlechtsverkehr angeschwollen sind.

Frage: Was halten Sie von Viagra?

Antwort: Wir sind der Meinung, dass es, wenn es richtig verwendet wird, den Sex bereichern kann. Wir legen den Schwerpunkt unserer Arbeit jedoch auf bessere Orgasmen bei der Frau. Für uns ist der beste Liebhaber derjenige, der das meiste Vergnügen bereiten kann. Ein Mann, der beim Machen ein Meister ist, ist ein kostbares Gut. Ein schlapper Penis kann gestreichelt werden und sich wunderbar anfühlen; ein harter Penis ist daher nicht notwendig, um Vergnügen zu spenden oder zu erhalten.

Viele Männer sind psychologisch impotent. Wenn sie schließlich lernen, wie sie eine Frau auch mit den Händen befriedigen können, fangen sie an, sich besser zu fühlen, sodass die Frauen, mit denen sie zusammen sind, vielleicht sogar in der Lage sind, ihren Penis auch ohne Viagra zum Stehen zu bringen. Für die Männer jedoch, die auf Grund von Zirkulationsproblemen des Blutes physiologisch impotent sind und wissen, wie sie einer Frau auch mit der Hand Vergnügen bereiten können, können wir uns vorstellen, dass Viagra durchaus seinen Nutzen hat.

Frage: Was ist die beste Art, mit mehr als zwei Personen Sex zu haben?

Antwort: *Flotte Dreier* können sehr viel Spaß machen, sind aber schwierig durchzuführen. Sie sollten so arrangiert werden, dass sich jeder als Gewinner fühlt, was nicht immer leicht zu bewerkstelligen ist. Wir empfinden, dass das beste Dreiergespann aus zwei Frauen und einem Mann besteht (obwohl wir einschränken müssen, dass diese Zusammensetzung nicht zwingend notwendig ist, wenn alle Teilnehmer wirklich mitmachen). Zwei Männer und eine Frau sind auch vorstellbar, aber die Rolle des zweiten Mannes ist irgendwie unbefriedigend. Zwei Frauen hingegen können sich gegenseitig und den Mann anturnen. Hinzu kommt, dass Frauen eher bereit sind, mit anderen Frauen Sex zu haben, als es Männer beim Sex mit dem gleichen Geschlecht sind. Wie immer Sie die Gruppe auch zusammenstellen, wichtig ist, dass sich die Teilnehmer untereinander mögen und die Kommunikation wirklich fließt.

Frage: Ist oraler Sex genau so effektiv beim Erzeugen eines Orgasmus wie das Machen?

Antwort: Wir sind der Meinung, dass oraler Sex eine wunderbare Möglichkeit bietet, Vergnügen zu geben und zu empfangen. Wie bei jedem anderen Sexakt, so muss die Person, die den Partner oral befriedigt, das auch zum eigenen Vergnügen tun. Oraler Sex ist sehr erotisch und kann, wenn er richtig ausgeführt wird, viel Spaß bereiten.

Denken Sie immer daran, dass Erotik entsteht, wenn soziale Tabus gebrochen werden. Es ist wie das Salz in der Suppe und kann den Geschmack und das Vergnügen am Essen erhöhen, ist aber allein nicht sehr nahrhaft. Oraler Sex und andere erotische Spielarten sollen das Gewürz, jedoch niemals das Hauptgericht darstellen. Das bedeutet, dass die Kommunikation, die von der Person ausgeht, die geschleckt und gelutscht wird, sehr deutlich sein muss, da es für den anderen schwierig ist, mit einem Mund voll Scheide zu sprechen. Es ist tatsächlich ein etwas schwieriges Unterfangen, da die visuelle Bestätigung dessen, was Ihre Zunge und Ihr Mund gerade bewirken, nicht sichtbar ist. Um diesen Punkt in unserer Kursen zu illustrieren, fragen wir unsere Kursteilnehmer, ob der Chirurg bei einer Gehirnoperation lieber seine Zunge oder seine Hände verwenden soll.

Oraler Sex kann viel Spaß machen, vor allem wenn die Partner gut miteinander kommunizieren und jede Bewegung fühlen; wenn es aber darum geht, wie am besten ein Orgasmus erzeugt wird, dann ist die erste Wahl immer die manuelle Stimulation. Wenn eine Person einmal mit der Scheide vertraut ist und wirklich gut im Machen geworden ist, wird sie auch beim oralen Sex sehr viel besser sein.

Frage: Ich hatte vor knapp einem Jahr diesen wirklich wunderbaren und intensiven Orgasmus mit meinem Freund. Wie kann ich diese Erfahrung wiederholen?

Antwort: Sie können diese Erfahrung nicht wiederholen. Jeder Orgasmus ist anders, und die Erfahrung hängt von vielen Faktoren ab. Wenn Sie sich auf den Vergleich des gegenwärtigen Orgasmus mit dem, der vor einem Jahr stattfand, konzentrieren, ist Ihre Aufmerksamkeit ganz offensichtlich nicht bei dem, was Sie gerade fühlen. Um einen optimalen Orgasmus zu haben, müssen Sie sich ganz und gar auf das konzentrieren, was Sie gerade fühlen.

Eine ausgezeichnete Möglichkeit, immer in der Gegenwart zu bleiben, ist es, wenn Sie Ihrem Partner mitteilen, was Sie gerade fühlen. Sie müssen sich keine intelligenten Dinge ausdenken, die Sie sagen können; einfache Wörter wie »ja« oder »das fühlt sich gut an« reichen vollkommen aus. Je spezifischer Sie sich jedoch ausdrücken, umso besser. Aussagen wie »diese leichte Bewegung auf meiner Klitoris elektrisiert mich« sind sehr hilfreich. Sie werden dadurch erregter und konzentrieren sich ganz auf das gegenwärtige Geschehen.

Frage: Wie soll ich es anstellen, dass mich mein Freund sanfter streichelt?

Antwort: Indem Sie zu ihm nett sind und ihm die Wahrheit darüber sagen, was Sie möchten, ohne dabei ärgerlich zu klingen. Bevor er Sie berührt, können Sie auf seinen Arm oder seinem Handrücken demonstrieren, wie viel Druck er bei Ihnen anwenden soll. Sie können ihm auch sagen, dass er den Druck gerne variieren darf und Sie ihm deutlich machen, wann er ihn erhöhen oder erniedrigen soll. Zeigen Sie ihm an Ihrem eigenen Körper, wo Sie gerne berührt und wie Sie gerne gestreichelt werden.

Lehren Sie ihn, wie er Sie berühren soll. Sagen Sie ihm, er soll Sie so berühren, wie er Seide oder Samt anfasst, Dinge, deren Berühren sinnliches Vergnügen bereitet. Unsere Hände sind ein wichtiges Merkmal unseres menschlichen Wesens, und sie haben uns auch führend unter den Säugetieren werden lassen. Unsere Hände können so viele Dinge verrichten. Werkzeuge und Maschinen bauen, mit denen man einen Splitter herausziehen kann. Sie fühlen wie Sexorgane, wenn wir etwas zum Vergnügen berühren. Achten Sie auf die Handpflege Ihres Partners. Widmen Sie besonders viel Aufmerksamkeit seinen Fingernägeln. Diese sollten kurz mit abgerundeten Ecken sein. Ihr Partner sollte regelmäßig eine Handcreme verwenden, damit sich seine Hände weich anfühlen. Wenn er eine starke Hornhaut oder rissige Finger hat, sollten Sie ihm vielleicht das Tragen von Latex-Handschuhen vorschlagen.

Da er beim Machen hauptsächlich die Fingerspitzen verwendet, ist der Zustand der übrigen Hand nicht so wichtig.

In seinen früheren Beziehungen zu anderen Frauen wurde Ihr Partner vielleicht auf stärkere Berührungen trainiert oder konditioniert. Vielleicht haben seine Hände auch noch nie eine Scheide berührt, und er kann es daher nicht besser. Was immer auch der Fall ist, Sie haben die Möglichkeit, ihm zu sagen und ihn zu lehren, wie Sie berührt werden möchten. Die Person, die andere etwas lehren will, ist dafür verantwortlich, dass die andere Person hört und versteht, was ihr gesagt wird. Das kann gut bedeuten, dass Sie die Anweisungen öfter wiederholen müssen, bis sie verstanden werden. Wenn Sie sich Sorgen machen, dass Sie durch Ihre Anweisungen seine Gefühle verletzen könnten, haben Sie die Alternative, still dazuliegen und seine inkompetente Berührung über sich ergehen zu lassen, was Sie schnell ablehnen werden. Das macht Sie vielleicht weniger nett. Vielleicht hilft es Ihnen, wenn Sie im achten Kapitel den Abschnitt »Wirksames Training« nachlesen.

Anhang B

Ein Tag voll Vergnügen und Aufmerksamkeit

Zum Abschluss des Buches geben wir eine Anleitung, wie Sie jemanden, mit dem Sie sehr vertraut sind und den Sie schon häufiger gemacht haben, vollkommenes Vergnügen bereiten können. Es ist etwas, was Sie nicht jeden Tag, sondern vielleicht nur zu besonderen Anlässen wie Geburts- und Valentinstagen tun möchten. Es ist nichts, was die meisten Menschen regelmäßig tun werden. Dennoch können Sie einzelne Abschnitte des Öfteren in Ihr Sexleben mit einbauen. Denken Sie daran, dass wir Ihnen hier nur ein Beispiel nennen, das Sie ohne weiteres erweitern oder Ihren speziellen Wünschen anpassen können. Manche Leute glauben, dass man das Vergnügen nicht planen, dass es von selbst auftreten sollte. Wir hingegen sind der festen Überzeugung, dass es eine sehr gute Idee ist, den sinnlichen Erfahrungen Zeit einzuräumen, und dass, wenn Sie es tun, mehr ungeplanter Spaß von allein mit dazu kommt.

In diesem Beispiel zeigen wir einen Mann, der seine ganze Aufmerksamkeit einer Frau widmet. Das kann natürlich genauso andersherum sein: Eine Frau verwöhnt den Mann. Wenn eine Frau für den Mann ein Vergnügen plant, dann ist es äußerst wichtig, dass sie sich selbst in Lust und Erregung versetzt, bevor sie sich mit dem Mann beschäftigt. Es kommt auch auf den jeweiligen Mann an, wie viel Zeit sie damit verbringt, seinen Körper zu necken.

Die Erregung beginnt

Nachdem Sie friedlich nebeneinander geschlafen haben, wachen sie beide auf. Er schaut ihr in die Augen und sagt ihr, wie schön sie ist. Er sagt ihr, dass sie kein Make-up benötigt und auch an ihren Haaren nichts tun muss, da sie eine natürliche Schönheit ist. Sie lächelt. Er nimmt ihre Hand und küsst sie sanft. (Wenn immer Sie jemanden küssen oder berühren, sollten Sie das so tun, dass es sich für Sie angenehm anfühlt. Sie versuchen nicht, die andere Person zu beeindrucken.)

Zärtlich drückt er ihre Hand, schaut sie aufmerksam an und sagt ihr, dass er, wenn er nach der Arbeit nach Hause kommen wird, jeden Teil ihres Körpers verwöhnen und ihr den besten Orgasmus, den sie jemals hatte, schenken wird. Sie antwortet nicht sofort darauf. Nachdem er sie weiter mit Bewunderung und Liebe betrachtet, antwortet sie ihm, dass das wunderbar sein würde.

Sobald sie dem in Bälde stattfindenden Vergnügen zugestimmt hat, steigert sich die Erregung. Er fragt sie, ob er sie küssen darf, und sie erlaubt es ihm. Er legt seine Lippen ganz sanft auf ihre, wobei er ihren Hinterkopf in seinen Händen hält, was ihr ein Gefühl der Geborgenheit vermittelt. Er bewegt seine Lippen langsam, wobei seine Zunge die Innenseiten ihrer Lippen berührt, ohne damit jedoch in ihren Mund einzudringen. Der Kuss dauert zirka 30 Sekunden, und sie fühlen ihn beide am ganzen Körper. Er entfernt seine Hände und Lippen von ihr und sagt ihr, dass er sehr erregt ist, nun aber aus dem Bett steigen und sich an diesen Kuss für immer erinnern wird. Die Erregung wächst.

Nachdem sie geduscht und sich angezogen haben, frühstücken sie zusammen. Er hat frisch ausgepressten Orangensaft vorbereitet, und damit trinken sie beide auf ihre Schönheit und auf das wunderbare Leben, das sie zusammen haben. Sie küssen sich wieder. Sie möchte mit ihm ins Bett zurückgehen, er widersteht aber mit großer Anstrengung der Versuchung, da er bei seinem Vorsatz, ihr später mehr Vergnügen zu bereiten, bleiben will. Er sagt ihr, was er fühlt. (Sie unterzieht ihn im diesem Moment auch einem Test. Sie will wissen, ob sie die Kontrolle zurückgewinnen kann, oder ob er bei seinem Vorhaben bleibt.) Sie umarmen sich leidenschaftlich an der Eingangstür, ihre beiden Körper fest aneinander gepresst, und er gibt ihr einen weiteren zärtlichen Kuss.

Necken

Er geht in die Arbeit. Später findet sie ein Gedicht, das er für sie verfasst hat:
»Ich werde dich so zärtlich berühren
Von deinem Kopf bis zu deinen Füßen
Du wirst deine Seele finden
Wenn ich mit deiner Erregung spiele
Ich weiß, wo du dich versteckst
Und wohin du gelangen möchtest
Ich werde dich dahin bringen
Und einhalten, bevor du angekommen bist
Du wirst auf mich zukommen
Und betteln, während du dich verteidigst
Ich werde dich Engel sehen lassen
Und mit dir Grenzen überschreiten.«
Er ruft sie um die Mittagszeit herum an und sagt nur: »heute Abend« – und legt den Hörer wieder auf. Die Erregung wächst.

Am frühen Nachmittag klingelt es an der Tür. Als sie die Tür öffnet, wird ihr von einem Boten ein Strauß aus Rosen und Iris (ihre Lieblingsblumen) überreicht, mit einer kleinen Karte, auf der steht, wir sehr er sie liebt. Sie ist überwältigt. Die Erregung steigert sich.

Vorbereitungen

Er entfernt sich frühzeitig von seiner Arbeit, damit er alles, was er für den Abend benötigen wird, erledigen kann. Er kauft ein paar nach Vanille riechende Kerzen, die sie so gern hat, und ein paar CDs mit ihrer derzeitigen Lieblingsmusik. Er kauft ihre Lieblingspralinen, Himbeeren und Sushi. Weiterhin besorgt er ein Paar Flaschen Pellegrino und ein Buch mit erotischen Geschichten. (Sie müssen bei dem, was Sie auswählen, natürlich den Geschmack der Person berücksichtigen, der Sie eine Freude machen möchten. Nicht jeder mag natürlich Sushi – es handelt sich hier auch nur um ein Beispiel. Und da Sie bei diesem Anlass ebenfalls anwesend sein werden, sollten Sie dafür Sorge tragen, dass es auch Dinge gibt, die Sie gerne essen, Musik, die sie gerne hören, und Düfte, die Sie gerne riechen.)

Auf alles gefasst sein

Er kommt nach Hause. Er erinnert sich daran, dass eine Frau, die sehr erregt ist, auch leicht zu irritieren ist. Er hofft auf's Beste, ist aber auf alles vorbereitet. Es ist möglich, dass ihn eine wild gewordene Frau begrüßt, sobald er die Wohnung betritt.

Küchengeräte könnten ihren Geist aufgegeben haben, Wasserrohre sind geplatzt, die Kinder rennen schreiend durch die Wohnung (wenn sie Kinder haben).

Sie begrüsst ihn an der Tür mit einem wilden Blick. Er sagt ihr, wie wunderschön sie ist, mit diesem wilden Blick in den Augen, und umarmt sie fest, um sie ein wenig zu beruhigen. Sie beginnt, ihm von all den Problemen zu erzählen, mit denen sie es zu tun hatte. Er hört ihr bei allem, was sie sagt, aufmerksam zu. Er verspricht ihr, dass er sich um alles kümmern wird. Er ist ihr Held und nur für sie da. Er zögert es hinaus, sich mit einigen der Probleme sofort zu beschäftigen, da er weiß, dass sie von selbst verschwinden werden, sobald sie sich beruhigt hat. Wenn es etwas gibt, was sofort getan werden muss, dann erledigt er es gleich (wenn zum Beispiel ein Wasserrohr gebrochen ist, dann stellt er die Leitung in diesem Bereich ab).

Zurück im Schlafzimmer

Er verteilt die Dinge, die er eingekauft hat, im Schlafzimmer. Sie stellt die Blumen in eine Vase und bringt sie ebenfalls ins Schlafzimmer. Er zündet die Kerzen an und schlüpft in bequeme Kleidung. An der Tür befestigt er ein »Bitte-nicht-stören«-Schild. Er stellt den Klingelton am Telefon auf leise und schaltet den Anrufbeantworter aus. Er holt sie ins Schlafzimmer und schließt die Tür. Er schaut sie an und sagt ihr, wie wunderschön er sie findet.

Zärtliche Berührungen

Er sagt ihr, dass er sie ganz ausziehen wird. Sie setzt sich an die Bettkante, er zieht ihr die Schuhe und die Socken aus. Er küsst ihre Füße. Er knöpft ihre Bluse auf und hilft ihr behutsam heraus, erst aus einem Ärmel, dann aus dem andern. Er küsst ihre Hände und Arme und sagt ihr, wie weich ihre Haut ist und wie wunderbar sie riecht. Er hilft ihr aus der Hose und beteuert weiterhin, wie schön und sexy sie ist. Er küsst ihre Hüften und Schenkel und drückt sie sanft aufs Bett hinunter. Er sagt ihr, dass sie wunderbare Beine hat und dass ihre Schenkel so wunderbar und weich sind. Er mag ihre Muskelstränge, und ihre Schenkel erregen ihn wirklich (die meisten Frauen haben an ihren Schenkeln etwas auszusetzen, sie finden sie zu dick und hören es deshalb gerne, wenn der Mann sie hübsch und sexy findet.)

Nun ist sie nur noch mit einem BH und einer Unterhose bekleidet. Er sagt ihr, dass er sie überall am Körper berühren wird, wobei er mit den Extremitäten – Zehen, Händen, Kopf – beginnt, und sich am Schluss mit ihrer Scheide beschäftigen wird. (Obwohl sich beide ja schon gut kennen, ist es immer noch eine gute Idee, wenn er ihr mitteilt, was er tun wird, bevor er es macht. Überraschungen bringen die Erregung herunter.) Er bietet ihr ein wenig zu essen an. Da er daran gedacht hat, einen Strohhalm mitzubringen, kann Sie aus dem Glas trinken, ohne sich aufrichten zu müssen.

Er berührt ganz leicht ihren rechten Fuß mit einer schnellen, zärtlichen Bewegung, wobei er die ganze Hand verwendet. Er sucht sich auf ihrem Fuß gezielt Stellen aus, an denen er sie neckt (er möchte sie auf keinem Fall massieren, da starke Bewegungen sie wieder herunterholen und das genau das Gegenteil von dem ist, was er erreichen möchte – sie soll so erregt werden, wie es nur möglich ist.) Anschließend macht er das Gleiche mit ihrem linken Fuß. Dabei erzählt er ihr unentwegt, wie schön und sexy sie ist, wie viel Spaß es ihm macht, sie zu berühren und wie wunderbar sich ihre Haut anfühlt.

Dann nimmt er sich ihre Hände vor. Auch hier wählt er bestimmte Stellen aus, die er mit dem Rücken der Fingernägel, aber auch dem Handballen neckt, indem er schnelle, kreisförmige Bewegungen ausführt, die sie erregen. Anschließend nimmt er die andere Hand. Dann nähert er sich ihrem Kopf und berührt sanft das Gesicht. Mit einem Finger berührt er sanft ihre Lippen, die erregt darauf reagieren. Er teilt ihr mit, was er sieht: sie werden voller und durchbluteter. Er beschäftigt sich länger mit ihren Lippen, da es so viel Spaß macht, diese zu berühren. Er kitzelt sie an den Ohren und im Nacken, bis sie es kaum noch aushält.

Anschließen verbindet er alle Teile, die er bisher berührt hat, und wenn er zu ihren Füßen zurückkehrt, berührt er auf dem

Weg dahin durch ihre Unterhose hindurch die Schamhaare. Er dreht sie um, so dass sie auf dem Bauch liegt, und wählt auf ihrem Rücken bestimmte Stellen aus. Er öffnet den BH und kitzelt sie leicht mit den Rückseiten der Fingernägel. Nachdem er ihren Rücken gestreichelt und ihr mitgeteilt hat, wie wunderschön dieser ist, dreht er sie wieder auf den Rücken. Jeder von ihnen isst ein Stückchen Schokolade. Er küsst ihre süßen Lippen.

Nun entfernt er den BH vollständig und streichelt ihre Brust, wobei er die Warzen als Brennpunkt auswählt. Er erzählt ihr, dass ihre Warzen anschwellen und steif werden, dass ihre Brüste wunderbar und sexy sind. Anschließend kehrt er wieder zu ihren Fußgelenken und Unterschenkeln zurück und sagt ihr, wie sehr er diese liebt, wie sexy und wohl geformt sie sind. Er berührt sie liebevoll, mit leichten Bewegungen rauf und runter und um sie herum, zuerst rechts und dann links.

Anschließend verbindet er alle Bereiche, die er bereits berührt hat, mit einer schnellen, liebevollen Streichelbewegung. Er übt auf ihren Bauch sanften Druck aus, indem er mit kreisrunden Bewegungen ihren Nabel umrundet. Er sagt ihr, dass er sich mit ihren Oberschenkeln als Vorletztes beschäftigen wird.

Sie essen noch ein wenig Schokolade, bevor er sich ihren inneren Oberschenkeln widmet. Zunächst zieht er langsam ihre Unterhose aus. Er sagt ihr, dass er bereits bei dem Gedanken an ihre Schenkel einen Ständer bekommt. Er beginnt mit ihrem rechten Oberschenkel und führt darauf lange Auf- und Abbewegungen aus, beginnend knapp unterhalb des Schamhaars bis hinunter zum Knie. Er wendet hier ebenfalls kreisende Bewegungen an, wobei er die obere Mitte des inneren Schenkels als den Brennpunkt auswählt. Er beginnt mit kleiner und kleiner werdenden Kreisen, die er dann kontinuierlich vergrößert, ehe er wieder zu den kleinen zurückkehrt. Er riecht an ihrer Scheide und sagt ihr, wie ekstatisch ihn dieser Geruch macht.

Dann führt er die gleichen Bewegungen auf ihrem linken Oberschenkel aus. Er berührt absichtlich ihr Schamhaar ganz leicht
mit dem Rücken seiner Hand, nur eine kleine Berührung, und
lässt sie wissen, dass er bald dort sein wird, aber noch nicht
jetzt.

Das Necken der Klitoris

Sie ist am ganzen Körper erregt und wünscht sich, dass ihre
Scheide berührt wird. Bevor er das jedoch tut, bringt er sie zur
Toilette, da er nicht möchte, dass sie mitten im Spiel mit der
Klitoris Wasser lassen muss. Er bringt sie zum Bett zurück, wo
sie wieder ein wenig Schokolade und ein paar Himbeeren es-
sen.

Sie legt sich im rechten Winkel vor ihm auf dem Bett. Er sitzt
am Kopfende des Bettes, sein Rücken wird von einigen Kissen
unterstützt. Da er Rechtshänder ist, platziert er sein rechtes Bein
über ihren Bauch, und sein linkes Bein ist unter ihren Beinen.
Er öffnet ihre Beine weiter und legt ihr rechtes (äußeres) Bein
auf ein Kissen. Dann kehrt er zu ihren Oberschenkeln zurück
und neckt sie mit leichten Handbewegungen. Dasselbe macht
er mit ihren Schamhaaren. Anschließend berührt er leicht die
Außenseite Ihres Anus mit seinem Finger. Sie ist unglaublich
erregt.

Daraufhin sagt er ihr, dass er ihre Schamlippen auseinander
halten und die Schamhaare zurückstreichen wird, damit er
ihre Klitoris und die Genitalien besser sehen kann. Er beschreibt, wie rosa und wunderschön ihre Klitoris aussieht. Ihre
Klitoris kommt langsam unter ihrer Hautfalte hervor. Er berichtet alle Veränderungen, die er bemerkt, wie zum Beispiel
Farbveränderungen oder Kontraktionen.

Nun tupft er sich etwas Gleitmittel auf die Finger, das er,
vom Perineum ausgehend, mit mittlerem bis leichten Druck

auf der Scheide verteilt, wobei er jedoch die Klitoris vermeidet. Er streicht den Scheideneingang entlang bis fast zur Klitoris hoch und wieder zurück. Er spielt mit den inneren Schamlippen und sorgt dafür, dass sich genügend Gleitmittel auf ihnen befindet. Er sagt ihr, wie seidig und weich sie sich anfühlen. Sie kann es kaum mehr erwarten, bis ihre Klitoris berührt wird.

Die Stimulans der Klitoris

Nun teilt er ihr mit, dass ihr Warten fast zu Ende ist. Mit einer festen, aber freundlichen Bewegung legt er seine linke Hand unter ihren Po, wobei jeweils zwei Finger unter ihren Pobacken ruhen. Der Daumen befindet sich ganz in der Nähe des Scheideneingangs. Anschließend bringt er etwas Gleitmittel auf seinem rechten Zeigefinger auf (manche Leute bevorzugen den Mittelfinger). Er legt seinen rechten Daumen an die Stelle, wo die Klitoris mit der Vorhaut verwachsen ist, und zieht die Vorhaut nach oben zurück, wodurch der Kopf der Klitoris sichtbar wird. Er teilt ihr mit, wie glänzend und hübsch ihre Klitoris ist.

Nun legt er den mit Gleitmittel versehenen Zeigefinger direkt auf das obere linke Quadrat der Klitoris und übt darauf ziemlich schnell sehr kurze, leichte bis mittelstarke Bewegungen aus. Er teilt ihr mit, dass die Klitoris anschwillt, wie auch die Schamlippen dunkler rot werden und anschwellen. Er sagt ihr, wie gut sich das für seine Hände anfühlt. Er kann mit seinem linken Daumen ihre Kontraktionen fühlen, fährt aber mit der gleichen Bewegung fort, so lange sich ihre Erregung steigert.

Gerade bevor er spürt, dass sie mit der nächsten Bewegung nicht mehr höher gehen wird, legt er eine kurze Pause ein. Anschließend macht er mit der gleichen Bewegung weiter und bringt sie höher und höher und höher und legt wieder eine

Pause ein. Ihre Klitoris ist nun völlig angeschwollen, zwiebelförmig und wunderbar, und er erzählt es ihr. Er berührt sie nun an unterschiedlichen Bereichen auf der Klitoris, wobei er immer die gleiche beständige Bewegung ausführt. Sie kommt höher und höher und höher, und er legt wieder eine Pause ein. Er kommt auf die Stelle zurück, wo sie am liebsten berührt wird, und bringt sie höher und höher und höher. Er lässt sie durch einen Strohhalm etwas Flüssigkeit zu sich nehmen.

Er holt sie etwas herunter, indem er einige langsame Bewegungen ausführt, aber sofort mit kurzen, schnellen wieder nach oben. Sie spürt ein starkes Ziehen im Bauch und Kontraktionen. Er teilt ihr mit, dass er auch das sehen kann und dass ihre Klitoris noch größer und härter geworden ist. Er fährt mit dem Spiel, erregen, zurückholen, wieder erregen so lange fort, bis sie es nicht mehr ertragen kann.

Er merkt es daran, dass sie seinen Daumen in ihre Scheide »gesaugt« hat, wo er mit dem Finger auf den Eingang drückt. Nerven ihres Anus befinden sich in der Nähe; diese steigern noch das Gefühl bei ihr. Er fährt fort, sie mit seinem Finger an der Klitoris zu streicheln. Er bringt zwei Finger seiner linken Hand hoch und legt sie unter ihr Schambein, wo sich die Wurzeln der Klitoris befinden, und bewegt sie langsam, unter leichtem Druck rein und raus, wobei er die Klitoris weiterhin von oben reibt. Sie fühlt sich von allen Seiten von Vergnügen umgeben und stöhnt vor Wolllust laut auf. Er führt noch einige langsame, kurze Bewegungen auf ihrer Klitoris aus, die ihre Erregung weiter steigern.

Er bringt seine zwei linken Finger in die Vertiefungen auf der linken Seite der Vagina, wobei er die kurzen Bewegungen noch beschleunigt und sie noch weiter nach oben bringt. Höher und höher und höher und höher. Sie sagt: »Hör nicht auf, hör nicht auf!«, und er stoppt und fragt: »Wer hat hier die Kontrolle, du oder ich?« Mit seinem linken kleinen Finger spielt er an ihrem Anus. Er holt sie ein letztes Mal hoch und sagt ihr dieses Mal, dass er nicht stoppen wird, dass er sie nun kommen lassen wird. Doch plötzlich sagt er: »Vielleicht noch ein klein wenig länger?«, hält für einen Sekundenbruchteil inne und beginnt von Neuem. Dieses Spielchen wiederholt er ein paar Mal, wobei sie immer erregter wird, erregter als jemals zuvor. Er sagt ihr, dass er bei ihr ist, dass sie die Gefühle zulassen soll, und holt sie ein letztes Mal höher; diesmal fährt er mit dem Reiben fort.

Herunterkommen

Sie ist noch mit ihrem Orgasmus beschäftigt, ihre Kontraktionen sind stark, und er fährt mit den Bewegungen fort. Wenn er merkt, dass sie herunterkommt, verlangsamt und verringert er die Stärke der Bewegungen, hört aber nicht damit auf. Er streichelt langsamer und langsamer, als sie all diese Energie freisetzt. Er fährt so lange mit dem Streicheln fort, wie sie es noch als angenehm empfindet, wobei er allerdings nur langsame Bewegungen ausführt.

Im Anschluss daran legt er seine Hand auf ihr Schambein und drückt nach unten. Anschließend verwendet er den Hochzieher, bei dem er die zwei mittleren Finger seiner rechten Hand unter die Hautfalte des Schambeins steckt und nach oben zieht, gleichzeitig aber mit der Handfläche von oben auf das Schambein drückt. Er kann immer noch ihre Kontraktionen spüren, deshalb hält er den Druck für eine Zeit lang aufrecht. Anschließend entfernt er seine Hand von ihr, holt sich den zurechtgelegten Waschlappen und entfernt alles Gleitmittel von ihren Genitalien. Sie verspürt noch ein paar weitere Kontraktionen, wenn er mit dem Waschlappen über ihre Schamlippen und ihre Klitoris fährt.

Wenn er ebenfalls erregt und sein Penis hart ist, bietet sich nun eine tolle Gelegenheit für den Geschlechtsverkehr. Es ist aber möglich, dass sie so erschöpft und zufrieden ist, dass alles, was sie möchte, ruhig in seinen Armen zu liegen ist. Vielleicht möchte sie noch etwas von dem köstlichen Essen zu sich nehmen und noch weiter herunterkommen. Was immer das Paar auch entscheiden wird; es war einer der besten Tage ihres Lebens – und seines auch.

Es handelt sich hier, wie wir vorher schon bemerkt haben, nur um ein Beispiel, und wir erwarten nicht, dass sie diesen Zyklus, jedes Mal, wenn Sie eine andere Person machen, vollständig wiederholen. Einige Leute werden dieses Beispiel nie vollständig durchführen, und das ist auch in Ordnung. Finden Sie heraus, was Ihr Partner mag, indem Sie ihm Ihre Aufmerksamkeit schenken und ihn so berühren, wie es *Ihnen* Freude bereitet. Vermeiden Sie es, auf die »Erfolgsschiene« aufzuspringen, wo Sie sie so lange reiben, bis sie den Punkt überschritten hat, an dem sie noch Vergnügen empfindet. Denken Sie immer daran, es ist besser, sie lieber zu früh als zu spät von der Erregung herunterzuholen.

Liebe ist ...

Steve schrieb dieses Gedicht für Vera, und wir wollen es mit unseren Lesern teilen:

»Du wirst meine Prinzessin sein,
Und ich werde dein Prinz sein.
Ich liebte dich, als ich dich das erste Mal traf,
Und ich liebe dich seitdem.

Liebe ist wie eine Blume,
Der man täglich Wasser gibt,
Atme ihren Duft ein,
Bevor er vergangen ist.

Liebe ist wie ein Fallschirm,
Es entwindet sich, was einst gefaltet war.
Er segelt mit dem Luftstom,
Bringt dich sicher zur Erde zurück.

Liebe ist wie ein Fisch,
Sie bewegt sich leicht durch das Meer.
Wenn du denkst, du hast sie eingefangen,
Hast du ihr tatsächlich die Freiheit geschenkt.

Liebe ist wie ein Stern,
Sie scheint auf dein Herz.
Sie kann deine Nacht zum Glitzern bringen,
Und erhellen, was dunkel war.

Liebe ist wie ein Vogel,
Sie erscheint von hoch oben,
Sie steigt in die Lüfte mit Flügeln und Gesang,
Und singt aus ihrem Herzen von Liebe.

Liebe ist wie ein Baum,
Der süß schmeckende Früchte trägt
Frische Luft zum Atmen erzeugt,
Und dir vor der Hitze Schatten bietet.

Liebe ist wie ein Brunnen,
Der Bläschen in die Luft schleudert,
Und die sie umgebenden neckt,
Mit Geist und Witz.

Liebe ist wie ein Regenbogen,
Der dir ein ›Hurra‹ entlockt!
Wenn du ihn fangen willst,
Verschwindet er wieder.

Liebe kann magnetisch wirken,
Liebe kann wieder weggehen.
Liebe kann prophetisch sein,
Liebe kann auch bleiben.

Liebe kann so süß sein,
Liebe kann so tief sein.
Liebe kann wie Hitze kommen,
Liebe kann dein Herz zum Schlagen bringen.

Liebe kann so machtvoll sein,
Oder eine Feder im Wind.
Dem Leben seine Bedeutung geben,
Und alles leicht erscheinen lassen.

Frau, du bist so liebenswert,
Dein Geruch, deine Haut, dein Lächeln,
Gesegnet seien deine Gefühle,
Du gibst allem einen Sinn.

Liebe kann unendlich sein,
Unfassbar für uns.
Ein JETZT, das unsterblich ist,
Eine Freundschaft, die besteht.«

Anmerkungen

1 Siehe Tor Norretranders: *The User Illusion: Cutting Consciousness Down to Size* (New York; NY: Viking, 1998), S. 127.
2 Siehe Marvin Misky: *Mentopolis*. (Klett-Cotta, 1994.
3 Siehe Norretranders, S. 210.
4 Siehe Minsky. Minsky sagt: Viele gewöhnliche Gedanken beruhen auf der Wahrnehmung von Unterschieden. Das ist deshalb so, da es im Allgemeinen sinnlos ist, etwas zu tun, das keine erkennbare Wirkung zur Folge hat. Um eine Bedeutung zu haben, muss die Frage beantwortet werden: »Was für einen Unterschied macht es?« Wann immer wir über Ursache und Wirkung sprechen, meinen wir die imaginären Beziehungen, mit denen wir die Unterschiede, die wir fühlen, verbinden. Was sind schon Ziele anderes als die Art und Weise, wie wir die Veränderungen, die wir herbeiführen möchten, repräsentieren.
5 Siehe Marvin Harris: *Menschen. Wie wir wurden, was wir sind* (Klett-Cotta, 1994) und Leonard Shlain: *The Alphabet versus the Goddes: The Conflict Between Word and Image* (New York: Penguin Putnam, 1998). Shlain glaubt, dass Frauen mit der Einführung des Alphabets und des geschriebenen Wortes und der Verbreitung des Lesens zu Menschen zweiter Klasse wurden.
6 Siehe Jared Diamond: *Der dritte Schimpanse: Evolution und Zukuft des Menschen*. (Fischer, 2000).

7 Siehe Natalie Angier, *Frau: Eine neue Biografie des weiblichen Körpers*. (Bertelsmann, 2000).

8 Siehe Angier

9 Siehe Kermit E. Krantz, »Corpus Clitoridis«, Krantz auch Ludwig George Kobelts »The Female Sex Organs in Humans and Some Mammals«, in *The Classic Clitoris*, Thomas P. Lowry, Hrsg. (Chicago, IL: Nelson Hall, 1978).

10 Andere Bücher, die sich nicht ausschließlich mit der Klitoris befassen, sind jedoch erhältlich. Das Buch von Angier enthält die nützlichsten Informationen über die Klitoris, die wir gefunden haben.

11 Siehe Angier: Es gibt weitere Theorien über diese bestimmte Stelle.

12 Siehe Mary Jane Sherfey: *The Nature and Evolution of Female Sexuality* (New York, NY: Random House, 1966) S. 85.

13 Siehe Diamond: Er beschreibt Experimente, bei denen die Eier von Laubenvögeln von einer Region in eine andere verlegt wurden. Die Jungen lernten das Nest bauen durch die Beobachtung des Verhaltens älterer Vögel.

14 Siehe George B. Schaller: *Der letzte Panda* (Reinbek bei Hamburg: Rowohlt, 1995).

15 Siehe Angier, die einige ausgezeichnete Informationen zu diesem Thema zur Verfügung stellt.

16 Siehe Richard Dawkins: *Der entzauberte Regenbogen. Wissenschaft, Aberglaube und Kraft der Phantasie.* (Reinbek bei Hamburg: Rowohlt, 2000). Dawkins liefert eine ausgezeichnete Beschreibung darüber, wie sich die Größe und Kapazität des menschlichen Hirns verändert haben.

17 Siehe Frans de Waal: *Bonobos. Die zärtlichen Menschenaffen.* (Birkenhäuser, 1998).

18 Siehe Angier.

19 Siehe Diamond.

Bibliografie

Angier, Natalie: *Frau: Eine neue Biografie des weiblichen Körpers*. Bertelsmann, 2000.

Baranco, Vic: *Things I've Heard Vic Say*. Vol. 6. California: More University Press, 1991.

Dawkins, Richard: - *Das egoistische Gen*. Rowohlt, 2000.
– *Der entzauberte Regenbogen. Wissenschaft, Aberglaube und Kraft der Phantasie*. Rowohlt, 2000.
– *Gipfel des Unwahrscheinlichen. Wunder der Evolution*. Rowohlt, 2000.
Diamond, Jared: - *Arm und Reich. Die Schicksale menschlicher Gesellschaften*. Fischer, 2000.
– *Der dritte Schimpanse. Evolution und Zukunft des Menschen*. Fischer, 1998.

Fisher, Helen. E.: - *Anatomy of Love: A Natural History of Monogamy, Adultery, and Divorce*. W.W. Norton, 1992.
– *The First Sex: The Natural Talents of Women and How They Will Change the World*. Random House, 1999.
– *The Sex Contract: The Evolution of Human Behavior*. William Morris, 1982.

Harris, Marvin: *Menschen. Wie wir wurden, was wir sind*. Klett-Cotta, 1994.

Harrison, Steven: *Nichts tun. Am Ende der spirituellen Suche.* Edition Spuren, 2000.

Haseltine, Eric: »Brainworks: Do You See This?« *Discover Magazine*, Oktober 1999.

Kinsey, Alfred; Gebhard Paul H., Martin, Clyde E. und Pomeroy, Wardell B.: *Das sexuelle Verhalten der Frau.* Fischer, 1970.

Lowry, Thomas P., Hrsg.: *The Classic Clitoris.* Nelson Hall, 1978. Beinhaltet Artikel von Kermit E. Krantz »Corpus Clitoridis« über die Anatomie der Klitoris und von Ludwig George Kobelt »The Female Sex Organs in Humans and Some Mammals«, eine Beschreibung der Klitoris. Der Artikel von Krantz wurde ursprünglich in Obstetrics and Gynecology 12 (1958), SS. 382-396 veröffentlicht. Kobelts Artikel erschien erstmals 1844.

Margulis, Lynn/Sagan, Dorion: *Leben. Vom Ursprung zur Vielfalt.* Spektrum Akademischer Verlag, 1999.

Masters, William H./Johnson, V.E./Kolodny R.C.: *Liebe und Sexualität.* Ullstein, 1993.

Minsky, Marvin: *Mentopolis.* Klett-Cotta, 1994.

Norretranders, Tor: *The User Illusion: Cutting Consciousness Down to Size.* Viking, 1998.

Schaller, George B.: *Der letzte Panda.* Rowohlt, 1994.

Sherfey, Mary Jane: *The Nature and Evolution of Female Sexuality.* Random House, 1966.

Shlain, Leonard: *The Alphabet versus the Goddess: The Conflict Between Word and Image.* Penguin Putnam, 1998.

Simon, David: *Vital Energy.* John Wiley & Sons, 2000.

Taylor, Patricia H.: *The Enchantment of Opposites: How to Create Great Relationships.* Traveling Artists Press, 1997.

Waal, Frans de: – »Bonobo: Sex and Society« *Scientific American*, März 1995.
– *Bonobos: Die zärtlichen Menschenaffen.* Birkhäuser, 1998.
Wilber, Ken: - *Eine kurze Geschichte des Kosmos.* Fischer, 2000.
– *Naturwissenschaft und Religion. Die Versöhnung von Gegensätzen.* Krüger, 1998.
Woods, Margo: *Tantra and Self Love.* Omphaloskepsis Press, 1981.

Register